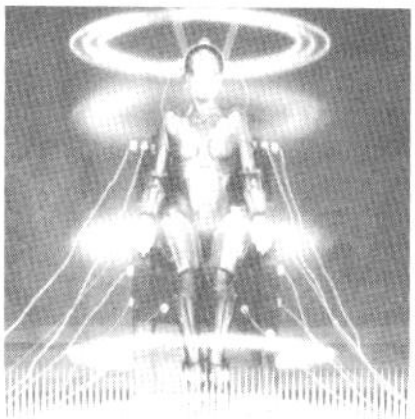

創造的破壊

グローバル文化経済学とコンテンツ産業

タイラー・コーエン

浜野志保 訳　田中秀臣 監訳・解説

作品社

〔日本語版序文〕

幾度も破壊を乗り越えてきた日本の皆さんへ。今こそ、日本人がもつ「創造」力を発揮するべきだ。

本書の考察は世界全体に関わるものであるが、私がこの序文を書いている今、世界中の目は、日本という国と、巨大な地震と津波によって引き起こされた凄まじい悲劇へと向けられている。日本はこれまで、壊滅状態から立ち上がり、自らを再建するという力を、おそらくどの国にもまして発揮してきた。「日本とは何か」という問いに対して、芸術作品や文化的実践をいくつか列挙することもできるが、このような再生と復興の力もまた、日本の本質を表わすものである。黒船到来とそれに続く大混乱の後も、第二次世界大戦の後も、日本は見事に立ち直ってみせた。

日本は閉鎖社会だと言われることがあるが、それは大きな誤解である。日本は、外国からの影響を取り入れ、日本に合う形へと作り替える能力に長けている。日本のフランス料理は、今や世界一（おそらく本場フランス以上）と言っても過言ではない。村上春樹の小説には、欧米からの影響が数多く見られる。クラシック音楽を世界一愛しているのは、日本人である。黒澤明の最高傑作は、フィルム・ノワールやシェイクスピアに依拠している。日本料理の中には、古いポルトガル料理から生まれた天ぷらなど、海外に起源を持つものも多い。

日本社会が一見閉鎖的に見えるのは、ラディカルなまでの開放性を覆い隠すための偽装にすぎない。東洋の国々の中で、経済成長や大企業、民主主義といった西洋的な考え方を最も積極的に取り入れているのは、もちろん日本である。世界の平和運動を主導してきたのも、おそらく日本である。

その一方で日本人は、単なる模倣にとどまることなく、外部からの影響を吸収して取り入れてきた。これは、まったくもって創造的な行為である。日本のような国は、まだどこにも存在しない。日本人は世界でも類まれなる文化の創造者であり、経済の創造者である。こうした文化的綜合こそが、グローバル化した現代世界で脈々と息づく創造的な行為である、というのが本書の主たるメッセージの一つである。

私はこれまで二度日本を訪れ、そのたびに『創造的破壊』で取り上げたテーマの実例を数多く発見し、衝撃を受けてきた。日本は、海外文化との接触に対してポジティブな反応を示すことが実に得意である。

世間の一部には、文化の未来に対する絶望感があり、近代によって創造力が破壊されているという確信が存在する。だが、私の見方は異なっている。私たち自身の創造力とアイデンティティを自覚できるようになったのは、近代のおかげである。選択の自由が大幅に増えることで、絶え間なく自己が再生・再定義されていく過程こそが、近代なのである。近代という時代に直面した後、それに背を向ける者はほとんどいない。

先の地震を受けて、日本はどのように変わっていくのだろうか。私のようなよそ者が予測するのは難しい。しかし文化に関しては、当然、何らかの再定義が行われることになるはずだ。日本には、持ち前の前向きな創造力がある。とりわけ東京は、おそらく人類史上最大の大都市圏である。

私は、再び日本を訪れる日を何より心待ちにしている。日本語版の『創造的破壊』を日本の読者諸氏にお届けできることは幸甚である。本書の内に、皆さん自身と皆さんの文化の姿を見出していただけることを願ってやまない。

二〇一一年三月　タイラー・コーエン

ブライアン・カプラン、ピーター・ドハーティ、イーライ・レーラー、ロビン・ハンソン、ダニエル・クライン、ティムール・クラン、デヴィッド・マクブライド、デヴィッド・シュミッツ、ダニエル・サター、ジョン・トマージ、先に発表した二冊の著書について本著に結びつくご意見を下さった方々、匿名の論文査読者の方々、ジョージ・メイソン大学の様々なゼミナールの参加者たちと同僚たち。彼らのご意見と議論に感謝したい。同大学のマーケイタス・センターからは、このプロジェクトに必要不可欠な調査支援と基金を与えられた。

創造的破壊

グローバル文化経済学とコンテンツ産業

タイラー・コーエン

『スター・ウォーズ』のような映画を作る国が
世界を支配するのは当然だ。
——フィリップ・アダムズ（オーストラリア・フィルム・コミッション代表）

［凡例］

・▼で示したところは、原注である。

・［　］は訳注である。

・傍点の部分は、原書で強調されている部分である。

第1章

異文化間交易

グローバリゼーションの功罪

ハイチ音楽は、仏領ギニア、ドミニカ、マルティニーク、グアドループ、セントルシアといった比較的小規模なカリブ市場において強い影響力を持っている。アンティル諸島のミュージシャンたちは、ハイチ生まれのコンパというジャンルから多くの着想を得てきたが、その一方で、ハイチ人ミュージシャンたちの成功については穏やかならざる気持ちを抱いてきた。ファンキーなスタイルでズークというジャンルを世に広めたアンティル諸島の人気グループ「カッサヴ」の創設者は、次のように語った。「カッサヴでの活動を始めた時、私たちが立ち向かっていたのは、このハイチ帝国主義（すなわち、ハイチ人グループの人気）だった」こうした不満に応えて、アンティル諸島政府は、国内で活動するハイチ人バンドの数を制限するという保護政策を実施した。皮肉なことに、アンティル諸島のズークは、今やハイチにも普及している。ハイチのミュージシャンたちは、この外国産のスタイルに憤りを覚えつつも、かつてのアンティル諸島のミュージシャンたちと同じように、臆することなく新しい音楽を取り入れている。そもそもハイチ生まれのコンパからして、元々は、キューバのダンス音楽とドミニカのメレンゲを変形したものだった。[1]
カナダ政府は、アメリカの大型書店「ボーダーズ」のカナダ市場参入を阻止した。これは、カナダ文学の取り扱いが不十分になるのではないかと懸念したためである。カナダでは、国内の映画制作に対する助成が行われており、ラジオ放送の一パーセントはカナダ音楽を流すことが義務づけられている。その結果、セリーヌ・ディオンやベアネイキッド・レディースといった、カナダ出身の売れっ子ポップ・スターの曲は、ますます多くオンエアされることになる。アメリカ人は自国のエンタテインメントの世界的成功に誇りを持っているが、カナダ人作家のマーガレット・アトウッドは、北米自由貿易協定（NAFTA）への反対表明として、アメリカの国歌のタイトルでもある「星条旗（The Star-Spangled Banner）」という言葉と、消費税（Goods and Services Tax）の頭文字（GST）をもじった「星をまとった偉大な他者（The Great Star-spangled Them）」という造語を生みだした。
フランスは、年間約三十億ドルの文化関連費用と一万二千人もの文化官僚を投じて、フランス独自の文化というヴィジョンの育成と保護に努めている。[2] 文化については自由貿易協定の適用を免除されるべきだとする世界的な動向をリードしてきたのも、このフランスである。この動向を踏まえ、スペイン、韓国、ブラジルでは、映画館は一定以上の割合で自国映画を上映するよう定められており、フランスとスペインでは、テレビに関しても同様の規定が設けられている。インドでは、最近までコカ・コーラの輸入が禁止されていた。

貿易という営みが感情的な問題を孕む理由はいくつかあるが、最大の理由は、私たちの文化的自我が貿易を通じて形成される、という点にある。今やかつてなくハッキリしてきたように、既存の文化が国際貿易やグローバリゼーションによって変えられていくという状況は、万人にとって好ましい訳ではない。二〇〇一年九月十一日に起きたアメリカへのテロ攻撃において、第一の標的となったのは、グローバルな商取引のアイコンともいえる世界貿易センタービルだった。

ハーバード大学の哲学者ロバート・ノージックは、著書『アナーキー・国家・ユートピア』で、市場社会は選択の自由に基づく文化的ユートピアを提供する、と述べた。ノージックが描いてみせたのは、同様の選択をする他人の権利と衝突しない限り、誰もがライフスタイルや習俗や文化を自由に選択できると想定されたリバタリアン的世界だった。このようなヴィジョンは多くの人を魅了してきたが、実際の市場ではどの程度の選択が可能なのか、あるいは、よりリバタリアン的な世界ではどの程度の選択が可能になるのか、という経験的な問いに対しては答えてくれない。

右派左派を問わず多くの論者が、市場経済は文化と多様性を破壊する、という議論を展開してきた。ベンジャミン・バーバーによれば、近代社会は、「聖戦《ジハード》」すなわち「アイデンティティをめぐる血なまぐさい政治」と、マクドナルドとアメリカの大衆文化の普及に代表される「マクドナルド的世界《マックワールド》」すなわち「利益をめぐる無血の経済」の狭間に捕らわれているという。イギリスの保守派論客ジョン・グレイは、グローバルな自由貿易が世界の政治、経済、文化を動かしていると論じてきた。グレイは『偽の夜明け――グローバル資本主義の錯覚』という本の著者である。ジェレミー・タンストールの定義によれば、「文化帝国主義の命題」とは、「主に合衆国から大量に入ってくる商業主義とメディアの陳腐な産物によって、世界各地の真正かつ伝統的な地域文化が叩き潰されていく」という見解である。フレデリック・ジェイムソンは、次のように書いている。「世界文化の標準化を通じて、各地域の大衆的あるいは伝統的な形式が排除され、あるいは衆愚化されることで、アメリカのテレビやアメリカの音楽、食べ物、衣服が受容されてきた。この点にこそグローバリゼーションの核心があると考える人も多い」[3]

『アメリカのデモクラシー』を書いた十九世紀フランスの作家アレクシス・ド・トクヴィルは、近代における様々な商業主義論の礎を築いた。トクヴィルが経済思想家に分類されることはあまりないが、実のところ彼の著作は、深遠でユニークな文化経済学の宝庫である。端的にいえばトクヴィルは、十九世紀において、最も真剣にアダム・スミスの理論を修正しようと試みた人物である。たとえばトクヴィルは、市場の規模が大きくなれば多様性も増す、というスコットランド啓蒙主義の公式見解を論駁しようとした。トクヴィルから見れば、市場の成長は磁石のような役割を果たし、創り手《クリエーター》たちを大量生産へと引き寄せ、ニッチから遠ざける。こうした理由からトクヴィルは、ヨーロッパの貴族社会が持つ洗練とは対照的な、(第5章で論じられる)最小公分母の文化を生みだすものとして、アメリカの姿を描きだした。トクヴィルのアメリカ論は繊細かつ精妙で、多くの点でアメリカに対して好意的だった。それでも彼は、文化商品の市場拡大は文化の質の低下につながると考えていた。

　このような批評をたびたび目にするにつけ、おのずと頭に浮かぶ疑問がある。はたして市場というものは、本当に私たちの積極的な自由を拡張し、選択肢を増やしてくれるのだろうか。答えが否だとすれば、市場での交換に携わる自由は、他の自由（たとえば、個々人が特定の文化的アイデンティティを選択・維持していく可能性など）と対立してしまう。要するに、現代世界ではいかなる自由が可能なのか、ということが問題なのである。

　この点について考察するため、市場経済における文化について、いくつかの根本的な問いを立ててみたい。文化製品の貿易は、世界の芸術の多様性を支えるのか、破壊するのか。将来もたらされるのは、質の高い革新的な芸術なのか、最小公分母的な均質文化なのか。経済的な選択の自由が世界中に広がることで、文化の創造性に何が起きるのか。

　当世の議論において頻繁に登場するのが、「グローバリゼーション」という専門用語である。論客たちは、この語に多くの意味を担わせている（世界貿易および投資の発展、世界政府、国際テロ、帝国主義的な占領、ＩＭＦの技術主義《テクノクラシー》、グローバルな武器取引、伝染病の世界的な伝播、等々）。しかし私は、グローバリゼーションの発現といえる全ての事象を評価するのではなく、むしろ、地理的空間にまたがって行われる文化製品の取引のみに焦点を当てようと思う。

　典型的なアメリカのヤッピーは、フランス産のワインを飲み、日本製のオーディオでベートーベンを聴き、インターネットを使ってロンドンの業者からペルシャ織物を買い、ヨーロッパ人監督が海外資本で撮ったハリウッド映画を観て、バリ島でバカンスを楽しむ。日本のアッパーミドルクラスも、概ね似たようなものだろう。バンコクの若者であれば、アーノルド・シュワルツェネッガー（オーストリア人）主演のハリウッド映画を観て、日本語を学び、ラテン系歌手のリッキー・マーティンや、香港・中国の新しいポップ・ミュージックを聴くかもしれない。イラクのサダム・フセインは、自分の五十四歳の誕生日を祝うテーマ曲に、フランク・シナトラが歌う『マイ・ウェイ』を選んだ[4]。

私が注目するのは、文化というものの一つの側面、すなわち、私たちを刺激し楽しませてくれる創造的な所産である。具体的には、音楽、文学、映画、料理、視覚芸術といった、文化が実体をともなって現れている事例を扱う。このような調査領域を前提として、私は、市場において、貿易がどのように芸術的創造性を形作っていくのかに焦点を当てる。

より広範な社会的実践については、ひとまず触れずにおく。つまり、グローバリゼーションが家族規範、宗教、風俗などに与えた影響については、創造的な生産活動に関係しない限り、考慮しない。これらの社会的実践は、グローバリゼーションの総体的評価にとっては重要であるが、私の問題関心からは外れている。私が注目するのは、人々や共同体そのものではなく、市場である。考察の対象となるのは、市場の外部にどのような自由が残されているのか、ではなく、市場の内部でどのような自由が可能なのか、という問題である。したがって、グローバルな創造性の商品化を防ぐことが本当に重要なのか、というような問題については扱わない。

その代わり、国際貿易をめぐる考察を通じて、「市場における交換は、美の質にとって敵か味方か」というギリシャ文明以来の古い問いについて考える。市場および市場が生み出す選択肢をより仔細に検証することで、多くの古典的な問いについて考えるためのヒントが得られる。ギリシャ文化の活力源は天才的な統合力である、というヘロドトスの議論は、ギリシャ以外にも当てはまるのか。定住者よりも漂流者（および漂流者と同様に異質な存在）のほうが根本的には創造性が高い、というプルタルコスの見解は正しかったのか。ストア派風に問いを立てるとすれば、私たちは世界市民主義的なものに対してどれぐらい忠実であるべきなのか、あるいは、地域的・個別的なものに対してはどれぐらい忠実であるべきなのか。

1……相反する二つの直観

世界規模で行われている文化製品の取引について、私たちは、大きく相反する直観を持っている。プラス面としては、私たち一人ひとりは、かつてないほど場所による支配から自由である。辺鄙な片田舎で生まれ育ったとしても、世の中の財や好機への道が制限されることは、従来よりもはるかに少ない。この変化は、人類史上もっとも大幅な自由の増大を意味している。

より具体的に言えば、西洋（および他の歴史上の文明）の土台そのものが、商品やサービスや思想の国際的な交換から生まれた、多文化的な所産である。程度の差はあれ、西洋文化は、哲学上の遺産をギリシャから受け継ぎ、宗教を中東から、科学の基礎を中国とイスラム世界から、人口と言語の核となる部分をヨーロッパから継いでいる。
本を例にとってみれば、紙は中国から、西洋のアルファベットはフェニキアから、ページを表す数字はアラビア――究極的にはインド――から、印刷技術はドイツ人のグーテンベルクや中国や韓国から受け継いでいる。古代の写本の多くはイスラム文明によって、あるいは、量は劣るがアイルランドの僧侶たちによって保存されていた。
一八〇〇年から第一次大戦までの間には、かつてないほど国際化が進んだ。西洋では蒸気船、鉄道、自動車が使われるようになり、馬車や遅い船といった移動手段に取って代わった。国際的な貿易、投資、移住も急速に進んだ。おそらく誰に聞いても、十九世紀は、すばらしく創造的で実り豊かな時代だったと答えるだろう。ヨーロッパとアメリカ大陸にまたがって行われた文化交流は、すべてをぐちゃぐちゃに混ぜて均すようなことはせず、むしろ多様化と質の向上をもたらした。▼5
逆に、西洋の歴史において、貿易範囲が急激に縮小した時期には、文化の衰退がもっとも顕著だった。ローマ帝国崩壊（紀元四二二年）の頃から中世初頭（一一〇〇年頃）までの、いわゆる暗黒時代には、地域間の貿易と投資の規模が大幅に縮小した。ローマ帝国の時代には、ヨーロッパと地中海の遠隔地の間にも定期的な交流が生まれた。ローマの道路網は、歴史的にも類を見ないものだった。しかしながら、帝国なき後、貿易が枯渇し、都市が衰退し、貴族たちが守りを固めた田舎屋敷へと引っ込むのにつれて、封建制が出現した。この時代に、建築や著述、読書、視覚芸術は、すべてが猛烈に衰退した。荘厳な古代の建造物は荒廃し、略奪の憂き目にあった。ブロンズ像は銅を取るために溶かされ、多くの重要な書物が散逸した。

中世社会とルネサンスの勃興は、その大部分が、再グローバリゼーションの過程だった。西洋は、中国やイスラム世界との接触を増やした。それと同時に、見本市が拡大し、航路はさらなる活況を呈し、科学的な思考が広まり、ローマ時代以降は使われていなかった陸上貿易路が復興した。

当時の貿易は、文化の領域では、公平な交換をもたらさなかった。直截な言い方をしてしまえば、文化における「公平な立場」という概念は一種の神話であって、具現化することはない。ギリシャの都市国家も、決して対等な立場で競い合った訳ではなかった。キリスト教文化とギリシャ・ローマ文化は、ある意味では、権力者による専断的命令によってヨーロッパに定着したといえる。英国文化は、北米において非常に幸先のよいスタートを切った。文化の交流は、通常、凹凸のない平穏な環境よりもむしろ、大きな不均衡のあるダイナミックな状況においてこそ利益を生む。

「第三世界」あるいは「土着」の芸術は、今日のグローバル経済によってもたらされた不公平な状況下で花開いた。第三世界の文化の大半は、西洋を含めた色々な文化からの複合的影響の産物――すなわち、根本的に雑種《ハイブリッド》である。なぜなら、創造的な諸芸術には、統合へと向かう性質があるからだ。これらの文化を表すのによく使われる「第三世界」「土着」「オリジナル」「発展途上」といった言葉は、創造的諸芸術の統合的性質を鑑みれば、実はどれも指示語としては不適切である。

一例を挙げれば、カナディアン・イヌイットの彫刻は、第二次大戦が終わるまでは、小規模にしか制作されていなかった。それ以前に遡ってみても、十九世紀の彫刻は、水夫たちの作ったスクリムショー［鯨の骨や歯を細工して作る装飾品］から着想を得ていた。ところが、一九四八年、白人芸術家のジェイムズ・ヒューストンが、イヌイットたちにソープストーン［石鹸のような感触の軟らかく加工しやすい岩石］の彫刻を紹介した。それ以来、イヌイットたちは、ソープストーンを使った一級品の作品を数多く創り出した。石彫の作品が西洋で取引され、たびたび高値が付くようになったことで、伝統的なイヌイットの生活様式も維持された。イヌイットたちは版画の制作も始め、商業的にも芸術的にも成功をおさめた。▼6

似たような話は、世界中に転がっている。北米太平洋岸北西地区とパプア・ニューギニアのトーテムポールなど、第三世界の各地で伝統的に行われていた彫刻にとって、金属製のナイフは一種の恩恵だった。アクリル絵具や油絵具は、西洋との接触がなければ広まらなかった。南アフリカのヌデベレ族の芸術は、エプロンや布や織物を装飾する際の主材料として、ビーズを使っている。このビーズは、昔からアフリカにあったわけではなく、十九世紀初頭にチェコスロヴァキアから輸入されたものである。鏡、珊瑚、木綿布、紙といった、アフリカの「伝統」芸術で主に使われる素材は、ヨーロッパとの接触によってもたらされた。世界各地で見られるとおり、第三世界の「民芸」が二十世紀に花開いたのも、西洋の需要や素材、生産技術に依るところが大きい。

シャーリーン・サーニーとスザンヌ・セリフは、「グローバルなゴミ捨て場」について書いているが、この言葉は、西洋で捨てられた材料技術が世界中の民芸品において使われていることを示唆している。[7]

ワールド・ミュージックは、かつてないほど健全かつ多様である。世界各地のミュージシャンたちは、多国籍企業の製品に圧倒されることなく、外国からの影響を自分の目的に合わせて取り入れてきた。国産音楽の多くは、労せずして自国の聴衆からの支持を得ている。インドでは、国内で制作された音楽が市場の九十六パーセントを占めている。同様の割合は、エジプトでは八十一パーセント、ブラジルでは七十三パーセントとなっている。ガーナのような比較的小さな国の場合でも、国内で制作された音楽は市場の七十一パーセントを占めている。[8]

ワールド・ミュージックの様式の起源は、「伝統的な」分野といわれているものも含めて大半が、通常考えられているよりも新しい。二十世紀は、多くの文化に対して、音楽上の革新の波をもたらした。とりわけ大きな影響を被ったのは、大規模かつ開放的な文化である。第三世界における音楽の中心地――カイロ、ラゴス、リオ・デ・ジャネイロ、カストロ政権以前のハバナ――は、外来の新思想や新技術を進んで受け入れる、混成的な世界市民主義《コスモポリタン》都市だった。

いずれの事例においても、優れた作品を生み出しているのは、貪欲な芸術家たちである。彼らは、自分の追い求める美を実現するために、いくつもの源泉を利用する。これまで述べてきたことは、非西洋の芸術家を軽視するものでもないし、彼らの活動が「すべて西洋のおかげ」であることを意味するものでもない。非西洋の芸術家たちを、外からの影響を受け入れられず、当初のスタイルを改良することもできない偏屈な工芸作家、と見做してしまうほうが、かえって単一文化を強調し、彼らを軽視することになる。

第4章で検証するように、グローバル化した世界においてもっとも問題の多い領域のひとつが映画である。これは、ハリウッドの輸出戦略の成功によるところが大きい。とはいえ、とりわけ香港、インド、デンマーク、イラン、台湾といった地域では、ここ二十年の間に、賞レースに勝てるような良質の映画が量産されてきた。アフリカ映画は映画ファンにとっては未知なる宝の山であるし、ヨーロッパ映画も商業的な復活の兆しを見せている。そもそもハリウッド映画自体が、当初から国際的な着想に頼ってきたのだから、アメリカ産であると同時に世界市民主義的な産物でもあると捉えるべきなのだ。

アメリカの本は、必ずしも世界中のベストセラー小説ランキングを独占するわけではない。どの時代においても、アメリカの本は、売り上げベストテンにせいぜい二、三冊がランクインする程度であるし、それもドイツ、フランス、イタリア、イスラエル、オランダ、英国といった国に限られている。オランダは人口一千万人弱の非常に小さな国だが、それでもベストセラーの大半はオランダの本である。最初から母語で書かれた本を好む人は、今でも多い。カナダでさえ、アメリカの本が小説売り上げランキングの半分以上を占めるようなことは、それほど多くない。▼9

国際競争の場においても、もっとも影響力がある本の多くは、必ずしも現在の先進国で生まれたものではない。世界でもっとも影響力のある本といえば、おそらく聖書とコーランである。聖書に関しては西洋の解釈を通じて形成された面も大きいが、とはいえ、狭い意味においては、どちらも西洋で生まれたものとは言えない。

　近代的な印刷機や書店と同じく、西洋文学は、土着の作家たちにとって刺激となることが多かった。その中でも、インドのサルマン・ラシュディ、コロンビアのガブリエル・ガルシア・マルケス、エジプトのナギーブ・マフフーズ、インドネシアのプラムディア・アナンタ・トゥールなどは、欧米の一流作家たちと肩を並べるような世界水準の作家たちである。こうした小説の伝統は、いまでは世界中に広まっているが、直接的には西洋文学のモデルや制度を利用している。

　第三世界の作家たちは、まさしく、世界市民主義的な多文化主義の最強の弁護者である。サルマン・ラシュディは、自らの作品について、雑種性、不純性、雑駁性を称賛するものだと語っている。ガーナ人作家クウェイム・アンソニー・アピアは、世界市民主義《コスモポリタニズム》は「定着性」を破壊するというよりは補完するものであり、革新的な表現形式が新たに生まれることで、世界文化の多様性が守られると考えている。二十世紀初頭にガンジーと好対照を成していたラビンドラナート・タゴールは、外国製品の不買運動や鎖国よりも、国際貿易や国際協調のほうが望ましいと考えていた。彼は、インド社会には、東西文化を統合する天才的な力があることを見抜いていた。グローバリゼーションに対する批判さえもが、ほとんどの場合は、世界中の知的文化から生まれた多様な産物であって、西洋および古典ギリシャの分析手法と論証形式に大きく依拠している。▼[10]

2……マイナス面

統合的文化が成功しているとはいっても、異文化間交易によって生じる犠牲は無視できない。モンテスキューは、次のように述べている。「商業の歴史は、民族間のコミュニケーションの歴史である。商業史上の重要な出来事を形作っているのは、コミュニケーションの様々な破壊と、人口の流出入である▼11」

グローバル化した文化は、吹き荒れる「創造的破壊」の風、というヨーゼフ・シュンペーターによる資本制生産のメタファーが実体化したものである。文化の成長においては、経済成長と同様に、すべての面が即座に安定して進むことは滅多にない。急速に発展する分野がある一方で、縮小し消滅する分野も出てくる。

ポリネシアの人々の暮らしは物質的には豊かになった。だが、ポリネシアの文化には、数百年前以上の活力があるとは言いがたい。ポリネシアの文化は、物質主義、アルコール、西洋の技術によって勢力を削がれてきた（ここにキリスト教を加える説もある）。タヒチでは多くの伝統的な創作が、西洋の商品との競争に敗れたり、非経済的であると見なされたりしたために軽視され、見捨てられてきた。ポリネシア文化が消滅してしまうことはないだろうが、現状は、西洋文化の端っこにしがみついて、どうにか命脈を保っているような具合である。

チベットが外部世界へと開かれたのは、中国の寛容な態度を示すものではない、という説を唱える論者もいる。彼らによると、中国の目的は、チベットの土着文化を破壊することだった。歴史、儀礼、寺院、仏教といった豊饒な伝統に対するチベットの人々の傾倒は、数十年にわたる共産主義の威圧的介入によっても弱体化しなかった。だが、コカ・コーラや西洋からの旅行者は、土着文化の破壊という中国の目的を、見事に果たしてしまうかもしれない。ヒマラヤにあるブータン王国は、自国文化の特性を保護する目的で、旅行者から一日二百ドルを徴収している。ブータンには信号機もなく、住民数が一万を超える都市も存在しない。道には野犬がうろついている。貧困と飢餓が蔓延する中、この国では、他では失われつつある仏教体系と芸術がかたくなに守られている。[12]

旅行は、異文化交易のマイナス面を一目瞭然のものにする。節度ある行動しかしない旅行者たちでさえ、自分と同じ国からの旅行者のせいで、様々な場所が「台無しになった」とか、真実味が損なわれたとかいった苦情を口にする。如才ない旅行者たちは、独自性の残された土地を求め、まだ余所者に踏み荒らされていない場所を見つけようと手を尽くす。世界の言語の四分の一以上は、険しい山脈が縦横に走る未開の地パプア・ニューギニアに存在している。[13]

人の移動は均質化をもたらすことがあるが、同様の結果は、商品の移動によっても生じうる。映画の制作者たちにとっては周知のとおり、いろいろな国への輸出がもっとも簡単なのは、アクション映画である。ヒロイズムや興奮や暴力は、どの文化においても大差がない。これに対してコメディの場合は、会話のニュアンスや、特定の文化圏でしか通じないネタがあるため、海外での販売がもっとも難しい。かくしてグローバルな映画市場では、洗練されたコメディよりもアクション映画を作ることが奨励される。巧妙な言葉遊びは翻訳が困難なので、グローバル市場向けのコメディでは、身体を使ったどたばたが強調される。アクション映画やどたばた喜劇にも傑作はあるが、全体的に見れば、このような潮流によって映画のクオリティが向上したとは言いがたい。

3……来るべきもの

多くの論者たちが、「批評理論」の観点から異文化間交易について語ってきた。資本主義とグローバリゼーションについて論じるにあたり、彼らは様々なアプローチ――マルクス主義、構造主義、フランクフルト学派、ポストモダニズム、等々――を試みてきた。彼らは市場について、ヘゲモニーを促進し、疎外を生み、趣味を衆愚化させる、などという捉えかたをしてきた。程度の差こそあれ、ブルデュー、グラムシ、ハーバーマス、カンクリーニらは皆、こうした伝統を違った角度から検証してきた。かくも多様（かつグローバル）な知的生産物を扱う以上、当然のことながら、これらの思想家たちをひとつの公約数に還元することはできない。とはいえ彼らには、大陸哲学を主とする共通の着想源がある。さらに、市場先導型文化に対しては一様に懐疑的であり、マルクス主義経済学の影響下にある。

彼らの発想とは対照的に、私が文化交換を理解するために用いるのは「貿易利益」モデルである。異文化間交易に携わる人々は、このような交換を通じて、自分たちが金銭的にも文化的にも豊かになり、選択肢が増えることを期待する。貿易は概して国を物質的に豊かにするものであるが、それと同様に、文化面での豊かさをもたらすことも多い。グローバリゼーションの問題をめぐる諸々の議論——これについては複数の妥当な候補が思い浮かぶだろう——では、こうした基本的な「貿易利益」のメカニズムが、なぜ裏目に出ることがあるのかが解明されねばならない[14]。

第二章では、貿易利益説についてさらに詳しく解説し、富と技術と異文化間交易が、いかにして多くの文化に隆盛をもたらしたのかを明らかにする。それに続く三つの章では、貿易利益モデルを覆しうる三つのメカニズムについて考察する。貿易は、社会のエートスや世界観に影響を与え、商品の生産やサービスを地理的に密集させ、質に対する顧客の注意や関心（ただし、質の良さを求めているとは限らない）を変容させる。これら三つのメカニズムは、市場主義に対抗する議論の要となるものであり、特に注目する必要がある。

私なりの言葉で表現するならば、グローバリゼーション批判とは、不完全な市場における個々人の文化的選択が、望まざる結果へと繋がるかもしれない、という議論のことである。本書では、貿易がいかにして創造性を阻害するかを検証し、反グローバリゼーション論争をより体系的な議論へと発展させた上で、こうした批判の正当性を実証的に検証する。経験的な例を選ぶ際には、映画や手織物といった、反グローバリゼーション論者たちがもっとも雄弁になる領域に対して特に注目する。

グローバル文化において「質」を構成するのは何か、という点については、いかなる定義も試みるつもりはない。幅広い選択肢を持つことの利点の一つは、意見が満場一致するという実現困難な状況を、極力必要とせずに済むことにある。ただし、良質な文化の実例を挙げる際には、以下の二つの原則に従った。第一に、先述したとおり、楽観的な捉え方をすることが厳しいと言われている事例を重視した。第二に、成功例を引く際には、批評家からも大衆からも広く支持されている芸術的創造を選ぶようにした。たとえば、広く成功した文化の例として、フランス料理やペルシャ絨毯、レゲエ音楽などを挙げたが、これらのジャンルに属する作品全てを称賛するつもりはない。そのような美的判断については、現状を確認するだけで、わざわざ擁護することはしない。その代わり、こうした創作の促進あるいは抑止へとつながるような、市場と異文化間交易の役割には焦点を当てる。

結局のところ、ある特定の事例が既に時代遅れのものなのか、まさに文化としての全盛を迎えているものなのかについては、読者自身の判断に委ねるしかない。引用している成功例の全てを称賛してくれる読者は、それほど多くないだろう。それでも、本書の提示する全体像が、選択肢の広がりを強調するものであるという点については、説得力があると思ってもらえれば幸いである。

グローバリゼーション論が扱う話題は多岐に渡る。経済学者である私のアプローチは、特定領域の専門家とは異なっている。各事例について関連する研究書を紐解いてはみたものの、私の知識の中核は、純然たる研究というよりは、文化を消費する中で経験してきた様々なものを通じて生まれたものである。第5章で述べているとおり、本書は限られた話題に集中せずに幅広い話題を扱うものであるという点については考慮されたい。専門化は、科学や学究的生活に対しては多大な利益をもたらすが、市場経済によって可能となった多様な生産と消費を解明するという目的には、まったく不向きである。

この調査の結果からは、第2章以下の議論へとつながる三つの教訓が得られる。

4……三つの教訓

1「文化の多様性という概念には、複数の意味があり、中には規格外のものもある」

社会には様々な種類の多様性が現われている以上、多様性を単一の概念として語ることは誤りである。たとえば、社会の内部の多様性は、その社会における選択肢の多さを示すものである。だが、反グローバリゼーション論者の多くは、複数の社会の間の多様性ばかりに目を向ける。この概念は、それぞれの社会が同じ選択肢を持っているかどうか、ある社会と他の社会が似通いつつあるかどうか、という点を示すものである。

この二つの多様性は、反比例することが多い。新しい芸術作品がある社会から別の社会へと輸出されると、社会内部での多様性は高まる（消費者の選択肢が増える）が、二つの社会の間の多様性は低下する（二つの社会は以前よりも似たものになる）。問題なのは多様性の度合ではなく、グローバリゼーションによってどのような多様性がもたらされるのか、ということである。異文化間交易を通じて、社会内部での多様性は高まるが、その一方で、複数の社会の間の多様性は低下する[16]。

複数の社会の間の多様性、という概念は、いくらか集産主義的なものであることを念頭におかねばならない。このような概念を測定基準とすれば、個人と個人を比べたり、ある個人にとっての選択肢に目を向けたりする代わりに、社会と社会、国と国とを比較することになる。

反グローバリゼーション論者たちは、多様性をめぐる議論を、地理的な空間にまたがる文化の差異という概念と結びつけることが多い。実際には、人は出生地によって運命を決定されることなく多様な生き方をすることができるし、この点こそが自由という概念の中心をなしているのに、多様性を擁護する人々の多くは、差異というものは、アメリカとメキシコの国境を超える時のように、はっきりと目に見えるべきだと考えている。この基準は、集合的なもの（the collective）と集計量（the aggregate）を比較し、地理的な空間の広がりを強調することで、どのような多様性が重要なのか、という問題へと論点をすりかえるものである。こうしてすりかえられた多様性の概念の下では、ある地域と別の地域が、今までよりも類似して見えるかもしれない。だが、その地域に住む個人にとっては、生き方についての選択肢の幅は大いに広がるだろうし、文化を消費する際の選択肢も増えるだろう。

貿易を通じて変化が加速し、それぞれの時代や世代に新たな文化製品が持ち込まれることで、通時的な多様性が増大する。多様性全般に価値があるのだとすれば、通時的な多様性に関しても充分に価値が認められるはずだ。それなのに、多様性を擁護する人の多くは、過去の文化が消滅していくことを激烈に非難し、通時的な多様性に対しては暗に異を唱えている。なぜこのような事態が生じるのかについては、最終章で論じる。

実効的な多様性――いかに効果的に世界の多様性を享受できるか――という話は、客観的な多様性、つまり、どれほどの量の多様性が存在するのかという話とは異なるものである。一四五〇年の時点でも、世界は非常に多様だったかもしれないが、その当時、ほとんどの人はその恩恵を受けることができなかった。その後、市場によって世界中のさまざまな製品が非常に効果的にばらまかれたが、こうした異文化間の接触は、土地固有の創作環境を阻害することもあった。

2「文化の同一化と差異化は、二者択一ではなく同時に起きることが多い」

市場が成長すると、差異化と同一化のメカニズムが同時に作動する。市場のある部分では類似

郵便はがき

料金受取人払郵便

麹町支店承認

9189

差出有効期間
平成27年1月
30日まで

切手を貼らずに
お出しください

1 0 2 - 8 7 9 0

1 0 2

[受取人]
東京都千代田区
飯田橋2—7—4

株式会社 作品社

営業部読者係 行

【書籍ご購入お申し込み欄】

お問い合わせ 作品社営業部
TEL 03(3262)9753／FAX 03(3262)9

小社へ直接ご注文の場合は、このはがきでお申し込み下さい。宅急便でご自宅までお届けいたしま
送料は冊数に関係なく300円(ただしご購入の金額が1500円以上の場合は無料)、手数料は一律2(
です。お申し込みから一週間前後で宅配いたします。書籍代金(税込)、送料、手数料は、お届け
お支払い下さい。

書名	定価	円	
書名	定価	円	
書名	定価	円	
お名前	TEL ( )		
ご住所 〒			

リガナ
名前

男・女　　　　歳

住所
〒

Eメール
アドレス

職業

購入図書名

●本書をお求めになった書店名	●本書を何でお知りになりましたか。
	イ　店頭で
	ロ　友人・知人の推薦
●ご購読の新聞・雑誌名	ハ　広告をみて（　　　　　）
	ニ　書評・紹介記事をみて（　　　　　）
	ホ　その他（　　　　　）

●本書についてのご感想をお聞かせください。

購入ありがとうございました。このカードによる皆様のご意見は、今後の出版の貴重な資
として生かしていきたいと存じます。また、ご記入いただいたご住所、Eメールアドレス
、小社の出版物のご案内をさしあげることがあります。上記以外の目的で、お客様の個人
報を使用することはありません。

性が高まり、別の部分では差異が広がる。視野を広げて考えてみれば、大衆文化とニッチ文化は相補的なものである。多様性の増大により、多種多様なものが大量に入手できるようになれば、大衆文化もますます拡大する。

製品の差異化とニッチ市場は、ある種の社会的同一性に依存している。たとえば、大衆市場での売買を通じて、ごく少数の消費者に向けたニッチ製品のためのインフラが整備される。雑誌広告や通信販売、インターネットを通じて得られた利益を元手に、レコード会社は五百枚しか売れないCDを発売することができる。大型書店のおかげで、読者は、小さな出版社の本にめぐり合うことができる。もっと一般的な言い方をすれば、部分的な同一化が起きることによって、ミクロレベルで多様性が花開くために必要な条件が整備される。クロード・レヴィ＝ストロースが述べたように、「多様性とは、集団を互いに孤立させる機能ではなく、集団同士を互いに結びつける関係である」[17]

差異化と同一化の結びつきが非常によく分かるのは、食品市場の例である。アメリカおよび世界の外食産業の売り上げにおいて、チェーン展開しているレストランの占める割合は年々高くなっている。同時に、外食産業の拡大によって、ファーストフード、フォアグラ、タイの焼きビーフンなど、あらゆる種類の食品にとってのチャンスが拡大している。アメリカの郊外や都市に行けば、アジア料理、ラテン料理、ヨーロッパ料理、さらには「融合《フュージョン》」料理など、様々な料理を食べることができる。高級食文化と大衆食文化は、対立勢力ではなく、相補的な関係にある。パリと香港は、どちらも高級料理のメッカであるが、ピザ・ハットの売り上げ世界トップ2の店舗を擁するのも、この二都市である。[18]

3「異文化間交易は、それぞれの社会を改変し崩壊させるが、結局はイノベーションを支え、人間の創造力を持続させることになる」

最終章で述べるように、異文化間交易を通じて、科学的には解消しがたい価値観の衝突が生じる。かくして投資は、どれほど包括的なものであっても、文化におけるグローバリゼーションの最終的な評価基準とはなりえない。世界全体としての選択肢が増えたところで、新たな合成文化が台頭すれば、古い合成文化は廃れることになる。今日ではかつてないほど、どの国に行っても同じ製品を見かけるようになった。世界の文化財へのアクセスが可能となり、自国製品を外国で売ることができるようになる代わりに、独自性を失ってしまう国もあるだろう。これらの基本的な事実を好ましく思わない人もいる。

こうした二者択一的な状況はさておき、異文化間交易をめぐる懐疑論は、多様性そのものとは無関係である。現代文化を批判する人たちは、大抵、特定の流行――現代性あるいは商業主義と結びついていることが多い――を毛嫌いしている。彼らの用いる「多様性」という言葉は、より排他主義的なアジェンダを示す婉曲表現である。このアジェンダは、本質的には反商業主義あるいは反米であることが多い。彼らは、自分たちにとって好ましい文化の多様性だけを気にかけており、より広義の多様性、つまり、選択の自由や選択肢の増大といったことには目を向けていない。

異文化間交易に関しては悲観主義的な態度がよく見られるが、これに対して私は、もっと楽観主義的かつ世界市民主義的な見方を示すつもりである。市場による「創造的破壊」は、文字通りの意味で、極めて芸術的な営みである。それは何と、様々なジャンル、様式、メディアにおいて、大量のイノベーションを引き起こし、革新的かつ質の高い創造を行うのである。さらに、少なくとも貿易と市場が自由に拡大できる限り、異文化間交易によって選択肢の幅が広がるということは、はっきりと実証されている。

とはいえ、きちんとした知識に基づいた世界市民主義《コスモポリタニズム》は、底の浅いグローバリゼーション寄りのスローガンを掲げたり、人類の連帯をむやみに激励したりするのではなく、多様性を慎重に増大させるようなものでなければならない。おいおい明らかになるように、個人レベルにおいては、世界市民主義的な態度を貫徹していない時のほうが、創造性が高まることが多い。生産者と消費者の双方において、ある程度の文化的排他主義や地方第一主義を採用することは、芸術にとってむしろプラスにはたらく。グローバリゼーションが文化を改良する力を発揮するには、排他主義的で反自由主義的な姿勢がある程度は必要である。理論的に「正しい」姿勢が、想像力を最大化するとは限らない。要するに、世界市民主義的な文化は、世界市民主義《コスモポリタニズム》そのものが全面的には信用されていなかったり、社会の意識下に潜んでいたりする時にこそ、最善の結果を生むのである。

第2章

グローバル文化の隆盛

富と技術の役割

世界市民主義的な文化観は何を根拠にしているのか。それを理解するためには、貿易という営みが経済の中で肯定される理屈を考えてみればよい。芸術を消費する側も制作する側も、自らの創造的願望を満たすためには「他者性」を必要とする。貿易が利益を生むのは、需要側と供給側がお互いに違うものを持ち寄り、交換において共通の利害を見出そうとする時である。この交換という概念自体、初期保有量あるいは初期欲望における差異を示すものであり、この差異にはもちろん、文化的な差異も含まれている。

今日のグローバル市場には、技術と富という二つの際立った特色があり、これが多文化的な貿易関係の原動力となっている。供給側からすれば、芸術家たちが創造的想像力を商品化する新たな方法を獲得できるのは、技術のおかげだ。とりわけ、印刷機、映画のカメラ、アクリル絵の具、エレキギターからは、世界中の芸術が恩恵をこうむった。金属製の肉切り包丁や、機械製の織り糸、アコースティックギターといった「ローテク」な技術革新もまた同様に重要である。

需要側からすれば、購買力が生まれ、ニッチな創作に対する資金投入が可能となるのは、富のおかげだ。ハイチのブードゥー芸術にしても、ジャマイカのレゲエ音楽にしても、オーストラリアのアボリジニ絵画にしても、多くの貧しい国々において重要な芸術形式を支えてきたのは、西洋の顧客たちである。大規模で資金も潤沢なグローバル市場のおかげで、芸術家たちは多様な機会に巡り合い、作品を売って生計を立てられるようになる。

技術と富は、多くの場合、家族や宗教、慣行といった社会制度と連携して芸術ネットワークの発展を支える。芸術ネットワークという概念が示すとおり、大規模な創作が行われるためには、都合の良い状況がいくつも複雑に組み合わさる必要がある。芸術を多く生むような時代が到来すると、社会組織の内の相補的な要素が徐々に融和し、やがて適切な環境が整う。さらに経済学的な文脈に限っていえば、オーストリア学派の経済学者ルドウィグ・ラックマンが、お互いの価値を高めるような資本財を示す「資本補完性（capital complementarity）」という用語を造った。非常に創造的な時代には、社会のエートスや材料技術、市場の条件が全て積み重なって、生産力のある芸術家たちのネットワークが創られ、支えられていく。

人々がテレビを観はじめたり、ラジオを聴きはじめたり、ウォルマートに行きはじめたりするという状況を考えればよく分かるように、技術は、世界中の消費者の選択肢の幅を広げる。貿易利益モデルについては既に前章で言及したが、ここでは、経済発展の進んでいない国々において、技術と富がいかにして革新的な文化の生産を刺激するか、という点について考えてみよう。多くの場合、技術はひとつの社会の内部での選択肢を増やすだけでなく、それぞれの社会において創造的なものを生み出すためのエネルギーを高める。

貧しい文化の多くは、技術を重視するあまり脆弱なものとなっている（この点については従来のグローバリゼーション論において何度も告発されてきたし、次章でも論じる）。ある文化の全体が、すべての部分の合計よりも大きくなっている場合には、いずれかの部分が引き抜かれれば、全体がダメージを受けることになる。補完性とは、それぞれの要素が他の要素に依存していることを意味する。この事実が示す教訓は看過できない。

しかしながら、本章では補完性の利点に着目する。文化の脆弱性を説明する論理は、文化が動的なものになる過程と理由をも明らかにする。補完性が意味するのは、文化というのは、新たな理念や技術に対してポジティヴに反応しうるし、こうした反応は爆発的なものであることが多いということである。新たな一ピースをパズルに加えることで、他の全てのピースの価値がうんと高まることもある。お互いに異質な文化は、その貿易相手が予想だにしなかった形で、新たな技術を自らに適合させていく。本章が主題とするのは、まさにこの点である。

1……都市、ザイールの音楽

古典古代からイタリア・ルネサンス、パリ、中国、アラブ文化、スペイン征服以前の古代文明に至るまで、多くの文化ネットワークは都市で花開いた。都市は購買者を集め、さまざまな文化からの影響を混ぜ合わせ、多くの人々がせめぎ合う供給と訓練のネットワークを支える。都市は様々な源泉を一極に集中させ、高度に専門化した芸術活動にも貢献する。

現代では貧しい国々の中に、かなり大きな都市が存在している。これらの都市は、人為的な計画ではなく、偶然や移住を通じて発展を遂げる場合がほとんどであり、効率の悪さや社会的費用の問題を別とすれば、音楽や文学、映画、視覚芸術が新たに創り出される土壌となってきた。このような大都市には、多種多様なエスニック集団（農村部から来る場合が多い）や、先進国の思想や技術、中流以上の消費者（大抵は移民や旅行者という肩書きをもつ）が集まってくる。近代の都市である以上、もちろん、交通、電化、外部世界との貿易に依存している。

外部からの影響を引き寄せ、混ぜ合わせることによって、都市は文化の成長を促す。その事例の一つが、ザイール（現・コンゴ民主共和国）の音楽である。ザイールのダンス音楽は、戦後アフリカ音楽の主流ともいえる。ある評者の言葉を借りれば、それは「躍動するスネア・ドラムのビート、明るく甘美なリード・ヴォーカル、端正なハーモニーを奏でるコーラスと、そして何より、幾重にも絡み合った、あの名高いギターのメロディー」の組み合わせである。▼1

この音楽は、部族によって生み出される土着的なものではなく、むしろ、採鉱から得られた富や、資源の流動性、電化などを礎としている。ザイールの大衆音楽のルーツは、一九二〇年代にまで遡る。その当時、強制収容所や炭鉱街、鉄道会社、兵役などによって、多くの部族の出身者が、初めて一箇所に集められた。中央アフリカ、ナイジェリア、象牙海岸、カメルーン、モザンビーク、マラウィの他、西インド諸島、中国、マカオからも労働者たちがやって来た。こうした混合現象は、ザイールでもコンゴでも、新興の近代都市において顕著だった。とりわけ、レオポルドヴィル（現・キンシャサ）とブラザヴィルは、脱部族化と文化変容の中心地となった。国の名前は消えてしまったものの、ザイールは、今世紀の大半を通じて、アフリカのもっとも裕福な地域であり続けた。これは、採鉱から得られた富によるところが大きい[2]。

このような環境の下で、アフリカ、西洋、カリブ海からの影響が混ざり合った。創造的な芸術家たちは、当時ザイールに集まりつつあった諸文化のスペクトルから、様式やリズムを作り出した。新興の商用語であるリンガラ語が、新しいザイール音楽にとって公用語のような役割を果たした。芸人たちは、親指ピアノ、ドラム、ボトル・パーカッションといった、当時のアフリカ音楽でよく使われていた楽器を取り入れた。そして、アコースティック・ギターやエレキ・ギターに加えて、サックス、トランペット、クラリネット、フルートなど、本来はアフリカのものではない楽器が重宝されるようになった[3]。第二次大戦の頃までには、キューバからの影響（特にソン、マンボ、チャチャ、ビギン、ボレロ）がザイールに流入した。一九五〇年代に入ると、ラジオや巡航船を通じて、キューバ風のスタイルが東アフリカと中央アフリカの隅々にまで行き渡り、この流れが加速した。ザイールではキューバ音楽の七十八回転レコードが演奏されたが、電力がないために手回しの蓄音機が使われることも多かった。アメリカのリズム・アンド・ブルースもまたレコードを通じて広まり、大きな影響力を持つようになった。ギリシャからの移民は、ザイールの人気ミュージシャンたちのために、数多くの録音スタジオを立ち上げた。[4]

戦後には、ザイールはアフリカ音楽の中心地となった。キンシャサにはオープンエアの「コンゴ・バー」が溢れ、非アフリカ人向けのレストランやキャバレーでは、専属の楽団によるザイール音楽の生演奏が始まった。音楽の中心地となったマトンゲ地区は、昼夜を問わず、大いに賑わった。ラジオからは、伝統的なアフリカ音楽に代わって、大衆向けの新たなザイール音楽が流れるようになった。一九五〇年代半ばまでには、電池式のトランジスタ・ラジオが普及し、音楽を広める主な手段となった。一九四〇年代末にはまばらだった録音スタジオも、一九五五年までには、のべ数千タイトルをリリースするまでになっていた。かくしてウェンド、ボスコ、マラペ、エッスー、ジミー、フランコ・アンド・OKジャズ、「グラン・カレ」ことジョセフ・カバセルといったミュージシャンたちが華々しく活躍した。いわゆる「ルンバ」が登場したのも、この時期である。ザイール音楽の輸出市場はアフリカ全土へと拡大した。西アフリカでの成功はケニア、ウガンダ、タンザニアへと広がり、今日にいたるまで影響力を持っている。[5]

とはいえザイールは、大きな流れの中の一例に過ぎない。セネガルからガーナ、南アフリカにいたるまで、アフリカ諸国は、少なくとも第二次世界大戦以来、音楽の創造性を育んできた。いずれの場合も、都市は、西洋からの影響と「土着的」な影響（大抵は部族由来のものである）とが混じり合うには最適の環境だった。部族集団本来の認識やインスピレーションは商品化され、外部の市場のニーズにあった合成品へと作りかえられてきた。かくして生まれた製品は、商業的に成功を収め、高い評価を得てきた。

　さらに話を広げれば、経済的に貧しい国々は、西洋の技術と近代都市を利用して、文学や映画、視覚芸術など幅広い分野での革新を図ってきた。アフリカ映画は、映画というメディアの利点を充分に生かしつつも、部族的な語りの伝統を大いに利用しており、多くの西洋映画よりも物語性が高くなっている。第三世界の芸術家たちは、アクリル絵の具、油彩、近代的な彫刻素材を用いて、自らの土着的なインスピレーションを新たな観衆に対して示した。インドの小説は、ディケンズ、コーラン、インドの神話といった様々な源泉の組み合わせであるが、作家のインスピレーションを結集して市場価値のある商品を作り出すために、やはり近代的な西洋の制度を利用している。

2……新たな世界文化の急増

　二十世紀は、アメリカとカナダのみならず、新世界に属するほとんどの地域に、文化面での爆発的な変化をもたらした。とりわけ、メキシコ、ブラジル、キューバ、ハイチは、文化的な停滞から脱して、活気溢れる創造の中心地となり、世界的にも高い評価を得るようになった。

　新世界における創造活動は、そもそも合成的かつ商業的なものであることが多い。パナマの東海岸沖にあるサンブラス島に住むクナ族は、西洋の技術と材料を意外な用途に使っている。西洋との接触以前、クナ族には、高度に発達した宗教や宇宙観、力強い独自のエートス、土着芸術的な伝統であるボディ・ペインティングなどがあったが、自分たちの創造力を充分に発達させるのに適したメディアを持っていなかった。

西洋との接触後、クナ芸術の発展は、富裕な地域との貿易に大きく依存してきた。クナ文化が生んだものの内、現在もっともよく知られているのが、モラ芸術である。「モラ」とは、ブラウスを意味するクナ族の言葉であるが、一般的には、色鮮やかなデザインが施された木綿の飾り布を指す。モラは、十九世紀に彩色布の副産物として考案された。彩色布の技術は、十八世紀にクナの人々がフランスのユグノーたちから学んだようだ。やがてヨーロッパとの接触を通じて、機械織りの布、金属製の縫い針やハサミが流入し、モラの製造が可能となった。それ以来、モラの生産者たちは、サンブラス島を訪れる巡航船の乗客や、パナマの観光客たちを相手に、モラを売って生計を立ててきた。

モラの扱う題材自体が、このような多文化的状況によってもたらされたものを表している。モラには、土地の暮らしや異教の神々だけでなく、サッカーの人気選手やキリスト教の聖人、パナマ運河、巡航船、ヘリコプター、宇宙船など、外国のテーマも数多く描かれている。モラに入れられる言葉や文字は、宝クジやベルトのバックル、豆の缶詰などから引用されることもある。モラと同じく、クナ族の人々の衣類も、非常に国際的である。生地はコロンビア製や中国製、頭に巻く赤と黄色のスカーフは日本製、コイン・ネックレスはパナマやコロンビアやアメリカが発祥であるし、売り物にしているビーズは元々チェコスロバキア製である。▼6

第二次大戦の終結以後、カリブ海沿岸諸国は、世界の文化にとって、もっとも活気に溢れた創造の源であり続けている。これらの国では、アフリカ、ラテン、ネイティヴ・インディアン、アジア、ヨーロッパ、北米からの影響が渾然一体となり、富と技術の力によって、ひとつのまとまりをもった文化が形成されてきた。

トリニダードのスティール・バンドが使用する楽器（五十ガロンの石油ドラム缶）の出所は、多国籍企業である石油会社だ。この手の容器は、第二次大戦中、アメリカ軍によって大量に島へと運び込まれ、戦争終結と共に放棄された。当初、トリニダードのスティールパン奏者たちは、ポートオブスペインのスラム地区に集まり、ビスケットの缶、ペンキの缶、屠殺場の鉄クズ、フライパン、苛性ソーダのドラム缶、自動車の車輪のリム、オートバイのシャシーなどを使って、演奏を試みていた。こうした金属類が使えるようになると、トリニダード固有の竹楽器の技術は廃れていった。竹楽器は、金属ほどバラエティ豊かな音を出すことはできないし、叩かれる際の衝撃に弱いため、金属にくらべてかなり寿命が短かった。一九三〇年代には、金属楽器だけで編成されたバンドが活動を始めた。

金属楽器に関しては、黎明期から頻繁に技術改良が行われた。だが、石油ドラム缶の音の良さが発見されると、楽器自体の改良は一段落した。サイズや形、純度の異なる様々なドラムの叩き方を学んだスティールパン奏者たちは、ドラム缶の上部を切り取り、表面にいくつものこぶを作って、好みの音程を鳴らせるようにした。初期のスティールパンは調子が外れることも多かったが、製作者たちが試行錯誤の末に音の法則を習得し、スティールパン構築法を科学の域にまで高めた。ドラム缶を用いることで、一つのパンでより多くの音程を奏でられるようになっただけでなく、音質が改善され、音の長さや響きも向上した。スティール・バンドは、（初期に影響を受けた）シロホン・オーケストラを参考にしつつ、金属の特性を生かし、シロホンよりもきらびやかで、ピッチやアタックのバラエティに富んだ音を創りだした。▼7

スティール・バンドは、他の外国音楽からも影響を受けている。とりわけ、インドのタッサ・ドラム楽団からの影響は大きい。スティール・バンドの編成や、主奏者と伴奏者の関係、ビスケット缶ドラムの使用法や、ピッチを変える際のパンの扱い方などは、すべてこのタッサ・ドラムの伝統に影響されている。ポートオブスペインに隣接するセントジェイムズでは、インド系コミュニティとイスラム系コミュニティが大きな勢力を持っており、このような場所で、多様な音楽の伝統が混ざり合い、互いに影響を与え合った。▼8

皮肉なことにトリニダードでは、西洋のクラシック音楽が、他のどこにもまして真の大衆音楽として生きながらえている。スティール・バンドは、西洋のポップソングからオリジナルの楽曲まで、さまざまな種類の音楽を演奏するが、クラシック音楽の人気は常に高い。スティール・バンドは、バッハ、モーツァルト、ヘンデル、シュトラウス、チャイコフスキーなどのメロディーを巧みに演奏してきた。スティール・バンドがヨーロッパ音楽を演奏することに対しては、伝統主義者からの批判もあるが、一人でも多くの聴衆を獲得したいミュージシャンたちにとって、そんな話はどこ吹く風である。

ダブは、ジャマイカ音楽の中でもっとも強い影響力を持つ形式の一つであり、今日のエレクトロニカ、テクノ、レイヴなどのムーブメントの礎を築いた。レゲエから派生したダブは、インストゥルメンタル系の電子音楽の先駆であり、一九七〇年代初頭にキング・タビーによって創始された。ダブのムーブメントは、レゲエ音楽――マルチトラックのレコーディング・スタジオ、エコー、多重録音《オーバーダブ》――の論理的帰結だった。ジャマイカン・ダブのプロデューサーたちは、楽曲を構成要素へと分解し、インストゥルメンタルの部分を強調し、テンポを落とし、エコーを使って音を拡散し、リズムを変えることによって、レゲエの楽曲を文字どおり脱構築した。ダブは当初、A面のレゲエのリミックスという扱いで、シングル盤のB面に収録されていた。通常、売り上げに関わるのはA面であるから、B面についてはミュージシャンたちの自由が利いた。程なくして、ダブだけを集めたアルバムがリリースされた。三十五年前、地域文化は技術に勝てないものだと思い込んでいた人々にしてみれば、カリブ海の小さな島が世界の実験的電子音楽を牽引していく存在になろうとは、予想だにしなかっただろう。[9]

カリブ海の音楽は、技術の重要性を示す良い事例である。輸送技術と電子複製技術のおかげで、第三世界の土着芸術家たちは、自らの作品を西洋の消費者たちに向けて販売することができるのだ。

ジャマイカのミュージシャンたちは、ヒット曲を出せば、比較的裕福な海外の聴衆、とりわけイギリスとアメリカの聴衆の間でも売れることになる。一九六〇年代末には、ジャマイカでリリースされたシングル曲が一番よく売れたのはイギリスだったし、アメリカでの売り上げも徐々に無視できないものになってきた。ジャンルとしてはレゲエがもっとも有名だが、その他にも、メント、スカ、ロックステディ、ラスタ、ラガ、ダブ、ダンスホール、ラヴァーズ・ロック等々、ジャマイカはさまざまなタイプの音楽を生み出してきた。キングストンには数百ものレコーディング・スタジオがひしめき、ジャマイカ国内にはイギリス内よりも多くのレコード・レーベルが存在する。▼10

一九五〇年代は、キューバ音楽の全盛期だったと言えよう。これは、キューバという国が外部に対してもっとも開かれていた時期と重なっている。この時代のキューバは、カリブ海諸国の内では比較的裕福であり、ラテン・アメリカの中ではアルゼンチンについで二番目に豊かな国だった。キューバの都市には、デパート、雑貨店、スーパーマーケット、アイスクリーム・パーラー、アメ車、アメリカ映画などが溢れていた。この時代、キューバの音楽シーンは最高潮に達し、セリア・クルーズ、ベニー・モレ、カチャオ、ペレス・プラード、トリオ・マタモロス、セプテート・ナシオナール・デ・イグナシオ・ピニェイロ、オルケスタ・アラゴン、ギジェルモ・ポルタバレス、ソノラ・マタンセラなどのスターが活躍した。一九九七年に大ヒットしたキューバ音楽のCD『ブエナ・ビスタ・ソシアル・クラブ』は、この旧世代のミュージシャンたちに大きく依拠している。

キューバの音楽ネットワークがこれほど発展した背景のひとつは、アメリカナイゼーションの進展である。ビッグ・バンドやダンス・クラブ、コンサート・ホールは、資本家の富からの出資を利用し、新たなキューバ音楽を生み出した。当時、アメリカから大挙して押し寄せた観光客たちも、キューバ音楽を熱烈に支持した。キューバのレコードはアメリカでも発売されるのが普通だった。

こうしたキューバ音楽の大流行は、マスメディアを通じて、キューバ国内の聴衆にも広まった。キューバでは、ラジオはほぼ九割の家庭に普及しており、テレビは全国に二十万台以上もあった（小国であるにも関わらず、これは世界第九位の数字である）。これらのメディアが演奏家たちに出資し、かなり大規模な宣伝を行った。さらに、キューバの恵まれた立地やメディア文化のおかげで、ミュージシャンたちは、スペインや北米、アフリカからの影響にも触れることができた。▼11

キューバ音楽が金銭的に成功したのは、キューバの文化帝国主義と、近代技術を利用した音楽の輸出のおかげでもある。国際的なラテン音楽であるサルサは、キューバ音楽をベースにしているし、プエルトリコやドミニカ共和国の音楽文化は、キューバ音楽からの影響によって形成された。ハイチの音楽であるコンパのルーツも、キューバにあることは間違いない。これまで見てきたように、二十世紀の大半を通して、キューバ音楽は東アフリカと中央アフリカにおいて強い影

響力を持ってきた。これらの市場を利用して、キューバは、自国固有の音楽様式に資金を投じ、その洗練を図った。▼12

金持ちの購買者と貧しい芸術家との出会いは、視覚芸術にも繁栄をもたらした。ハイチの視覚芸術は、かつてはアフリカ芸術やブードゥー芸術といったルーツに依拠していたが、今や他の諸外国からの影響も無視できなくなっている。ハイチの絵画は、初期のフランス民衆芸術や素朴派の絵画と不気味なほど似ているが、両者がどこで繋がっているのかは不明である。

ハイチの絵画が世界に知られるようになったのは、一九四三年以降のことである。この年、合衆国政府は、アメリカ人の水彩画家デウィット・ピーターズを、英語教師としてポルトープランスに派遣した。ハイチには画廊が一つもないことに驚いたピーターズは、芸術センター（サントル・ダール）を設立し、ハイチの人々による創作活動を支援した。もっとも有名なハイチ人画家であるエクトール・イポリットは、二十世紀初頭、進駐していたアメリカ海軍のためのポストカード描きから芸術家としてのキャリアをスタートさせ、その後は、家や看板の塗装や、家具の装飾を手がけていた。そんなイポリットがピーターズによって見出されたのは、一九四三年のことだった。ポルトープランス北部の小さな村で、酒屋のドアに描かれたイポリットの絵が、ピーターズの目にとまったのである。一九四四年には、ピーターズはフィロメ・オバンから絵を購入し、彼の経済的な負担を軽くするため、仕送りを送った。オバンもまた、ハイチを代表する画家となった。オバンは、カプアイティアンで簿記係として働いた後、芸術に目覚めた。タクシー運転手のリゴー・ブノワも、絵付けをしたテラコッタの壺を携えてピーターズを訪ね、援助を獲得した。このブノワもまた、ハイチでもっとも有名な芸術家の一人となった。プレフェット・デュフォーは、小屋の側面に幾何学的な壁画を描くことで、芸術家としての第一歩を踏み出した。デュフォーのスタイルは、当時ハイチに在住していたアメリカ人ジャーナリストから塗料をもらったことがきっかけとなって生まれた[13]。

それ以来、ハイチの素朴派芸術に資金と発表の場を与えてきたのは、主に欧米の海外顧客たちだった。初期の代表的なハイチ人画家たちは、アメリカ人の旅行客や居住者から、主だった支援や資金援助、資材の提供を受けてきた。アメリカ人作家セルデン・ロッドマンは、ポルトープランスのセンテ・トリニテ聖堂の大壁画制作に際して、計画から組織、資金にいたるまで援助を行った。この壁画は、ハイチ芸術における一つの頂点という評価を受けている。聖堂の完成は、アメリカ人の慈善家ヴィンセント・アスター夫人からの寄付に拠るところも大きかった[14]。

ブードゥー芸術では、ピエロ・バラの人形や「モジョ・ボード」のように、廃棄されたアメリカ製の玩具や人形が用いられることもある。これらの材料は、ポルトープランスのゴミ捨て場から「売人」が拾い集めてきたものである。バラをはじめとするブードゥー芸術家たちは、鏡やスパンコール、サテン、中古車の部品なども利用する。ハイチのブードゥー・フラグは、今日では芸術作品としての制作が盛んであるが、当初の意匠は十八世紀のフランスの軍旗から採られていた。その後、スパンコールがよく使われるようになったが、このスパンコールも元々は、アメリカ人の経営していたスパンコール工場の廃墟から取ってこられたものだった。最高のブードゥー・フラグ作家と言われるアントワーヌ・オレヤンの初期の活動を支えたのは、ロックスターのリチャード・モースだった。アメリカ人とハイチ人のハーフだったモースは、ホテル・オラフソンの所有者であり、このホテルの一角をアトリエとしてオレヤンに貸していた。

モースは、島全体の音楽文化の発展にも力を貸した。モースのバンド「ラム」のレコードが売れたことで、ブードゥーやララ（カーニバルの後に管楽器によって演奏される音楽）といったハイチ音楽への関心が高まった。モースは、ハイチを代表するバンドであるブークマン・エクスペリアンスが、音楽ビジネスに参入する際にも手を貸した。このグループは、「ブードゥー・ビート」と呼ばれる様式の先駆者であり、生演奏ではない形で聴かれるハイチの大衆音楽に、ブードゥーのドラムを再び取り入れた。ラムやブークマン・エクスペリアンスは、ハイチ音楽を「堕落させた」というよりは、むしろ、ある種の古い伝統への関心をよみがえらせたといえる。[15]

ハイチに限らず、他人から知恵を借りたり援助を求めたりすべきタイミングを知ることで、創造の精神が生み出されることもある。ハイチの視覚芸術は、ハイチ人がいかに天才的な合成者であったかを示すものであり、このような創造の精神は、より裕福な国々で見られるものと何ひとつ変わらない。

3……過去の文化の保存と拡張

富と技術は、新たなものをもたらすだけでなく、既存の文化における最良のものを保存し、拡張する際の助けともなる。後進国の芸術や音楽の大半は、その場ですぐに使用されるように作られており、耐久性があるとは言いがたい。富が少なく、技術も乏しく、短期的な生存が焦眉の課題となっているような場合には、通常、耐久性が欠如することになる。けれども西洋の技術のおかげで、多くの文化的な産物が、より長く保存され、より多くの聴衆・観衆へと届けられるようになった。

記譜法（完全に西洋的な発想である）の助けによって多くの非西洋音楽が保存され、消滅したり跡形もないほど変容したりすることが避けられた。アラブ世界やペルシャ世界では、記譜法は熱狂をもって受容された。これは、たとえ西洋からの影響を受けなかったとしても、自分たちの音楽は絶えず変化しつづけていくものだということを、彼らが認識していたためである。ある世代の死滅と共に失われてしまうはずだった曲が、今ではしっかりと保存され、未来の音楽家たちにも触れられるようになっている。

安価なカセットプレイヤーは、第三世界の伝統音楽の多くを支えてきた。アーティストの側からすれば、カセットプレイヤーのおかげで、聴衆に作品を聴いてもらうための費用を抑えられる。

ミュージック・テープで利益を出すには、ごく少数（場合によっては数百人程度）の熱心なファンがいれば充分である。インドネシアでは、一九七〇年代からカセットが普及しはじめ、政府の統制下にあったラジオでは放送できない伝統音楽や大衆音楽の支えとなった。インドでは、カセットのおかげで各地の伝統音楽が息を吹き返した。今や事業家たちは、各地の様式で演奏され、各地の方言で歌われる音楽のカセットを生産している。これとは対照的に、ボンベイからマドラスにかけての映画音楽では、大衆の嗜好に合わせて、ヒンディ語のような広く使われている言葉が歌詞に用いられることが多い。ラジオと比べてカセットには、ある音楽に投資するか否かの決定を分散させることで、音楽家たちの創作活動を後押しする力があった。[16]

技術は、あまり目立たない形で、土着の創作活動を支えていることも多い。近代技術とは無縁そうな芸術も、実は技術に依存していることが少なくない。

モンゴルに住むトゥヴァ族の喉歌《ホーメイ》歌手たちは、喉の奥を震わせながら歌を歌う。これによって一種の倍音効果が生まれ、歌い手は、物理的な技術を使うことなく同時に二つの音を出すことができる。トゥヴァ族の人々がいつ頃からこのような歌い方をしてきたのかは不明だが、同様の歌唱法は、トゥヴァ族と関係のあるエスキモーの諸部族にも共有されており、その起源はかなり古いと思われる。一見すると、この活動は物理的な技術とは無縁に見えるが、実際には、録音技術やラジオこそが、近年の喉笛を支えているのである。スミソニアン博物館から派遣された調査団が、トゥヴァ族の集落に入り、学術的にも評価の高い有益な録音を多数行った。この録音が成功して以来、トゥヴァ族の若者たちは、喉笛の習得に以前よりも関心を寄せるようになった。録音は、市場規模を拡大することによって、ホーメイの古い様式を守ると同時に、トゥヴァ族の音楽に革新をもたらした。もちろん、トゥヴァ族の事例に関しては、録音以外にも重要な技術が存在する。トゥヴァ族は、西洋からの訪問者たちが持ち込んだ飛行機旅行、抗生物質、頑丈な散歩靴《ウォーキングシューズ》などからも、間接的に恩恵を受けた。トゥヴァ族の喉歌を題材にしたアメリカ映画『ジンギス・ブルース』（一九九九）によって、このジャンルの人気はさらに高まるかもしれない。[17]

4……裕福な社会でも芸術は可能か？

富は様々な芸術にとって害となる、という説を唱える人もいる。貧しい国出身の芸術家や職人は、自分たちの社会が裕福になり商業が発達した途端、創造的努力をやめてしまうというのだ。この話の論理は、ごく単純である。地元に新しくできた工場の賃金が一日二ドルだとしたら、はたして、一日一ドルにしかならない手織りの仕事をする物好きなどいるだろうか。[18]

実際のところは経済が成長すれば、創造的活動はより活発な成長を遂げている芸術分野へと再配分されるのが普通で、芸術全体が駄目になってしまうということは滅多にない。二十世紀においては、世界中の後進国が、創造的な芸術や音楽や文学を大量に生み出した。創造にかかわる領域は、いずれは衰退するものばかりだが、全体としては変化に富むものであって、サクセスストーリーも数多い。

悲観的な批評家たちは、時として創造的過程の一側面だけを強調する。伝統的なアフリカの太鼓演奏はいずれ衰退するかもしれないが、その代りに、アコースティック・ギターやエレキギターを基調とする創造的なアフリカ都市音楽が台頭しつつある。現代のインド建築はタージマハルには敵わないが、そのような建築の中で、映画や音楽、食文化、デザインなどの芸術が開花している。全体的に見てみれば、貧しい国は、豊かになるにつれて、新たな様式・方法・分野を創り出すことが多いのだ。

高い給料が原因となって、ある分野の創り手がいなくなってしまうようなことは、当該分野の生産過程が固定的かつ人力による単純労働に依存するものでない限り、ありえない。こうした仮定は、理髪業、靴磨き、売春といった職業については当てはまることも多い。これらのサービスは、先進国よりも後進国のほうで多く見かけるし、おそらくは質についても後進国のほうが高い。しかし、創造的な芸術制作に関しては、このような仮定が当てはまることは少ない。実際にはほとんどの創作活動が、導入・生産・配分の複雑なネットワークに依拠している。生産のネットワークが複雑になればなるほど、新しい技術を有効に使える方法は増えるし、富と技術が創造的分野に急成長をもたらす可能性も高くなる。

5……織物

商業主義と市場が手織物にもたらした利益は、正当に評価されていない。まずは、西洋の基準からすると最も主要で「古典的」な織物芸術である、ペルシャ織物から話を始めようと思う。続いて、市場とグローバリゼーションにとって最大の厄介事と思われている、東インドの織物と、アメリカインディアンの織物の事例を取り上げる。

ペルシャ

ペルシャ織の起源は古いが、ペルシャ絨毯の最初の黄金期は、サファーヴィー朝（一四九九？－一七二二）に訪れた。サファーヴィー朝は、ペルシャにとっては政治的に安定した豊かな時代で、カリグラフィーからイスラム細密画、絨毯にいたるまで、数多くの芸術が花開いた。

ペルシャ絨毯は、都市文化と田園文化の組み合わせから生まれた、ひとつの大きな創作物だった。田園文化は、織物とデザインの基本技術をもたらした。都市文化は、これらの原型を洗練し、技術を改良し、絵入り写本や陶磁器や絵画からデザインの着想を得た。特に重要なのは、モンゴルと中国の伝統である。こうした都市と文化の統合は、十五世紀末までには実を結んでいた。敷物織りは単なる遊牧民の民芸ではなくなり、都市における商業の中心へと変わっていた。

果敢なマーケティングによって、絨毯業者たちは外国の買い手との取引を実現させた。十七世紀と十六世紀後期にはヨーロッパが重要な買い手となったが、それ以前の主たる輸出先はオスマン帝国とインドだった。サファーヴィー朝の絨毯の大半が、贅沢品として市場に出回っていたことからも、その品質の高さを窺い知ることができる[20]。

ペルシャの絨毯製造は、実のところ、急速に進行する文化帝国主義だった。ペルシャに対抗するために、他国の絨毯業者たちは製品の改良を余儀なくされ、これによって、世界中の名だたる絨毯製造の伝統が数多く生まれた。ペルシャ織物は、トルキスタン、コーカサス、インド（後に詳述）など、隣接する地域の絨毯製造に革命をもたらした。ヨーロッパの人々もまた、ペルシャ製品に触れたことで、手織りの敷物を作りはじめた。ペルシャ製の品々は、ファン・ダイク、フエルメール、ルーベンス、ベラスケスなどの絵画にも決まって登場するようになった。こうした絨毯の多くは、国際的な絹取引に携わるアルメニア商人たちの活動を通じて、ヨーロッパへと伝わった[21]。

しかしながら、十七世紀後半に製造の始まったペルシャ絨毯は、急速に衰退した。歴史的な諸事情が複雑に絡み合った結果、国としてのペルシャは崩壊し、絨毯の国際貿易および国内取引のネットワークも壊滅した。十九世紀に入る頃には、ペルシャの絨毯製造は辛うじて命脈を保っているような状態で、最良のペルシャ絨毯はもはや作られていなかった[22]。

ペルシャ絨毯が大々的な復活を遂げたのは、裕福な西洋との接触によるところが大きい。当時、産業を通じて新たな富が築かれたことで、ヨーロッパと北米の買い手たちの間では、芸術への関心が再燃していた。

一八七三年のウィーン万博を皮切りに、ヨーロッパおよび北米の博覧会において、古いペルシャ絨毯が展示された。これを契機に、ペルシャ絨毯の復興が始まった。欧米の絨毯商人たちはペルシャ織物の定期輸入を始め、絨毯製造は瞬く間に西洋を席捲した。リバティ（ロンドン）やW・J・スローン（ニューヨーク）などの高級デパートは、手織りのペルシャ絨毯を販売するようになった。アメリカの地方では、ホテルのロビーや家具店で、行商たちが展示販売を行った。一八九二年には、サウス・ケンジントン博物館（現ヴィクトリア・アンド・アルバート博物館）が、今では有名なサファーヴィー朝の「アルダビール」絨毯を、当時としては破格の二千五百ポンドで購入した。これによってペルシャ絨毯は、ハイカルチャーとしてのお墨付きを与えられた。第一次大戦期までに、何万もの業者が市場に参入した。[23]

十九世紀のペルシャ絨毯ブームを牽引したのはタブリーズ［イラン北西部の都市］の商人たちだったが、絨毯の生産組織は、もはやペルシャだけのものではなくなっていた。ヨーロッパの企業は、代表をペルシャに派遣し、デザインや工房の規模拡大に携わるようになった。タブリーズとスルタナバーにあったツィーグラー工房（一八八三年に設立後、急速に拡大）のように、ペルシャの工房の多くは、ヨーロッパの大企業によって所有、運営されていた。同じ頃、トルコの織物工房の多くは、英国の商社によって運営されていた。[24]

現存するアンティークのペルシャ絨毯は、大半がこの時代に製造されたものである。西洋での需要が高まったことで、古い絨毯工房が再開され、新しい工房が設立された。シラズ、アバデー、ハマダン、ナイン、イスファハン、スルタナバー、アラークなどの地域では、元々は絨毯製造の伝統があまりなかったにも関わらず、質の高い絨毯製造が行われるようになった。技術そのものは部族文化や遊牧文化の中にも存在していたが、外部の購買力によって、より大規模な生産が行われるようになった。十九世紀が終わる頃には、手織敷物はペルシャから西洋に向けての最大の輸出品となり、ペルシャの文化的矜持の源となった。[25]

貿易と富というテーマは、近接するコーカサスの織物史にも登場する。コーカサスは、周辺地域にとっては戦略上の回廊地帯であり、ギリシャ、ローマ、ビザンチン、アラブ、オスマン、ペルシャ、ロシア、ヨーロッパといった諸文明からの強い影響下にあった。この小さな地域には、五十以上の民族、六つの語族（コーカサス語族、インド・ヨーロッパ語族、モンゴル語族、トルコ語族、セム語族、フィンウゴル語族）が混在している。コーカサス絨毯は、純粋な土着の伝統に則ったものというよりは、当初から極めて統合的な芸術であった。[26]

隣国ペルシャのサファーヴィー朝に当たる時期から、コーカサスでは美しい絨毯が織られていたが、こうした織物の伝統がかなりの規模へと拡大するのは、十九世紀後期になってからである。一八七五年、バトゥーム＝ティフリス間の鉄道開通により、コーカサスは大きく変わった。この鉄道をはじめとする輸送機関の発展により、コーカサスは外の世界と繋がった。コーカサス絨毯が諸外国からの関心を集めたことで、商業都市での織物業が活気づき、コーカサスの敷物製造は急発展を遂げた。コーカサスの織物業は田舎の家内工業であり、都市の工房を拠点とするものではなかったが、小規模な家内工業で受け継がれてきた技術は、次第に大きな工場へも伝わっていった。コーカサス絨毯にとって分水嶺となった時期が、一八八〇年代である。高品質なコーカサス絨毯のほとんどが、一八八〇年から一九二〇年の間に製造されている。この黄金時代、コーカサス絨毯の大半は輸出用として製造され、西洋諸国を相手に取引されるのが通例だった。▼27

影響という点では、コーカサスは初期のイスラム織物の伝統に大きく依拠しており、主にペルシャ絨毯のデザインや遊牧民の民芸品をアレンジすることから出発していた。やがて中国製品も着想源となったが、それ以外の源泉は、もっと折衷的なものである。コーカサスの織工たちは、モスクワ製のチンツ［光沢のある平織りの綿布］や安い壁紙のデザインからヒントを得た。化粧石鹸の包装紙も、デザインの着想源としてよく用いられた。かくも多種多様なものを源泉とする一方で、コーカサス絨毯は、他国の文化に対して幅広く影響を与えてきた。たとえば、スー族のバッグのビーズ刺繍は、開拓時代のアメリカ人入植者が持参していたコーカサス絨毯のデザインから強い影響を受けていると言われている。▼28

手織——ガンジーと織物

西洋の技術は、いまや多方面で評判を落としている。だが、悪評ばかりが聞こえる分野においても、西洋の技術は、第三世界と先住民社会の文化ネットワークの支えとなってきた。たとえば、文化におけるグローバリゼーションは、手織物の分野では特に評価が芳しくない。手織業者たちが職を失ったのは機械製品のせいだ、というのが標準的な説明である。

この手の告発は、とりわけ東インドの状況をめぐって行われてきた。標準的な見解として、サティシュ・クマール［イギリスの思想家。ガンジーの思想の継承者。］は次のように述べている。「（インド経済は）昔から織物を基礎としてきた。それぞれの村に手紡ぎ工、手梳き工、染色工、織工がいて、村の経済を支えていた。だが、機械織りで量産される安価な織物が、ランカシャーからインドへ大量に流入した途端、織物に携わっていた地方の職人たちは職を失い、村の経済は逼迫した」外国産布製品の不買運動において、誰よりも舌鋒鋭かったのがガンジーである。ガンジーは、外国産の布製品を「不浄で」「不潔で」「触るのも汚らわしい」「われわれにとって最大の外的汚染」と呼んだ。彼の主導した国産品愛用《スワデーシー》運動は、インドの人々に対して、たとえ生活に困窮していても外国産の布を焼き捨てるよう示唆した。グローバル化された技術がどのように土着文化を破壊するのかを示す歴史的事例として、これまで最も多く参照されてきたのが、このスワデーシーへといたる過程である。皮肉なことに、この神話が広まるのに一役買ったのは、西洋映画『ガンジー』（一九八二）だった（この作品自体、製作過程はグローバルだ[29]）。

実際には、インドの手織物にとって近代技術は、破滅をもたらしたというよりは、増産の手助けになったという面のほうが大きい。手織物は、もはやインドの織物市場の全体を占めるとはいえないものの、絶対的な発展を遂げてきた。機械化によって布の価格が下落したため、市場の絶対的規模が大幅に拡大し、これが手織物にとっても支えとなった。多くの織工たちの収入が減ったものの、手織物の美しい技巧は、機械技術による恩恵を蒙った。

西洋の技術は、インドの手織物を支える経済ネットワークに対して、いくつかの決定的な要素をもたらした。イギリスから導入された鉄道のおかげで、手織工たちは、より広い市場へと商品を売り込めるようになり、単純な手作業から解放された。複数の織物市場が繋がったことで、手織工たちは、新たに広がった仲買人のネットワークに参入できるようになり、大規模な組織を通じた、かつてなく効率の良い商取引が可能となった。さらに鉄道のおかげで、織工たちは安価で高品質な外国製の糸を使えるようにもなり、手織物の生産は質量ともに向上した。十九世紀以来、インドの民族織物の多くは、昔ながらの手紡ぎの糸よりも、西洋式の製糸工場で作られた糸に頼ってきた。工場製の糸を使うことにより、コストが下がるのは勿論のこと、職人たちは糸紡ぎのような単純労働から解放され、創造的な活動を構図のデザインや構成へと向けられるようになった。[30]

スワデーシー運動の主な受益者は、おそらく（この運動にいくらか出資した）インドの製糸工場だろう。すべての外国製品を標的とすることで、スワデーシーは、手織り職人たちが便利な外国産の糸を使うことを否定した。その結果、インド国内の製糸工場が利益を得ることになった。[31]

手織りのインド織物は、美しさという点では、今日でも輝きを失っていない。伝統的な手織物に対するインド国内の需要は、品質の高さに基づくものである。インドはきわめて多様な国であり、その共同体の大半は今でも、ごく特定の用途に用いるものとして、上質の織物製品を必要としている。これらの需要は、結婚式や宗教儀礼、土地の祭礼などに根ざしている。これらの分野での供給量に関しては、十九世紀でも今日でも、手織物は常に機械製品を上回ってきた。地方の手織工たちが、特殊な布製品の販売において成功をおさめているのは、その土地の習俗や暦の変化を熟知しているためである。サリーや金襴織《ブロケード》といった上質の織物や衣類もまた、手織りを支え続けている。インド北西部（特にグジャラート州とラージャスターン州）およびパキスタンの女性たちは、世界でも屈指の民族刺繍の担い手である。インドの人口は世界の人口のおよそ四分の一を占めており、インドの手織り物が世界の手織り物の内に占める割合はさらに高い。したがって上述の内容は、世界の手織物をめぐる沿革の大部分に関わるものである。[32]

実際のデータも、限定的なものではあるが、手織物が衰退したというガンジーの見方には合致しない。今日、三百万台以上の手織りばたと六百万人の織工を抱えている国は、インドだけである。一八〇〇年当時の労働人口が五千万から六千万だったことを思えば、当時の総労働人口の十パーセントが手織物に従事していたとは考えにくい。二十世紀を通じて、手織物産業が確実に拡大していたことは、あらゆる尺度から示されている。第一次大戦が開戦した頃、手織りばたで用いられていた糸は、二十年前と比べて十～二十パーセント増加していた。一九三六～三九年にかけての測定によれば、手織りばた用の糸の量は、深刻な不況にも関わらず、一九〇六～〇九年よりも三十七パーセント近く増えていた。別の試算によれば、一九一四年から一九三四年の間で、手織りばたの数は三十八パーセント増加した。この期間には、インドの綿工業の中心地であるボンベイにおいても、手織りばたの数が十五パーセント増えている。[33]

機械の導入によって手織りばたの一部は使われなくなったが、そのことが必ずしも製品の質の低下につながったわけではない。インド製の手織物の大半は、かつては非常に品質が低く、単純な色と粗悪な素材を用いており、パターンも粗雑なものだった。今日では「手織り」といえばすなわち高品質の織物であることを示す。これは、市場における粗製品の部門を、機械織り製品が一手に引き受けるようになったためである。さらに、イギリスの工場や新しい技術との競争を通じて、インドの織物生産者たちは、より繊細で洗練されたデザインを生み出すことを余儀なくされた。インドの織工たちは、消費者に対して、機械には複製できないような商品を提供する必要があった。これによってインド織物の品質向上に拍車がかかり、手織工たちは製品とデザインの完成度を高めることに力を注いだ。[34]

この点に関して言えば、手織物をめぐるインドの経験は特殊なものではない。エジプトや中東の手織工たちは、ヨーロッパ人たちには複製できない上質の製品に生産を特化したことで、生き残りに成功した。機械製の織物では、トルコのモスリンや、金糸・銀糸を使ったシリアの絹織物、刺繍の施されたパレスチナの服地やヘッドドレスを真似ることができなかった。現存する証拠から分かるとおり、エジプト、シリア、トルコでは、ヨーロッパ製品が市場に浸透していたにも関わらず、織物は十九世紀を通じて発展しつづけた。外国との貿易を通じて富が膨らむと、人口が増加し、布製品の需要が高まった。産業革命による生産様式の再編成を経て、織物業は都市に集中し、生産効率も急上昇した。インドの場合と同じく、低価格で高品質のヨーロッパ製の糸は、地方の織工たちに恩恵を与えた[35]。

インドの織物生産者が抱えていた問題の一部は、自由貿易というよりはむしろ、法律や規制、税制などに端を発するものだった。東インド会社は、一八五〇年代後半までインドの一部を支配し、イギリスの経済的な優位を推し進めた。ランカシャーの織物生産者たちはインド市場に自由に出入りすることができたが、インドの生産者たちがイギリスで商売をする時には関税が課せられた。イギリスは、インドを独立した競争相手ではなく、イギリスの織物産業のための原料補給所にすることを目論んでいた。関税に加えてインドの土地には、概ね五十～七十五パーセントという重税が課されていたため、インドの織物生産は不利な競争を強いられていた[36]。

それでも、ほとんどのイギリス製織物は、インドの消費者の需要に応じる限りでしか、インド市場での成功をおさめることができなかった。イギリス製織物の多くは色合いに優れ、織目も細やかだった。一方、インドの手織物の中には、傑作とは言い難いものもあった。多くのインド人にとって、イギリス製の布は使い心地も見た目も良く、値段もかなり手頃で、発達した商業社会という未来像にも合致していた[37]。

植民地時代にインド織物の品質が落ちた一因としては、ペルシャの場合と同じく、その前の時代における貿易の縮小が挙げられるだろう。インドの手工芸品の急激な品質低下は、十八世紀初頭におけるムガール帝国の没落と期を一にしている。

十六世紀末から十七世紀後期にかけて、インド北部の大部分は、平和と繁栄と安全を享受していた。ムガール帝国による中央集権的な支配は、広範囲にわたる商業活動や都市化や地方間交易を可能にした。当時、最高級のムガール製絨毯は、絹の下地とシロイワヤギの毛のパイルで作られていた。この組み合わせによって出来た絨毯は、さまざまな染め方が可能であるのみならず、見た目の美しさと絹の手触りをも兼ね備えていた。装飾には、通常、顕花植物や格子風の模様が用いられた。インド織物の質がこれほど向上した時期は他にない、というのが大方の専門家の意見である。[38]

ムガール帝国の伝統は十七世紀に頂点を迎え、その後急速に衰退した。最高級の絨毯の生産は、アウラングゼーブ朝（一六五八〜一七〇七）になってもまだ続いていたが、全体的な質の低下は顕著だった。一七三九年にはペルシャのナディール・シャーによる侵略を受けるなどして、ムガール王室は解体した。政治的な安定は終わり、王室関連の需要はなくなり、貿易のネットワークは縮小した。こうした事態の変化によって、インド織物はダメージを受けた。ペルシャの場合と同じく、十九世紀になってヨーロッパからの需要に刺激されるまで、大規模な絨毯製造は休止状態に陥った。[39]

6……ナバホ族と異文化間交易

ナバホ族の織物もまた、技術、成長する富、異文化間交易に多くを負っている。ナバホ族の手織物は、一世紀以上にわたって技術の恩恵を受けてきた。ナバホ族が他のインディアン部族から織物を学んだのは、十八世紀のことである。彼らの多くは、スペイン征服の影響を受けて、ナバホ族の住む地区に移ってきた人々だった。まもなくナバホ族は織物の生産を始め、それをスペインや他のインディアン部族に対して売るようになった。織地として主に使われたのは、家畜として飼っていた羊や山羊の毛だった。この地域に羊を伝えたのはスペイン人であり、ナバホ族がかなり大規模な家畜の管理をできるようになったのも、スペイン式の管理技術を導入したおかげだった。かくしてナバホ族の文化と経済は、家畜の生産と売買によって発展した。ナバホ族の経済にとって、牧畜は最も重要なものになった。これらの家畜を利用して、毛布の生産と取引という伝統産業が盛んになった[40]。

一八二五年頃を境に、ナバホ族の織物は、純粋に実用的な営みから芸術へと変容した。当時、ナバホ族は、メキシコ北東部のサルティージョで作られたサラーペ［幾何学模様の入った男性用の肩掛け毛布］や毛布や敷物からの影響を受けていた。鋸歯状のジグザグ模様が入ったサラーペの柄は、メキシコのスペイン系の羊飼いが着ているポンチョから取られたものである。ナバホ族のデザインもこれらの源泉に大きく依拠しているが、模様をわざと歪めたり、縁取りをなくしたりすることで、自分たちの視覚言語に合わせてアレンジしている。[41]

さらに一八二一年以降は、工場で生産され染色された布が、ナバホ族にとっても広く入手可能になった。ナバホ族はこれらの素材を解きほぐし、自分たちのデザインに合うように織りなおした。最も珍重されたのは、スペイン製の布を解きほぐして作った「バエタ」という赤い糸で、イギリスからスペインへと逆輸入されていた（イギリスでは「ベーズ」と呼ばれていた）。これらの布は、伝統的なナバホ族の毛布の基礎となったが、（一八二一年のメキシコ革命後に）合衆国との貿易が合法化されるまでは入手できなかった。十九世紀半ばまでには、ナバホ族は市販のサクソニー毛糸を使うようになっていた。この毛糸は、主に黄色と緑の色合いを出すために用いられた。[42]

輸入布は、ナバホ族に新しい色をもたらした。草木染めでは鮮やかな赤色を作り出せなかったナバホ族は、自分たちの用途に合わせて、外国製の布製品を解きほぐして織りなおしていた。皮肉なことに、バエタの原染料であるコチニールは、メキシコ産の寄生甲虫から抽出され、ヨーロッパの先端技術によって再加工された後、アメリカ・インディアン用に新世界へと逆輸入されているものである。藍染の場合も、やはりナバホ族本来の染色法ではないため、早くも一八〇〇年にはヨーロッパ製の染料が用いられていた。[43]

すべての新しい色が、製品の美的な品質に対して良い影響を与えた訳ではない。ナバホ族は、アニリン油による染色と、アニリン染めの糸を使うようになった。アニリン油は、一八五六年にイギリスで開発された合成染料である。アニリン製品はまたたく間に海を渡り、交易所と鉄道のおかげで、アメリカ西部でも普及した。一八六五年までには、新しい染料を使った三層糸がナバホ族に伝わった。新しい色が入手できるようになると、ナバホ族はこれを熱心に取り入れ、アニリン油は赤色を出すためにかなり頻繁に使われた。質の悪いアニリン染めは、結局は色落ちしてしまったり、いかにも粗製濫造な出来栄えだったりした。[44]

それでもなお、技術によってもたらされた効果は、最終的にはプラスとなった。(東)インドの場合と同じように、機械製のほぐし毛糸の普及は、ナバホ族の織物技術の向上につながった。機械で作られた材料は、原産品よりも精練度が高かった。これに対抗するため、ナバホ族は、同じぐらい精錬された毛糸を作ることを余儀なくされた。既製品の毛糸のおかげで、ナバホ族は織物や染色などの労働から解放され、新たなデザインの考案に専念できるようになった。その結果、十九世紀後期の「アイダズラー織り」(コントラストのはっきりした色を使い、形やデザインを組み合わせた織り方)のようなイノベーションがもたらされた。技術のおかげで、織りの細やかさよりも構図が重視されるようになった。当初は「ナバホ織物を駄目にした」と批判されたアイダズラー織りだが、その後は大いに評価を高め、商業的にも成功をおさめた。[45]

「敷物時代」後期には、ローカルな売り上げよりも、遠方に住むアメリカの消費者への売り上げがナバホ織物の基盤となった。一八七〇年代には、ナバホ族の居留地に交易所が作られ、入植者たちへの製品販売が可能となった。一八八〇年代に入り、鉄道がニュー・メキシコに到達すると、ナバホ族は、アメリカ全土へと品物を発送し、多種多様な商品を販売できるようになった。一八九〇年代までには、軽量の毛布に代わり、重たい敷物のほうが売れるようになった。規格が変わったことで、数多くの実験的な試みが行われ、芸術性とオリジナリティに富んだデザインが生み出された[46]。

ナバホ織物のスタイルは、外部の源泉から着想を得つづけていたが、その大半は鉄道によってもたらされたものである。十九世紀後半のデザインの多くは、ペルシャ、コーカサス、トルコの織物から採られていたが、これは交易所の運営者からの奨励によるところが大きい。ナバホ族の芸術は、スペインやアメリカ以外からも大きな影響を受けた。これらは、富とテクノロジーがいかにして人間の創造性を刺激するかということを示している[47]。

第3章
エートスと文化喪失の悲劇

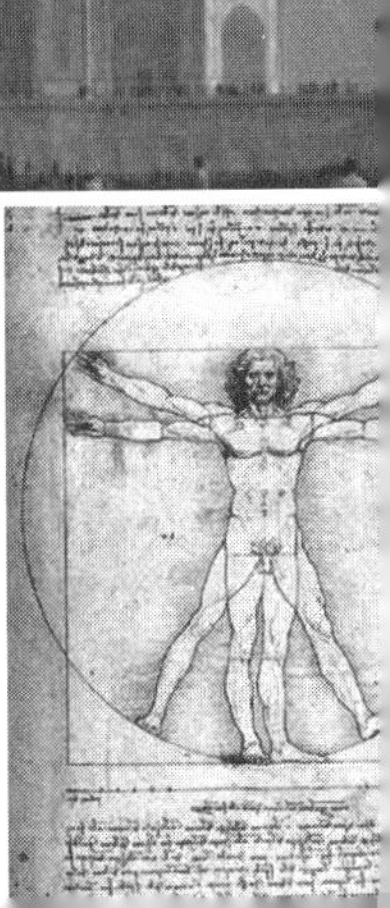

富と技術の力に後押しされて、商業の分野では、世界中で影響力を持つものがかつてないほど多くなった。最新のデータによると、百カ国以上でNBA（National Basketball Association，ナショナル・バスケットボール・アソシエーション）の試合を観ることができ、百五十一カ国でトヨタ車を買うことができ、百八十五カ国でコカ・コーラを買うことができる。海外で新規開店するマクドナルドの店舗数は、毎年、米国内で新規開店する店舗数の二倍である。自動車や郊外開発やショッピング・モールは、世界中で新しい顧客を獲得している。[1]

こうした展開は目に見えて実利に繋がっており、最終章で論じるように、文化的な創造性を爆発的に向上させてきた。だが、プラスの面が大きいとはいっても、それと同時に、文化において何かが失われているという感じは否めない。この喪失感の正体を解き明かすため、私は、文化間の接触が、より貧しく小さな国のエートスを損ねる場合について考える。「エートスの破壊」によって、非西洋文化のユニークさが失われ、芸術的な創造性が衰えることもありうる。

現代の世界ではどのような自由が可能か、というのが本書のテーマだが、自由について理解するためには、悲劇にも目を向けることが不可欠である。世界共通の文化が拡大すれば拡大するほど、文化的な悲劇の度合いも高くなることが分かる。

以下で詳しく見るように、エートスという概念を導入することで、文化における創造性と堕落とのつながりが分かりやすくなる。「エートス」とは、本書では、ある文化に特有の感じや特色を意味する。エートスは、ある社会において見られる世界観や様式、インスピレーションの背景となるネットワーク、あるいは、文化的なインスピレーションの枠組みである。したがってエートスは、芸術を創造したり鑑賞したりする際に使用される暗示的言語の一部である。より明確に言えば、エートスは、ある社会が持っている自信や、ある宗教への集団的な帰依から生みだされる世界観、美の性質と意義についての文化的前提から成り立っている。エートスは大抵、私たちの行いを特徴づけながらも、文章あるいは言語による公式化を拒むような、暗黙知あるいは背景的知識を含む。フランスの歴史家・哲学者のイポリット・テーヌは、「周辺環境と精神の一般的状態」について述べた。この概念を正確に表しているのは、ドイツ語のWeltanschaung(世界観)やZeitgeist（時代精神）であるが、英語にはこれに相当する言葉がない[2]。

エートスと技術との組み合わせによって、ある時代の芸術に特有の「感じ」や、様式や感情の核となるものが生まれる。ベートーベンやショパンの音楽が力強く自信に満ち、ジャマイカン・レゲエが気骨とユートピア的熱情を備え、フィレンツェのルネサンス絵画が高貴かつ壮大なものとなった背景には、それぞれの歴史環境がある。種々の特殊様式が各地で発達し、そこから逸脱したものがさらに別の場所へと飛び火しても、教養のある人が鑑賞すれば、あるルネサンス絵画がフィレンツェのものであり、ある音楽がジャマイカのものであることは容易く分かる。

創作者たちは、形成期においては、同じようなものから影響を受ける。同じ教師につき、同じイメージを見て、同じ環境で成長することで、様式上の共通性が支えられる。所与の観衆や聴衆に対して訴えかけたいという欲求も、やはり共通性を伝播させる。創作者たちはしばしば名声を求め、顧客や同業者からの承認を得たいと願い、観衆や聴衆に感動を与えられることに喜びを感じる。こうした動機から芸術家たちは、顧客に「同調」した、つまりは時代の精神に一致した美的感覚を伝えようと躍起になる。彼らの生み出す芸術作品は、この時代精神にさらなる形を与え、影響を広めることで、累積的フィードバックという双方向のプロセスを出現させる。

エートスは、意見の一致を必要としない。一九六〇年代イギリスの若者文化は、「モッズ」対「ロッカーズ」の衝突から成っていた。これらの二つの集団は、同一の枠組内の同一の問いについての意見を違えていたのであり、その意味では同一のエートスを共有していた。言い換えれば、「両極端なものは、ある一点を除けば瓜二つ」ということだ。エートスとは、意見の厳密な一致というよりは、解釈のための共通の文化基盤のことである。

経済学において「エートス」という用語は、個々人の意見が相互に依存していることを指す。もっと専門的な言い方をするなら、複数の意見にまたがる「ネットワーク効果」のことである。

ある人の意見は、部分的には、同じ共同体に属する他の人々の意見と相関関係にある。正式な経済学のモデルによれば、エートスとは、多数の人間の行動および意見によって集団的に行われる生産への、値付けも売買も不能な投入物である。

　エートスとは、本来、厳密には定義しがたいものである。科学哲学における「パラダイム」概念と同じく、そもそも漠然とした性質の概念であり、はっきりとした特徴づけには馴染まない。とはいえ、異文化間交易について論じるにあたって、そうした基盤づくりを放棄することはフェアではない。異文化間の接触を通じて、人々の世界観は変化していき、思考の変化を通じて、芸術の生産はより幅広く枝分かれしていく（ただし、より良くなるとは限らない）。

　好ましいエートスは、比較的小さな集団が文化的な奇跡を達成する後押しとなりうる。古代ギリシャの黄金期とされるペリクレス時代のアテネには、どんなに多く見積もっても、二十万人以下の住民しかいなかった（自由市民の数はさらに少なかった）が、哲学、詩、歴史、演劇、政治における創造的な成果は、他に類を見ない。アテネ市民が近代人よりも遺伝的に優れていたわけではなく、彼らの時代の気風が、大胆かつ創造的な思考にとって好ましいものだったのである。アテネ市民は芸術家たちに、発見と驚異から生まれる熱狂的感覚、つまり、前人未到のことをやっているのだという意識を吹き込んだ。▼3

　ルネサンス期のフィレンツェの人口は、通常は八万を超えることはなく、時にはそれ以下になることもあった。一九八四年には、約三万五千人の画家、彫刻家、陶芸家、美術史家がアメリカの美術学校から卒業している、という数字と比べてみれば、フィレンツェの業績を人口という側面から正しく捉えることができるだろう。フィレンツェの芸術が良好な経済によって裏打ちされていたことは、既に別の場所で述べたとおりだが、同じく重要な役割を果たしたのが、フィレンツェの環境である。フィレンツェでは、市民生活、人文主義、宗教というそれぞれの局面において、芸術の素晴らしさが強調された[4]。フィレンツェ市民たちにとってフィレンツェという都市は、軍事拠点や帝国の一部というよりは、創造の中心地だった。強さ、楽観主義、人文主義というフィレンツェのエートスは、今日にいたるまで、芸術作品を通じて燦然と輝いている。重要なのは、芸術を重視するというフィレンツェの人々の姿勢が、かくも少ない人口による、かくも大量の創造的成果の産出へとつながったという点である[5]。

　エートスの重要性は、全ての文化に共通のものであり、西洋に限ったものではない。ハイチのブードゥー芸術や、香港のアクション映画、キューバのダンス・ミュージックの持つ独特な感じは、その他の多くの芸術と並んで、全て自国の文化から引き出されたものである。アテネやフィレンツェの場合と同じように、エートスは、比較的少数の人々による奇跡的な創作活動の支えとなる。

1……エートスの脆弱性と諸問題

エートスというものが存在するせいで、グローバリゼーションは文化にとっての重大な問題となる。合衆国においても後進国においても、経済成長、国際貿易、技術的知識の広がりによって、ハンマーや冷蔵庫、掃除機の品質が下がる危険はほとんどない。これらの分野や産業では、知識の普及は明らかに良い効果を生み、より多くのより良い機会が関係者全員にもたらされる。

だが、貿易や経済成長は、文化の進歩についても同じような直接的保証を与えてくれるわけではない。通常の商業的な部門とは異なり、知識が増えたからといって、高い評価を得られるような文化が生まれるとは限らない。エートスというのは、そもそも独自の世界観を指す。商業の分野における外部からの影響は、それが人々の福祉を増進するようなものであったとしても、エートスを弱体化させたり、破壊したりする可能性がある。本書の中で既に言及し、後でも再び論じるように、文化に関する知識が時間的・空間的に集中する傾向は、エートスの希少性や独自性、脆弱性を反映している。

皮肉なことに芸術家は、他のアプローチを学びすぎることで、あるジャンルにおける創造性を失ってしまうことがある。これについては、ロックとカントリーとブルースを折衷したスタイルで知られるミュージシャンのベックが、要点をズバリと指摘している。「もうこれ以上、純粋なカントリー音楽を作ることは出来ない。もうこれ以上、純粋なアパラチア地方のバラードを作ることは出来ない。だって僕らの生きている世界では、誰もがスピード・メタルを聞いたことがあり、誰もがドラムン・ベースを聞いたことがあり、誰もがオールド・スクールのヒップ・ホップを聞いたことがあるのだから。影響を受けたり要素を取り入れたりしなくても、頭の中にはそういうものが残っている」[6]

録音やラジオ放送が広く行われるようになる以前、ヨーロッパにおけるクラシック音楽の指揮法やヴァイオリンの奏法、ピアノの演奏技術には、地域ごとに異なる流派が存在しており、それぞれに音が異なっていた。電子装置による音楽の再生を通じて、これらの様式についての知識が広まった結果、様式の数自体は減少した。クラシックの音楽家たちは、非常に高いレベルの技術を身につけながらも、ますます似た音を出すようになっていった。コミュニケーションと意見交換によって、当初はバラバラだった音楽観が、互いに似通ったものになってきた。同じように、後進地域出身の「素朴派」の画家たちの多くは、西洋の芸術作品に触れた途端、独自のスタイルを失ってしまう。

近代以降の西洋の作家たちは、皆、ダンテの『神曲』以前の世界観に遡ることはできない。良かれ悪しかれ、地獄というもののもつ倫理的な力は、インテリの間では失われてしまった。現代のニューヨークの知識人は、近代的なイロニーや風刺抜きで地獄について考えることはできないだろうし、あるいは嘲笑ってさえいるかもしれない。テレビドラマ『となりのサインフェルド』のエピソードの多くは、こうした視点の変化を裏づけるものである。

「イロニーとは芸術の死である」、というヘーゲルの言葉は過剰反応かもしれない。たしかにヘーゲルは、ポストモダンの可能性にほとんど気付いていなかった。それでもヘーゲルは、イロニーがいかにして芸術から英雄的な気質を奪い、美へと向かう意志を制限するかを理解していた。アンディー・ウォーホルの連作絵画『最後の晩餐』は傑作に違いないが、現代のアメリカの芸術家の大半にとって、中世あるいはルネサンスの画家たちと同じように「キリストの偉大」を描くことは不可能である。プルーストの『失われた時を求めて』は、彼が貴族制を（いくら嘲ってみせたところで）ある程度は真剣に受け止めていなければ、別の作品になっていただろう。大方の技術的知識とは異なり、芸術を生み出す力は、別の時代や社会へと簡単に伝えられるようなものではない。ナバホ族は、素晴らしい織物の才能にも関わらず、一級品のアーミッシュ・キルトを作ることはできない。彼らには、アーミッシュ製品に関する厳密な技術知識が欠けているだけでなく、適切な美意識が備わっていないからである（同じくアーミッシュたちも、一級品のナバホ・ブランケットを作ることはできない）。現代のナバホ族は、もっとも有名な一八六〇年代の製品の手触りや品質を複製することができない。複製できれば大金が得られるはずだが、それでもやはり無理なのである。

どれほどの大金を投じたところで、十六世紀あるいは十七世紀サファーヴィー朝の最高傑作のように壮麗なペルシャ絨毯を作ることは難しいだろう。第一に、現代のイランには、知識と訓練と専門技術を結びつけるネットワークが存在しない。さらに、イランには当時と同じような文化的自負もなければ、世界秩序の内部における相対的位置も異なっている。手織絨毯の生産はいまだに広く行われており、かなりの利益を生み出してはいるが、品質という点でも市場における価値という点でも、かつての最高級品には及ばない。このギャップは、今日のイランが有する巨万の富と技術によっても補いきれるものではない。

新たに生まれる文化の可能性が、今や失われてしまった旧来の様式に勝るのか、という点について論じても意味がない。議論すべきは、文化の生産においては、知識の増加が全面的な機会の増加につながるとは限らない、という点である。成長の過程で生じるものは、単なる機会の増加というよりは、ある一連の様式と別の様式との交換《トレードオフ》なのである。

過剰な知識や誤った知識は、創造力を制限することがある。(何よりも)この点において、文化の経済学は、独自の問題を呈することになる。生産の減退という現象は、単に起きるかもしれないという程度のものではなく、必ずといっていいほど生じる大問題なのである。

ここで気が付くのは、マクロ経済理論との類似点である。現代の「実物」景気循環論では、景気の下降をもたらすものは、生産性に対するマイナスの衝撃――財とサービスの生産効率の低下――であると考えられている。商品の生産方法を忘れることなど滅多にないのだから、この「生産性に対するマイナスの衝撃」という考え方は、現代の経済には当てはまらない、という指摘もある。けれども実際には、この「生産性に対するマイナスの衝撃」という考え方は、現代の景気循環論が生んだもっとも大きな功績の一つであり、芸術や文化の世界ととりわけ関係が深い。私たちが多くの製品――とりわけ文化――を作る方法は、私たちの背景がどのようなものであるか、という点に決定的にかかっている。しかも、こうした背景は、以前と比べて悪くなることもある。

皮肉なことに、文化の場合、「技術に対する負の衝撃」は、知識の喪失ではなく知識の獲得によって構成されていることも多い。

ある程度の孤立化は、芸術に対して、自負や魔術的意味を付与することがある。第三世界や土着の職人たちの多くが、自らの作品には大きな宗教的・神話的意義があり、歴史の展開にとって欠くべからざる中心的な重要性を担っていると考えている。実際には、外から見れば彼らは「単なる職人の一人」に過ぎないわけだが、そんなことは知らずにいるほうが、彼らの創造性は高まるだろう。さらに、豊かな社会からもたらされる外国製品や技術は、土着の創作物の地位を奪いかねない。この点においてマルクス主義者が「権力関係」と呼ぶものは、小さな国や貧しい国の創造性を限定する可能性がある。

エートスは、伝道者めいた熱意に基づいていることが多い。この熱意は、客観的事実によって厳密に正当化されるような類のものではない。芸術と創造力は、ある程度までは、幻覚や妄想を拠り所にしている。こうした幻覚や妄想は、とりわけ芸術家の精神の内部に宿るものである。全てのハイチ人が「ハイチのブードゥー教は真実ではない」と知らされれば、ハイチ芸術は貧相なものになるだろう。ハイチ人の九十パーセントがカトリックであり、百パーセントがブードゥー教徒である、ということがよく言われる。アメリカにおけるハイチ芸術の庇護者であるセルデン・ロッドマンによれば、ハイチ人は「視覚的プロパガンダ、写真、懐疑主義という惨害から遮断されている」。言い換えれば、誤った意識は、人間の創造力の源泉になるということだ。[7]

エートスの崩壊をめぐる問題には二種類ある。第一に、古い文化と、それに伴う芸術品が消滅することと自体が、倫理的・美的な理由から好ましくないという問題がある。第二に、共同体の成員の好みに関する問題が考えられる。過剰な貿易や不適切な貿易は、長い目で見ると、共同体の集団的志向を変化させることがある。このような変化は、貿易にかかわる人たちにとって不利にはたらく。

これは、至極単純な理屈である。小さく貧しい文化に属する人々は、通常、大きく豊かな文化のイノベーションを取り入れることで利益を得る。彼らは、昔よりも長生きし、昔よりも多くの消費財を手に入れ、新たに出会う文化を享受する。だが、小さな文化に属する人々にとって、新しい運命の全てが好ましいとは限らない。二つの文化が接触するレベルは、理想的な値を超えている。小さな文化にとっては、貿易を通じて利益が得られることは好ましいが、大きな文化のエートスが増大することは好ましくない。それなのに小さな文化に属する人々は、大きな文化との貿易を始める際、いずれエートス崩壊という代償を払うことになるとは自覚していない。このため、小さな文化と大きな文化の貿易は、小さな文化に属する人々にとっての好ましいレベルを超えてしまう。もちろん、創作に携わる芸術家たちもこのプロセスに巻き込まれ、世界観を変えられてしまう。

大きな文化もまた、小さな文化との貿易から利益を得ているだろうし、あるいは、それ以外の貿易からの利益も得ているかもしれない。大きな文化に属する人々は、小さな国で生産される独自の製品を手に入れつづけたいと願うだろう。イヌイットが独自の彫刻や彫物、版画などの生産力を失うことは、北米人たちにとっては痛手になるだろう。イヌイットと外部との接触が増えすぎたり、不適切な接触が行われたりすれば、イヌイットが良質の作品を生産することは難しくなる。けれどもこうした芸術上の損害は、ダメージが蓄積することによって初めて生じるので、イヌイットたちとの接触をどの程度にするかを決定する時点では、このような懸念を抱く人はほとんどいない。

エートスの崩壊は、消費者によって惹起されるケースが多く、その意味では、進歩と人類の福利を推し進めるものである。キングストンの労働者の多くは、一日分の賃金と同じ値段を支払ってでも、マクドナルドで食事をしたいと思っている。だが、あまりにも大勢のジャマイカ人が定期的に同じ事をすれば、ジャマイカ社会の独自性は損なわれることになるだろう。そうして生じた変化によって、ジャマイカ特有の創造力は、変質したり破壊されたりしてしまうかもしれない。先端技術によって生み出された録音スタジオがなければ、レゲエ音楽が花開くことはなかっただろう。しかし同時に、キングストンがビバリー・ヒルズと瓜二つになってしまえば、レゲエのオリジナリティは失われ、世界の多様性に寄与することもなくなるだろう。

2……ミネルヴァ・モデル

異文化間の接触は、大抵、エートスを壊滅させるよりも先に、エートスの創造的成果を流通させる。だとすると貿易は、エートスが実際の芸術創造へと転化される際、看過されてはいるが決定的な役割を果たしていることになる。

この過程に共通するパターンを見てみよう。文化と文化が最初に出会うと、個人間での材料や技術や思想の交換が行われ、創作がにわかに盛んになる。多くの場合、物質的に豊かな文化は、貧しい文化の創作に対して資金面での援助を与えるが、この間、土着の美学とエートスは、概ね手付かずのままである。文化的観点からすると、しばらくの間、私たちは双方の文化の良いとこどりをすることになる。貿易から利益を得つつも、貧しい文化あるいは小さな文化の中核は、手付かずのままである。しかし、時間が経過すると、小さな文化あるいは貧しい文化を支配していた力のバランスが、大きな文化あるいは裕福な文化によって覆される。貧しい文化は、裕福な文化の好みに合わせた製品を作りはじめる。外部世界とのコミュニケーションを通じて、支配的なエートスの独自性は低下していく。小さな文化は、かつて得意としていた質の高い製品の作り方を「忘れ」、かくして文化の衰退が起こる。

私はこれを「ミネルヴァ・モデル」と呼ぶ。このシナリオにおいて、創造力の爆発的開花は、文化やエートスの衰退をもたらす。異文化間の交易は、長期的には一つの文化しか生き残れない場合でさえ、短期的には大きな利益をもたらす。「ミネルヴァ」とは、ヘーゲルの「ミネルヴァのふくろうは黄昏に飛ぶ」という有名な一節に出てくる言葉である。これは、文明が自らのあらゆる可能性を既に実現し、衰退期に入った時にしか、その文明を哲学的に理解することはできない、ということを意味している。私はこのメタファーを再解釈して、衰退期に入った文化は一時的に輝きを放つ（逆に言えば、文化の繁栄には破滅の種が潜んでいる）、ということを示すのに用いる。

ハワイ諸島の文化は、外部との接触によって直ちに壊滅したわけではなく、むしろ十九世紀後半と二十世紀初頭に全盛期を迎えた。太平洋、アメリカ、日本、中国からの影響が組み合わさったことで、創造を後押しする豊かな環境が作り出された。音楽の分野ではハワイの演奏家たちの与えた影響が、やがてモダン・ラウンジのみならず、カントリー・ウェスタン、ペダル・スティール・ギター、ブルース、ジャズ、ギターのフィンガー・ピッキング奏法などの発展へと結実していった。どの事例においても、ハワイの人々は、西洋において確立された様式の枠内でイノベーションを行っていたり、西洋の着想に依存している部分があったりした。たとえば、ハワイアン・スティール・ギターは、カリフォルニア在住のチェコ移民によって発明された。十九世紀後半から二十世紀初頭になると、ハワイでは素晴らしい手織りキルトも生産された。ハワイアン・ミュージック同様、こうしたハワイアン・キルトの作品は、アメリカ、アジア、ポリネシアなどの諸様式の止揚による産物である[8]。

しかしながら、ハワイ文化の多産な時代は、いつまでも続きはしなかった。アメリカによる島の占領——文化、経済、政治の各方面に及ぶ——は、時間の問題だった。活力に満ちていたハワイの土着文化は、アメリカ本土やアジア諸国から大量の人々と富が流れ込んだことで、まったく身動きが取れなくなってしまい、坂を転がり落ちるように衰退していった。ハワイは文化的に枯れ果ててしまったというわけではないが（ダイヤモンド・ヘッドの建築を見よ）、以前よりもアメリカ本土に似ている。この地域は、二十世紀初頭の絶頂期に比べると、創造という点では目ぼしい成果を生み出していない。

このような成り行きの原因は近代にある、と断罪してしまえば、異文化間の接触が果たす役割を見落とすことになる。異文化間の接触は、本来、創造的環境に刺激を与えるものである。ハワイで生じたイノベーションは、ほぼ全てが根本的には合成物であり、文化貿易に根差したものである。近代は、まず多くの文化共同体を創造する。そして、この創造のみを通じて、多くの文化共同体を破壊する。ハワイ文化の源泉——中国文化、日本文化、ポリネシアン文化など——もまた、古い時代の止揚を通じて生み出されたものである。これらの文化は、比較的早い時期に生じた創造的破壊を通じて生まれたものだが、その時点ですでに、多くの文化が犠牲になっているのだ。

ミネルヴァ・モデルが最もよく当てはまるのは、貿易から得られる利益が、深刻な文化的不均衡に基づいている時である。たとえば、アメリカ・インディアンの美術工芸は、二十世紀初頭に（一時的に）崩壊する少し前まで繁栄した。最も完成度の高かったプレーンズ・インディアンの芸術は、ヨーロッパ製のクレヨン、鉛筆、布、金属、色鮮やかな絵具、紙、染色毛糸、鏡、鐘、真鍮鋲、ガラスビーズを用いていた。多くのインディアン部族が有する木切れによる籠編みの技術は、ヨーロッパ（おそらくスウェーデン）に起源があると思われる。ホピ族のカチナ人形は十九世紀に最盛期を迎えたが、この当時、ホピ族はスペインやメキシコの民芸品に触れる機会を持ちはじめ、人形に対する観光客からの需要に応えようとしていた。[9]

インディアンのトーテム・ポールは、北西部の毛皮交易がインディアン共同体に新たな富をもたらしたのを機に、十九世紀半ばに広まった。インディアンの酋長や貴族は、大きなポールを制作させることにより、互いの地位を競い合った。大きな村には七十ものポールがあった。インディアン彫刻には金属製のナイフが必要不可欠であり、これを入植者たちが持ち込んでいなければ、印象的なポールの多くは制作不可能だった。貿易によって築かれた関係を通じて、十八〜十九世紀には北米全体でインディアン芸術の制作がかつてなく盛んになった。これはちょうど、生活様式としての北米インディアン文化が急激に没落しつつあった時期と重なる。[10]

アンデス織物の伝統は、スペインの征服によって多大なダメージを蒙ったが、アンデス織物が発展したのは、ヨーロッパとの接触が始まった頃のことである。需要の側では、スペイン人の中にアンデス織物の質の高さを分かっている者がおり、彼らが熱心に買い漁ったことによって生産が刺激された。供給の側では、アンデスの織工たちが、新しい材料やスタイルや考え方を取り入れた。スペイン人たちは絹、リネン、羊毛、メッキ糸を紹介したことに加えて、ヨーロッパ、アラブ世界、トルコ、中国の織物やデザインを通じて、様式にインスピレーションを与えた。アンデスの織工たちは、とりわけ、色の使用についてイノベーションを行った。深みと立体感を出すために、彼らは複雑なパターンを用いた。フィリピン経由でもたらされた、中国の絹製タペストリーと絹刺繍は、特に大きな影響を与えた。アンデス社会に対するスペインの租税が決定的に高くなり、彼らの社会インフラを破壊するまで、異文化間の接触は織物芸術にとって実り多いものだった。[11]

ミネルヴァ・モデルが意味するのは、ある社会内に埋め込まれた潜在的な創造性を「金銭化する」ことには意義があるかもしれない、ということである。ある文化の最終的な没落を受け入れることにより、私たちは、少なくとも一定期間、その創造力をかつてないレベルで流動化させることにもなるのだ。

近代世界はあまりにも性急に、あまりにも多くの文化をお金に換えているかもしれない。けれども私たちは、没落しつつある文化の数によって、失敗の度合いを判断すべきではない。目に見える没落があるのなら、そこには問題があるはずだ、などと即断してしまうのは不用意である。何ら没落が生じないことは、成功よりもむしろ失敗のサインだということもある。何ら没落が生じないことは、ある世界が多様性をあまり獲得しておらず、ピーク時の盛り上がりにもかけ、ピークの回数自体も少ないことの反映である。逆に言えば、数多くの芸術分野が没落することは、完璧かつ永久的な衰退の前兆というよりは、文化的な豊かさと活力の徴候である。

今日消えつつある文化の大半は、より早い時期に生じた文化の混合や「現金化」を通じて発達したものである。東南アジア全域への中国人の拡散、ローマ帝国の拡大、暗黒時代におけるヨーロッパの民族移動は、最終的にどのような文化的利益を生んだにせよ、当時の文化には破滅的な状況をもたらした。実際のところ、今日のいわゆる土着文化というのは、過去のある時点において、それ以前に生じた文化拡張を再編したものに過ぎない。ある文化が異文化との接触を通じて金銭化される間に、別の文化が芽生えてくる。その後に行われる交換を通じて、次なる文化の価値は引き出されるが、その文化もやがては没落していく運命にある。

3……貿易とエートス

貿易は時としてエートスを破壊する。それでも貿易は、進行中の文化再編プロセスにおける悪役と見なされるべきではない。逆説的であるが貿易は、エートスの正常な発達において、孤立化と同じぐらい不可欠な役割を果たすのである。古典時代の文明が地中海で発達したのは、偶然ではない。地中海では、さまざまな文化が海運貿易を行い、貿易相手の文化から何かを学習していた。こうした学習の精神は、中世後期に入ると、北フランスから低地帯［現在のベルギー、オランダ、ルクセンブルクの占める地域］やイタリアへと、貿易関係を通じてヨーロッパ中に広がった。学者、画家、写本、科学思想などが地理的な制約から解放されたことによって、ルネサンスが生まれた。西洋史を形成したもう一つの出来事は、合衆国の発達である。これもまた、貿易や資源の移動なくしては起こりえなかった。実質的にすべてのエートスが、何らかの形で、異文化間の接触により実現している。

異文化間の接触は、今日もなおエートスの成長を支え続けている。四万人未満という人口にも関わらず、カボヴェルデ諸島の大衆音楽には独特の雰囲気がある。この独自様式は、部分的な孤立化を通じて生み出された。カボヴェルデの音楽や生活様式は、ポルトガル、アフリカ、ブラジルなどからの影響を混ぜ合わせた、根本的にきわめて止揚的なものである。海運業（儲けの大きな奴隷貿易を含む）がなければ、カボヴェルデへの入植者はいなかっただろう。島の生活と音楽共同体を支えているのは、海外で働くカボヴェルデ人からの送金である。

ジャマイカ音楽のエートスは、アフリカ系アメリカ人たちによるリズム・アンド・ブルースの輸入を通じて成長を遂げた。ジャマイカに入植した砂糖農園の労働者たちは、一九四〇年代後半にアメリカ南部へ旅行した折にリズム・アンド・ブルースに触れ、そのスタイルを自国に持ち帰った。その後の一九五〇年代になると、ジャマイカの人々は、ニュー・オーリンズやマイアミからのラジオ放送を聴くようになった。ジャマイカで特に人気を博したのが、ルイス・ジョーダン、ファッツ・ドミノ、シャーリー・アンド・リー、ビル・ドゲット、ロスコ・ゴードン、アーニー・フリーマン、チャック・ベリーである（ジャマイカ人は概して、ハウリン・ウルフやマディー・ウォーターズなどのデルタ・ブルースよりも、軽やかでゆったりとしたリズムを好んだ。この傾向は、レゲエにも反映され続けている）。一九六〇年代初頭にジャマイカ音楽としては初めての画期的成功をおさめたジャマイカン・スカには、ドゥー・ワップ、スウィング、クルーナー、ソフトR&Bの影響が色濃く見られる。サム・クックとナット・キング・コールは今日にいたるまでジャマイカで愛され続けている。[12]

極度の孤立状態にあることが明らかな場合でさえ、実際には貿易に大きく依存していることが多い。メキシコの民族画家であるアヤラ兄弟（ファン・カミロ、マルシアル・カミロ、フェリックス・カミロ）は、ゲレーロ州サン・アグスティン・オアパンの山村に住んでいた。この村に行くには、メキシコ・シティまたはアカプルコから高速道路で数時間かけて山麓まで行った後、舗装されていない道を延々と登っていかねばならない。兄弟が生まれる頃まで、村には電気も通っていなかった。彼らの母語はスペイン征服以前のナワートル語であり、スペイン語を習得したのは大人になってからのことである。村には数千人の住民しかおらず（人数は時季によって変動する）、隣り合ういくつかの村だけで、独特な様式の絵画を生産し続けている。こうした創作環境は、明らかに、かなりの孤立状態を特徴としている。[13]

この事例においても貿易は、一見すると分かりづらいものの、やはり重要な役割を果たしている。一九六〇年代初頭、村の職人たちは、樹皮で出来た紙に絵を描き始めた。当時、メキシコ・シティ出身の建築家兼映画俳優のマックス・カーロフが経営する民芸品店が、観光客相手に大繁盛していた。彼のもとを訪れた村の職人たちは、破損しやすい陶器よりも、樹皮紙（アマテ）画のほうが販売流通が容易だというアドバイスを受けたのである。その時まで村の画家たちは、メキシコの別の地域（プエブラ州サン・パブリト）が発祥の樹皮紙で商売をするなどということは、考えたこともなかった。この黎明期に樹皮絵の発展に尽力したのが、映画俳優ヴィンセント・プライスの妻であるアメリカ人メアリー・プライスである。

アヤラ兄弟は、村の職人としては初めて、板やキャンバスに絵を描いた。マルシアル・カミロ・アヤラは、クエルナバカの路上へと作品を売りに出かけた際、まったくの偶然から、アメリカ人のエド・ラブキンと知り合った。ラブキンは、マルシアルとその兄弟たちに充分な画材を与え、数年間にわたって彼らを支援し、北米のコレクターに彼らの作品を販売した。それ以来、アヤラ兄弟の絵画は、主に海外の顧客に対して販売されるようになった。サン・アグスティン・オアパンの村全体も、外部の人間（大抵は観光客）に陶器や樹皮絵を売ることによって、経済的な支持基盤を獲得し、生活様式の大半を維持してきた。村人たちは、民芸の技術を磨くことで、都市部に吸収されまいとしてきたのである。より大きな文化の内に埋め込まれることで、孤立状態と異文化間接触とが混じり合ってきたわけだが、こうした混合は、アヤラ兄弟および同地域の職人たちにとってはプラスとなった。

4……サイズと臨界質量の重要性

独立したエートスを維持しようとすれば、文化は、臨界質量（critical mass）の問題に直面する。エートスは、一人で行動する一個人が作り出すのではなく、多数の個人による相互依存的な行動から生まれる。そのような行動の結果として作られたクラスターには、より大きく裕福な外部の力を遮断することが必要となる場合もある。

カナダのイヌイットたちは、人口わずか二万四千人にまで減少してもなお、独自のエートスを維持している。この離れ業を可能にしているのが、生計を立てるための貿易と、地理的な孤立状態との組み合わせである。イヌイットたちは、カナダのあらゆる人口密集地から隔絶した、辺鄙な土地に暮らしている。異文化接触の密度が一定のレベルに達すれば、イヌイットたちのエートスは消滅するだろう。たとえば、トロントの繁華街では、同じサイズの文化集団が長期的に存続することなど不可能である。そのような場所では、外部からの影響があまりにも大きいため、どうしても西洋式のライフスタイルになってしまうからだ。

重要なのは、臨界質量である。二十世紀以前には旅行者の数は少なく、ごく稀に大集団での旅行が実施されるだけだった。観光旅行は、旅行者を堕落させ、自分の国や文化に対して負っていた義務を失わせるものとして非難されていた。たとえば、英国の人々にとって、旅行は「イタリア風の」悪徳へと繋がるものだった。観光旅行が大々的に行われている今日では、旅行者たちが訪問先の場所を堕落させている、という批判の声がある。これは、過去においては考えられなかった事態である。現在、英国人は「イタリアのせいで破滅している」などと非難されることはない。英国人に対して向けられる非難は、むしろ「イタリアを破滅させている」というものだ。この問題が最も極端な形で現れるのは、小さな島国である。一九九〇年、バハマ諸島には、原住民一人あたり十四人の観光客が訪れた。この内、セント・マーティンに訪れた観光客の数は、原住民一人あたり二十四人に上った。[14]

人口が多く経済規模も大きな文化であれば、異文化接触によって窮地に陥るリスクは低い。そのような文化は、過度の影響を被ることなく、外来の思想を吸収することができるだろう。自らのアイデンティティを失うことなく外部からの影響を数多く吸収し、それによって発展を遂げてきたのが、日本、アメリカ、ドイツという三つの事例である。

大きな社会は、通常、外部からの衝撃に対する弾性を有しており、ダメージを受けた場合でも、壊滅せずに再編成する可能性が高い。大きな社会は内部が多様なので、外からの影響を受けた時でも、部分的にダメージを受けることはあるにせよ、柔軟かつ創造的な対応が可能なのである。この点で大きな社会は、多様性が高く、外的なリスクに対する守りも堅い。

社会が大きくなると、外部からの影響が隅々まで浸透するのにも時間がかかる。すると、土着の習俗がより長期にわたって原型を留めることになり、その結果、二つの文化が実り多い形で綜合される可能性も高まる。規模が大きく他から隔離されている土着文化は、状況に応じてマイペースに、外部のイノベーションを適用したり拒絶したりすることができる。対照的に、小さな社会が突如として外部からの影響に晒された場合には、うまく適応することが困難である。

大きな社会は、そもそも綜合を通じて形成されていることも多いため、外部からの影響をうまく吸収し、変容させることができる。ブラジル、アメリカ、カナダは、本来、自主的あるいは強制的に移住してきた人々によって作られた国であり、外的な諸要素を仲立ちするような形でインフラを整備してきた。このような社会では、より多くの人々が不平等と差異を押しつけられる一方で、相対的に普遍性の高い大衆文化が形成され、政治の面では忍耐力が増し、アメリカにおける「人種の坩堝《るつぼ》」という概念や、昨今のカナダにおける共生文化という概念のように、変化を好み、あるいは変化を可能とするような国家「神話」が生まれてきた。

メキシコやインドの事例は、発展途上の大きな社会が広範囲にわたって外部と接触した場合、独自かつ多様なアイデンティティをどのようにして維持しうるのかを示している。たとえばメキシコは、文化的に独立した多数の地域によって構成されており、相互に理解することが不可能な多数の言語を擁している。メキシコの食文化や芸術や工芸は、極めて多様である。この多様性こそが、外部からの影響に対する強い弾性の証である。少なくとも有史以来ずっと、メキシコの文化は綜合を通じて形成されてきた。現代のメキシコにおいて地理的な多様性が残っているのは、鉄道と経済成長のおかげである。鉄道と経済成長を通じて資金を獲得できたからこそ、メキシコ文化は、二十世紀初頭から急発展を遂げてきたのだ。

現代芸術から映画、ラップ・ミュージックにまでいたる幅広い形で、メキシコの創造性は、今も花開き続けている。民族芸術の分野でも、メキシコにおける職人の数はかつてなく多い。[15]

東インド文化は、これまでの歴史において同じパターンを反復してきた。それは、外部の文化によって窮地に追い込まれた後、調整期間を経てその文化を消化し、非常に質の高い止揚的イノベーションを達成する、というものである。アーリア人の侵略者たちは、サンスクリット語とヴェーダの神々をもたらした。アレクサンダー大王の時代には、ギリシャ文化の影響がインドにまで及び、ガンダーラ彫刻に多大な影響を与えた。その後インドは、ローマ帝国との間で幅広い海上貿易を行った。十三世紀以降には、イスラムからの影響がインドの芸術と建築に変化をもたらした。十六世紀からヴィクトリア朝期にまでいたるムガール帝国（一五二六－一八五七）初期には、ペルシャから多大な影響を受けた。この時期の最初の二百年間が、インド文化の絶頂期と言われている。アグラにあるタージマハルはペルシャからの影響を受けて生まれた。ペルシャの影響は装飾芸術においても顕著であるが、ここでもやはりインドの場合は、外来思想を吸収し変形するという反応を示した。今日インドは、映画、小説、大衆音楽において世界をリードしているが、これらのジャンルは全て、西洋との少なからぬ接触を通じて発展したものである。[16]

周知のように、ポリネシアの人々の自負と創造性は、ヨーロッパの植民地主義と貿易によって害された。関係者の人数を見てみれば、これは驚くべきことではない。ヨーロッパとの接触が起こった時期、タヒチの人口はわずか三万五千人程度だったと言われている。[17]

ヨーロッパ人たちがポリネシア文化に与えたダメージの多くは、ポリネシア内部の異文化接触の断絶によって生じたものであることは、さほど知られていない。植民地化される以前、ポリネシア文化の臨界質量は、時間的にも空間的にも広範囲にわたって営まれ、何世紀にも及ぶ異文化間貿易を通じて形成された。航海技術が進歩したおかげで、ポリネシア人たちは、一つの島の住民だけでは支えきれないほど高度な文化を発達させた。諸島間における文化の伝播と止揚の過程は、少なくとも十九世紀にヨーロッパの技術がもたらしたインパクトと比べれば、ゆっくりとした限定的なものだった。ヨーロッパ人たちが到来すると、それぞれの島は、大きな人口や文化といった確かな足場もないまま、西洋という存在と個別に直面することになった。ヨーロッパによる介入が、瞬く間に異文化接触の中心を占めるようになったことで、それぞれの島の文化は孤立の度を深め、より不安定なものになっていった。ポリネシア諸島は、もはや一つの連続したマクロ文化として発展することはできなくなった。それぞれの島は、ヨーロッパとのトラウマ的な接触に直面すると同時に、「文化的に小さく」なった。[18]

このようにしてグローバリゼーションには、独自性のある小さな国家よりも、多様性を内包する大きな国家を助長するという傾向がある。かつては独自性のあった小さな社会は、外の世界と接触するようになると、その独自性を失うことが多い。それでもなお、小さな社会は、より幅広い文化の流れの中へとヘーゲル式に送り込まれる。その結果、滅びずに残る文化は、それぞれのサイズは大きいものの、内部の仕組みは複雑かつ多様なものになることが多い。

言語の発展においても、多様性の発展と同じ傾向が見られる。確かに、近代化によって世界の言語の数は減少しており、この点において、多様性は制限されている。少なくとも、世界に六千ある言語の内の半数が、二十一世紀中には消滅する見込みである。

だが、言語的な多様性があらゆる点で減少しつつある、などと結論づけるべきではない。現存する個々の言語は、以前よりも豊かになっている。英語の語彙は以前よりも多くなり、他言語からの翻訳も含め、印刷物の量も増加してきた。小説の書き手とジャンルは増え、科学書は一般向けのものも専門家向けのものも共に増え、様々なローカル・イングリッシュは、インドやカリブ海を始め、あちこちで発展し続けている。言語の多様性が増加しているのか減少しているのか、単純な答えを出すことはできない。諸言語間の大きな差異の数は次第に減ってはいるものの、文化と同じく、それぞれの言語の内部の多様性は増している。

文学におけるグローバリゼーションの担い手である出版社もまた、多様性に対して複雑な効果をもたらしている。黎明期の出版社は、ヨーロッパ各地の方言を消滅させ、ラテン語の優位を確たるものにするだろうと考えられていた。この予測は当たらなかった。それぞれの言語は、ラテン語よりもはるかに豊かで多様な表現手段へと発展し、この点において、多様性は向上した。同時に、それぞれの地域において一つの言語（通常、本来は一地域の方言であったもの）が、競合する諸言語を犠牲にして、国の公用語へと祭り上げられた。方言の数と影響力は減少し、この点において、多様性は低下した。[19]

5……広いエートス、狭いエートス

ミネルヴァ・モデルの筋書きは、エートスをあからさまに破壊したりはせず、むしろエートスの性質を変化させる。異文化間の接触を通じて、それぞれの社会の内部の多様性は高まるが、その一方で、複数の社会の間の多様性は限定されていく。かつては別個のものだった複数のエートスが、お互いに近づくことで、地域ごとに特色のある芸術作品の生産が止まってしまう。だが、こうして失われていくエートスの代わりに、さらに多数の局所的エートスあるいはニッチのエートスが生まれる。これらの新しいエートスは、過去のエートスと比べて、一般性も包括性も低い。

包括性や全体性のレベルは、エートスによって異なる。多くの部族地域に根ざすエートスのように、家庭生活、セックス、芸術、村の社会構造といった、生活のほぼ全ての面に関わってくるエートスもあるし、生活の一部分しかカバーしていない、もっと限定的なエートスもある。範囲が狭く小規模なエートスの例としては、シリコン・バレーの「プログラマー・カルチャー」や、サッカー・ファンの世界、一九八〇年代後半から一九九〇年代にかけての若者の「レイヴ文化」などが挙げられる。これらのエートスは、特定の問題や芸術形式、試みについての考え方を規定するが、その範囲は包括的・一般的なものではない。こうした二種類の事例を、「広いエートス」

「狭いエートス」と呼ぶことにする。

　世界において広いエートスの数を制限するのと同じ過程が、それぞれの社会においては新たな狭いエートスの発展を促進する。経済発展や異文化間の接触によって、ひとつの社会の内のエートスは多様かつ散漫になり、包括性は低くなる。

　アメリカの文化史を紐解けば、まさにこのような進化の実例を見ることができる。新聞、書籍、雑誌の普及により、アメリカ文化の地方色は弱まった。たとえば、アーカンソーで入手できる情報や考えは、ニュー・ハンプシャーで入手できるものと比べ、大差がなくなってしまった。これは、均質化の傾向である。同時に、空間をこえた情報のやりとりが可能になったことで、地理的条件にはとらわれない新たな地盤が生まれ、文化におけるニッチ領域は独特の様相を呈するようになった。

　一例を挙げれば、二十世紀半ばのＳＦブームは、出版流通の全国ネットワークなしには実現しなかっただろう。ローカルな読者への売り上げのみを資金源としていたＳＦの書籍や雑誌は、ほぼ皆無だった。大半の人々にとって、ＳＦは人生のほんの一部分に過ぎないが、それでもやはり、ある種のエートスと結びつくのだ。ＳＦの普及によって、共通の前提と関心事を持つ読者・作家の中核《コア》が形成されていった。ＳＦの読者たちは、全ての問題について意見を同じくする訳ではないが、他の人たちと比べれば、宇宙旅行やロボット、非人間文明との接触などといったテーマの重要性について考えることは多いだろう。こうした多岐にわたる共通の関心事から、文学、映画、コンピュータ・ゲームにおける創造的な成果が生まれる。たとえば、スティーヴン・スピルバーグとジョージ・ルーカスの映画の多くは、このような背景なしには想像できない。二十世紀後半のアメリカSFのエートスというものは紛れもなく存在していたが、SFファンや作家がはっきりとした地理的・地域的中核を有していたことは一度もない。

　パプア・ニューギニアの部族民の世界観が唯一ではないのと同じように、SFファンもまた、唯一無二の世界観を共有している訳ではない。SFのエートスは、現実世界の全てに対する包括的アプローチを与えてくれるものではなく、生活のいくつかの領域にだけ当てはまるものである。たとえば、「SF」式の料理法や描画法は存在しない。大半のSFファンやSF作家は、こうしたテーマに関しては、主流派と同意見である。同じことは、ヒッピー文化、サイバーパンク、「コンピュータおたく」文化、「コスモ・ガール」文化〔『コスモ・ガール』は、雑誌『コスモポリタン』の姉妹誌。一九九〇年から二〇〇八年までアメリカで発行され、主にティーン向けのファッションとセレブ情報を扱っていた〕、ヤッピー文化といった多くの事例についても当てはまる。

　結果的に生まれる小規模かつ部分的な文化共同体は、空間上の近接とは関係なしにエートスを伝達するため、地理的条件からは概して自由である。つまるところこれは、エートスの破壊というよりは、エートスの地理からの解放という話である。

　文化の発信手段に関する最新の革命であるインターネットは、狭いエートスを流動化させて発見するのに最適である。インターネットは、世界各地のファン同士を結びつけることによって、狭いエートスを生み育てる。地理や地域によって定義される文化に代わって、全国的あるいは国際的なコミュニケーションが広まっていくと、ますます狭いエートスの増殖にはずみがつく。均一化という現象は、共通の源泉（新聞、テレビ、インターネット）から共通の情報を受け取る顧客プールの存在を示すものである。けれども彼らは、より発達したコミュニケーション手段を共有するプールの中へと投げ込まれるや否や、より細分化された多様なグループへと分裂する。企業家たちはマーケティングによって新たなグループを創りだし、新たなグループは流動化と分類を通じて展開していく。より狭いエートスへのより細かな分類は、必ずしも当初の均質化の動きを解体するものではなく、むしろ、そのような動きと共存しうるものである。マドンナとテレビのソープオペラを好きな人が、同時に、レイヴ・ミュージックとサイバーパンクのエートスに寄与することもありうる。こうした事例においては、異質化と均質化は相矛盾する過程ではなく、むしろ補完的な発展過程である。内なる多様化は、多くの場合、ある社会が大きくなり、ある面での均質化が進行した場合にのみ生じる。多くの人の直観に反して、近代の多様性は、ある程度までは均質化の傾向に依存している。

現代の「エスニック・リバイバル」現象は、実はこうした潮流に反するものではなく、様々な狭いエートスの倍増という現状に適合している。今日、小規模な文化の多くが復活しつつあるように見える。大手の出版社は、昨今のエスニック・リバイバル現象に大いに注目してきた。消滅の危機に瀕した言語の一部は、ウェールズ語やバスク語、イディッシュのように、新たな関心を惹きつけつつある。その他にも、たとえばアメリカン・インディアンの共同体は、より多くの時間と労力を割いて遺産の保全に努めている。民族を基盤とする分離運動は、多方面で力を獲得してきた。

これらの現象は、誤解されていることが多い。発展しているのは新たな狭いエートスであって、古いエートス、すなわち地理によって定義されるような広く包括的なエートスへの回帰が起きている訳ではない。西洋的かつ普遍的な視点は、これらのグループに浸透し続け、強い影響力を発揮している。実際には民族アイデンティティの再生は、生活の全領域ではなく、慎重に選別された一部の領域においてのみ実現している。これらのグループの大半は、もはや包括的に全体を統一するような明確なエートスなど有していない。たとえば、これらのグループは、口コミでコミュニティ会議を開いたりするよりは、インターネットや携帯電話を使って組織されるのが普通である。

新たな狭いタイプのエートスは、旧来の明確で広いエートスに対応しているので、この点においては、古いエートスが復活しつつあるかのように見えるかもしれない。より正確に言えば、古い伝統はより狭いエートスへと生まれ変わりつつあり、したがって、新しいものへと変形しつつある。それらは、大衆文化の周縁部に存在しつつも、より均質な中心部の富やコミュニケーション手段に依存した、部分的な成長である。現代において、他から独立した包括的な世界観の数は、減少の一途をたどっている。

とはいえ、ミネルヴァ現象が必ずしも、小さな文化を永久に破壊しつくすものでないことは明らかである。時間が経過すれば、小さな文化はしばしば再グループ化し、より大きな文化に対抗する方法を見出す。この過程は、止揚的な性質のものではあるが、文化の再生へとつながる。

ナバホ族の事例からも分かるように、アメリカン・インディアンの創造性は、ここ数十年の内に復活を果たした。この復活劇は、まさにこのメカニズムを通じて実現したものである。現代のナヴァホ織物、砂絵、宝飾品の多くは、価格も評価も高い。しかしナヴァホ族の再起は、元来のナヴァホ族の成功とは別の形で生じてきた。ナヴァホの芸術家たちは、主流派のアメリカ人芸術家たちと同じ方法で、外部の市場と取引を行っている。観光客向けの交易所は今なお残存し、多くのナヴァホ族の作品を販売しているが、その一方で、もっとも優れたナヴァホ族の芸術家たちは、自分の作品に署名を入れ、ギャラリー（大半はサンタ・フェにある）を通じて販売している。作品のほとんどは、もはや純粋に儀礼的な性質を持ったものではない。ナヴァホ族の芸術家は自分たちのことを、それぞれ確固たる名声を持つ、独立した芸術家だと考えている。この点において、視覚芸術をめぐる彼らのエートスは、明らかに西洋寄りのものになっている。私たちはナヴァホ文化の復興を目の当たりにした。けれども、それは旧来どおりの意味では完全にナヴァホ的とは言い難い、いくらか西洋的な復興である。

6……多様性のパラドックス

現在、世界規模で優勢になりつつあるエートスがあるとすれば、それは、民主主義や比較的自由な市場、近代の商業社会を通じて醸成されてきた、個人主義的な自己充足というイデオロギーである。この世界観は多種多様な形をとって現れており、アメリカと西欧と日本において支配的あるいは優勢である。発展の遅れている国々の多く（特にアジアとラテン・アメリカ）も、同じ道を辿りつつある。独裁制や反商業主義政府はいまだに生き残っているが、フランシス・フクヤマが論文「歴史の終り」で述べたように、こうした自由民主主義的な世界観には、目下のところ、対抗馬と呼べるようなイデオロギーが存在していない。

現代世界のエートスは、いくつかの重要な点で、多様性にとって有利に働く。商業社会は、多種多様なスタイルやジャンルを支持し、芸術上のニッチを数多く生み出す。アメリカという国が、抽象芸術、大衆音楽、ジャズ、現代音楽、映画、詩、建築、電気、純文学、ベストセラー小説といった様々な分野において幅広い選択肢を提供してきたのも、当然といえば当然である。こうした多様性の中には、過去の傑作と現代の作品の双方が含まれている。[20]

それでもなお、現代の商業社会が有する多様性は、パラドックスの様相を呈している。ある社会の内部における選択肢の増加は、世界全体での選択肢の減少に繋がるかもしれない。商業主義が拡がるにつれて、西洋と無縁でいられる社会の数は減っていく。グローバルな生産から生まれる芸術作品は、多様性支持のエートスに由来するものばかりである。

芸術作品のコレクターたちが快適な暮らしを営んでいる西欧社会は、既に素晴らしい作品群を生みだしている。彼らにとって、パプア・ニューギニアの商業化が成功するよりは、当地の人々の暮らしがホッブズの自然状態に近い不潔で野蛮で不十分なものであるほうが、収穫は大きい。そのような野蛮社会は、エートスが根本的に異なっているため、西洋の先進諸国にはない、部族色の濃い彫刻のような文化財を生み出しうるからである。西洋人たちは、後進地域で生活することのマイナス面を経験せずして、そこで生産される物品を購入したり、少なくとも博物館で眺めたりすることができる。

だが、パプア・ニューギニアは単なる一例に過ぎない。名の知れた第三世界芸術や原住民芸術の多くは、多様性（少なくとも現代の商業主義社会において定義されるような意味での）を軽蔑し、制限するような文化に根ざしている。これらの社会の根底にあるエートスは、多くの場合、不自由な宗教や、社会慣行、政治体制といったものに基づいている。その芸術の多くは、祭礼的な機能と密接に結びつき、そこから活力を得ている。プロテスタントやモルモン教の宣教師は言うに及ばず、マスメディアやロックンロール、ハリウッド映画などが充ち溢れた無制約の思想市場で、社会的忠誠を賭けた競争が行われれば、こうした芸術や儀式は、大方の意義を失うことになるだろう。

商業化が実現したところで、第三世界芸術や原住民芸術の創造性が枯渇することはないだろう。だが、その社会がもつ独自性は損なわれてしまうだろうし、少なくとも、既に商業化されている西洋芸術との間には、何らかの関係が出来てしまうだろう。反−多様性のエートスから生まれた文化製品の多くが、この世界から失われつつある以上、異文化間貿易の成果がいくら素晴らしくても、手放しで喜ぶことはできない。多様な選択肢が実現し、そこから諸々の利益が生まれたからこそ、今日の世界において数々の悲劇的な文化喪失が発生したのである。

第4章

なぜハリウッドが世界を牛耳るのか それはいけないことなのか

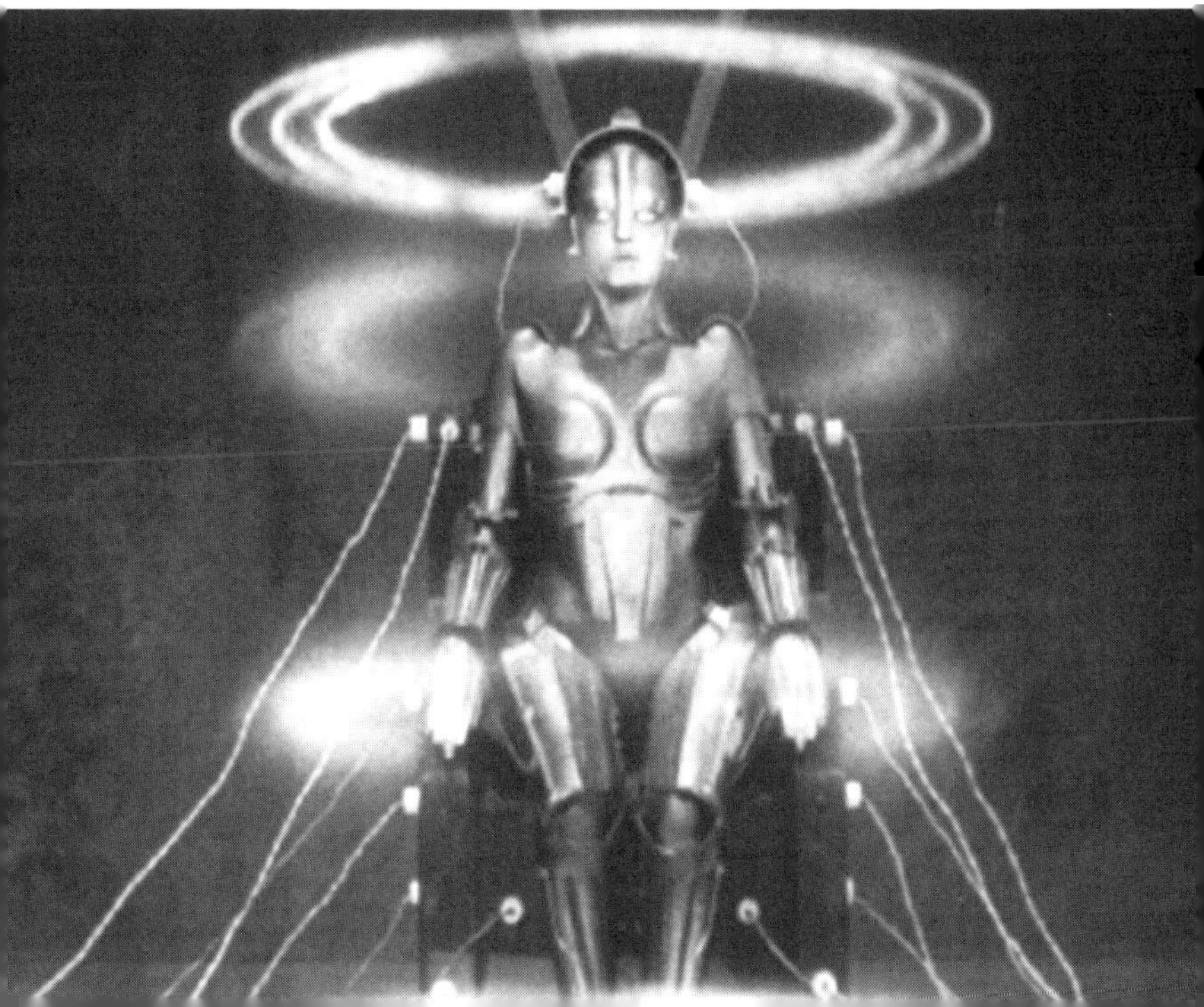

グローバリゼーションの抱える悩みの種のひとつが、映画である。貿易を通じて選択肢の幅が広がり、各地域の文化アイデンティティが発達したことは、音楽や視覚芸術、文学といった方面においては、自明の理となっている。これらの各分野では、作品の制作費が比較的安いこともあって、多くの制作者たちの活動する余地がある。

だが、映画の場合はどうだろうか。アメリカの輸出力がこれほど旺盛な文化領域は、他にはない。映画制作には莫大な費用がかかるため、一年間に作られる映画の数は、書籍やCDや絵画と比べてはるかに少ない。こうした諸条件は、メインストリームの制作者にばかり有利にはたらき、ニッチ市場が顧みられることなどないように思われる。異文化間交易の旗色がとりわけ悪く見えるのが、映画という領域なのである。

また、映画制作というものは、地理的に集中して行われる傾向がある。文化におけるイノベーションや飛躍の多くは、空間的に集中してきた。優れたルネサンスの画家たちにとっては、たとえ別の土地に生まれたのだとしても、フィレンツェやヴェニスやローマに移り住むのが当然だった。これと同じことが、ハリウッドについても当てはまる。ハリウッドもまた、世界中から映画界の人材を引き寄せ、市場での地位を強固なものにしている。▼1

アメリカの文化帝国主義に対する非難まで起きるほど、ハリウッドへのクラスター化は進行し、ハリウッド映画ばかりが目につくようになってしまった。特にヨーロッパ映画は、グローバル市場での流通に失敗したばかりか、現地での支持基盤も失ってしまった。こと映画に関しては、グローバル文化は希望というよりは脅威である、と訴える人は多い。

こうした非難の背景にあるのは何か。映画産業はどの程度までハリウッドにクラスター化しているのか。そのようなクラスター化が起きてしまったのはなぜか。ヨーロッパ映画は、どうして経済的に停滞しているのか。はたして他の国の映画も同じような窮状に陥っているのか。映画産業におけるクラスター化は、多様性に反するものなのか。もしそうだとしたら、方向転換は可能か。つまるところ、映画という領域において、文化間交換は多様性を阻害してきたのだろうか。

1……なぜハリウッドでクラスター化が起きるのか

現在のヨーロッパ映画の不調は、テレビ、過剰な補助金、人口統計、言語、アメリカ市場の規模、起業家にとって好ましいハリウッドの環境などを含む、不都合な力の連鎖によって生じている。非難の一部は、グローバリゼーションへと向けられうるかもしれないが、これから見ていくように、異文化間交易が諸悪の根源という訳ではない。

映画制作に関しては、アメリカには最初から有利な点が一つある。(人数ベースではインドを下回っているものの)ドルという通貨をベースに考えると、最大の内部市場を有しているのはアメリカである。映画制作を得意とする国々は、そもそも映画の人気が高い国々であることが多い(たとえばアメリカとインド)。香港はこの原則の例外だが、国内市場の規模が大きいことは有利である。言語や文化背景に馴染みがある、というだけの理由ではあるが、観衆は(常にとは言わないまでも)自国の作品を好む傾向があるため、制作者は自国市場へと目を向けるようになる。

とはいえ、市場規模の総体は、市場のリーダーを決定する際の一要因でしかない。たとえば、アメリカは長年にわたって大国であり続けてきたが、ヨーロッパ映画のシェアがこれほど低下したのは、ごく最近になってからのことである。一九六〇年代半ばには、ヨーロッパ大陸の興行収入においてアメリカ映画の占める割合は、三十五パーセントに過ぎなかった。この割合は、今日では八十〜九十パーセントである。アメリカの人口増加や、アメリカ国内の映画人気の高まりだけでは、こうした変化が起きるとは考えられない。[2]

さらに、ハリウッドに集中しているのは、ごく限られた種類の映画のみである。西ヨーロッパでは、例年、アメリカよりも多くの映画が制作されている。本数からすれば、世界の映画の大半は、アメリカではなくアジアで制作されている。インドでは例年八百〜九百本の商業映画が制作されているが、アメリカで制作されるのは毎年二百五十本程度である。[3]

映画におけるハリウッド優位の状況は、ある特定ジャンルのみに集中している。それは、娯楽性に富み、注目度が高く、世界中に広くアピールできるような映画である。典型的なヨーロッパ映画の観客数は、典型的なハリウッド映画の観客数の一パーセントであり、この差はずっと拡大しつづけてきた。国際市場におけるアメリカ映画の人気がますます高まる一方、ヨーロッパ映画の人気は凋落を続けている。[4]

当然のことながら、映画一本に対する投資額は、ヨーロッパよりもハリウッドのほうが高い。ある試算によると、一九九〇年代初頭、ヨーロッパ映画の制作費が平均三百万ドルであったのに対して、ハリウッド映画の制作費は平均千百万ドルだった。（インディペンデント系スタジオに対して）ハリウッドのメジャー・スタジオによる制作費は、平均三千四百万ドルと試算されている。この金額は、マーケティングや観客調査にかかる費用を含んでいないが、アメリカの映画制作者は、こうした方面にもヨーロッパの映画制作者以上の費用を投じている。平均的なハリウッド映画の場合、国内外のマーケティングにかける金額は、少なくとも三千万ドルにのぼる。ヨーロッパ映画に関しては試算が見当たらないが、これは、金額が小さすぎて計算しにくいせいもあるだろう。[5] なぜハリウッド映画はヨーロッパ映画よりも多いのか、ということが問題なのではない（ヨーロッパ映画のほうが本数は多いのだから）。問題なのは、ヨーロッパ映画が少数ながらも確実に動員できるローカルな観客だけをターゲットにしているのに対して、ハリウッド映画が世界中への輸出に成功しているのはなぜなのか、ということである。

一九八五年の時点では、フランス国内の市場において、フランス映画はハリウッド映画よりも大きなシェアを占めていた。その後、ハリウッドの収益がフランス映画に追いつくことができたのは、おもにフランス映画の興行収入が減ったためであり、ハリウッド映画の興行収入はそれほど増加していない。▼6

こうした変遷の始まりは、おそらくは一九七〇年代にまで遡る。一九七〇年代以前、ヨーロッパ各国の映画の大半は、業界全体がどのような問題を抱えていたにせよ、まだ輸出においてもかなりの成功を収めていた。ところがその後、ヨーロッパの映画制作者たちは、輸出市場の崩壊を目の当たりにすることになった。結局のところ、今日、ヨーロッパ各国内でハリウッド映画と競合しているのは、ヨーロッパ圏内の別の国から輸入される映画ではなく、自国で制作された映画である。

テレビの大衆化とそのタイミングは、ヨーロッパ映画に大きなダメージを与えた。ヨーロッパ中にテレビが普及すると、映画の観客は徐々に減少していった。ドイツの場合、一九五六年には八億枚も売れた映画のチケットが、一九六二年には一億八千万枚しか売れなかった。これと同時に、テレビの台数は、七十万台から七百二十万台へと増加した。イギリスの場合、映画の観客動員数は、一九六七年の二億九千二百万人から、一九八六年の七千三百万人へと減少した。フランスの場合、映画の観客動員数は、一九五六年の四億五千万人から一九八八年の一億二百二十万人へと減っている。日本の場合、一九八五年に売れた映画のチケットの数は、二十五年前のわずか六分の一に留まった。テレビの普及によって生じたこの大変動を、ゆめゆめ過小評価してはならない。▼7

テレビの普及によるダメージを受けて、ヨーロッパの映画制作は縮小を余儀なくされた。この空白に飛び込んできたのが、ハリウッドである。この状況は、かつてヨーロッパ映画界におとずれた危機の時代、すなわち、第一次大戦中から戦後にかけての状況と重なる。いずれの場合も、ヨーロッパ映画の力が衰えた時に、ハリウッドは最強になった。

アメリカの映画制作者たちも、かつて同じような観客離れの危機を経験していた。はるか昔、アメリカ国内にテレビが急速に普及した時のことだ。アメリカでは、ヨーロッパよりも十年以上早い時期にテレビが普及した。米国内の映画の観客は五割減少したが、これは一九四六年から一九五六年にかけての話であり、ヨーロッパに比べると早い時期のことだった。一九五五年までには、アメリカの家庭の三分の二がテレビを所有していた。▼8

ハリウッドは、この難題に果敢に取り組んだ。早くも一九五〇年代には、アメリカの映画制作者たちはテレビ対策として大博打を打ち、マーケティングとグラマー美女と特殊効果に対して、ハイリスクな投資を行った。一九六〇年代に入ると、アメリカの監督たちは、性と暴力についてさらに自由な表現を行えるようになった。この傾向は、一九六六年、ヘイズ・コード〔一九三〇年、当時のアメリカ映画制作者配給者協会（ＭＰＰＤＡ）会長ウィリアム・ハリソン・ヘイズによって制定された制作倫理規定〕の廃止によって公式化された。一九七〇年代に入る頃、ハリウッド映画は、一般の観客にとっては十年前よりも格段に刺激的なものになっていた。この新時代を象徴する作品が『ジョーズ』と『スター・ウォーズ』である。ハリウッドは、テレビに真っ向から立ち向かい、革新的な作品づくりへと乗り出していた。ちょうど同じ頃、ヨーロッパの映画制作者たちは、テレビには勝ち目がないと悟り、ショックでフラフラになっていた。結局、テレビが最初にアメリカの市場を席巻したことは、ハリウッドにとってはプラスになったのである。

ヨーロッパの映画制作者たちが抱える問題は、人口動態によって悪化の一途をたどってきた。ほとんどの国において、三十五歳以上の人は映画よりもテレビを好み、あまり多くは映画を観ない。映画に行くのは主に若年層である。ほとんどのヨーロッパの国にとって、これは二重の打撃である。第一に、ヨーロッパではアメリカよりも高齢化が進んでいる。第二に、伝統的な「アートシアター」式のヨーロッパ映画は、どちらかといえば大人の観客向けであり、そのせいで輸出が困難になっている。これらの問題は、どちらかといえば若者向けの施設であるシネコンの出現により、ますます深刻化している。

このような自己強化の力学が働いて、輸出におけるハリウッドの優位は拡大してきた。アメリカの成功は、財政の好転とマーケティング費用の増大に繋がり、それがさらに輸出力の拡大へと繋がった。ハリウッド映画がますます世界的な成功を収める一方で、ヨーロッパ映画は、国の助成金や国営テレビでの放映権など、小額だが確実な財源にターゲットを絞っていった。こうして悪循環が形成されてしまった。ヨーロッパの制作者たちは、グローバル市場で失敗すればするほど、テレビからの収入と補助金に頼ることになる。テレビと補助金に頼れば頼るほど、グローバル市場での成功からは遠ざかる。

テレビは、アメリカとヨーロッパの映画市場に、それぞれ異なる形で割り込んでいる。アメリカではビデオ・レンタルが重要な収入源となっているが、西ヨーロッパではテレビの放映権料のほうが大きな役割を果たしている。

アメリカの統計（一九九三年頃）では、映画の生み出す収益の十九パーセントをペイ・パー・ビューと無料のテレビ放送が、二十七パーセントを映画館が、四十九パーセントを家庭用ビデオが占めている。これとは対照的にフランスの市場では、テレビは映画収入の半分以上を占めている。全てのヨーロッパの国がテレビに対して同じように依存している訳ではない。だが、現時点ではフランスがヨーロッパ最大の映画生産国であり、ドルで換算した場合、西ヨーロッパの映画収入全体のおよそ半分を生んでいる。[9] ヨーロッパ映画の問題は、大部分において、フランス映画の問題なのである。

テレビ放映に収入を頼ることで、ヨーロッパ映画はますます輸出向きでなくなっていく。テレビを通じて映画を観る人々というのは、えてして受身である。多くのテレビ視聴者は、テレビのスイッチを入れ、番組の内容を大して気にかけることもなく、そこに映っているものを見る。質の高い作品を作る必要はほとんど生じない。テレビ市場向けの作品は、平凡な紋切り型に陥りがちである。派手な特殊効果が使われることは滅多にない。この手のテレビ向け映画は、アメリカにも存在する。中には傑作もあるが（たとえばスティーヴン・スピルバーグの初期作品『激突！』など）、ハリウッドの素晴らしい人材をもってしても、大半は無個性で退屈な作品である。何よりテレビ向け映画は、大勢で観るには向いていない。結局のところヨーロッパ映画は、アメリカ映画と比べて、表向きは劇場向けと謳いつつも、実はテレビ向けに制作されている場合が多いのだ。

ことアメリカにおいて顕著なように、家庭用ビデオ市場は、テレビよりも競争が激しく要求も多いため、映画制作者にとってはますます大きな足枷となっている。まず、お客は映画を借りるために外出しなければならない。それから、ビデオ屋の棚に並んでいる大量の映画の中から、特定の一本を選ばなければならない。さらにアメリカの場合には、ケーブルテレビ局の数が多く、テレビ市場での競争も激しいため、レンタルビデオはより高い質を要求される。

アメリカの場合、テレビ／ビデオ市場の役割は映画館市場よりも下位にあるため、作品の質に対する劇場の影響力は、ますます大きくなるばかりである。ビデオでのみヒットする映画も存在するが、ビデオが成功するか否かは、大抵、事前に公表される劇場公開時の興行成績にかかっている。テレビでの成功や、テレビの放映権の販売についても、同じことが言える。かくして劇場での収益は、アメリカの市場においては、ビデオとテレビ両方での収益をも左右することになる。対照的にヨーロッパの場合は、テレビ収益は劇場収益の代わりであることが多い。ハリウッド映画と比べると、ヨーロッパ映画は劇場公開時に大ヒットをおさめることが少なく、穴埋めとしてテレビで放映されることが多い。

テレビの役割と補助金の役割の間には、密接な関連がある。大半の西欧諸国には、政府が所有・監督し、厳密に規制しているテレビ局があり、その国の文化政策推進に利用されている。これらのテレビ局には、大抵、国産コンテンツに関する規制が課されており、一定の割合の収益を自国映画に支払ったり、映画制作を資金面で補助したりしなければならない。あるいは、政治的な理由から、テレビ局が自発的に、自国映画に対して過剰な資金を提供することもある。かくして、ヨーロッパの映画制作者の多くが受け取る助成金＝テレビ放映権料の過払いが生じる。テレビ番組の視聴者の数は、フランスのように比較的大きな国であっても、通常は百万人から二百万人に過ぎない。この人数は、映画制作者たちに支払われる放映権料の割には、あまりにも少ない。▼10

放映権料の他にも、ヨーロッパ映画は、様々な形の助成金を受け取っている。たとえばフランスでは、政府や地方自治体、ヨーロッパの助成団体（ユーリメージズ［Eurimages……欧州評議会の設置した欧州映像作品の製作・供給を支援するためのファンド］など）、他国政府による共同製作助成などから、直接的に助成金を得ている。フランスの制作者たちは、多くの場合、資金の十五パーセントさえ用意できれば助成金を獲得できる。他にも、「ソフィカ［Sofica (Société pour le financement de l'industrie cinématographique et audiovisuelle)……一九八五年にフランス文化庁が設立した、映像作品・音響作品への出資を行う匿名組合］」というタックスシェルター（概算では全予算の五パーセント以上に相当）や、政府から自動的に与えられる興行支援（概算では全予算の七・七パーセント）、任意の助成金である無利子貸与の「収入前払金（avance sur recettes）」（概算では全予算の五パーセント以上）、フランス映画の国外向けプロモーションのための助成金などが、フランスの映画制作者たちに与えられる。一九七〇年の調査では、約六十パーセントの事前助成金が、実際には回収されなかった。新しい映画の着想や、脚本の書き直しに対しては、その映画が助成金の申請後に企画倒れになった場合でも、金が前払いされる。東欧の映画制作者たちとの共同製作に対しては、特別な助成金も用意されている。フランス政府は、映画館の建設・維持に対する助成も行っているし（これは映画制作者たちにとっても間接的な助成である）、自国の銀行による映画への出資も奨励している。その他にも多くのフランスの組織が、公式には国営ではないものの、国の組織と連動して、脚本家や制作者、制作会社に対する助成を行っている。[11]

映画業界アナリストのマーティン・デイルは、平均的なヨーロッパ映画の場合、全ての助成金を勘定に入れると、少なくとも予算の七十パーセントが国から付与されていると試算した。この数字は正確なものではないが、それはひとえに、助成の仕組みが多種多様かつ複雑なため、最終的な影響を調べることが難しいからである。それでもなお、様々な団体からの助成金は、ヨーロッパの映画制作者たちにとって単なる追加援助の域を超えている。むしろ、こうした助成団体こそが、彼らにとっては一番のお得意様なのである。[12]

助成金を通じて映画制作者たちは、輸出向けの映画を制作するよりも、国内の需要に耳を傾け、政治家や映画官僚の希望を叶えるよう促される。たとえ単体では採算が取れそうになくても、多くの映画が作られることになる。ヨーロッパの映画業界においては、ハリウッドとは異なり、需要予測やマーケティングの専門技能が育つことはないだろう。

この差異は、アメリカとヨーロッパにおける映画人材の育成法にも現れている。アメリカの映画学校は、多くの点でビジネススクールに似ている。ヨーロッパの映画学校は、もっと大学の文学部に近い授業内容で、記号学や批評理論、現代左派哲学に力を入れている。キャリアの長いヨーロッパの映画監督は、確固たる地位を築き、長年にわたる政界とのコネを持っていることが多い。一九九五年のある調査によると、当時、フランスの映画監督の八十五パーセントが五十五歳を超えていた。才能のある若手は、自国に留まって国内向けの映画を作ったりはせず、最初からハリウッドに目を向けている。[13]

　ハリウッド以外の映画業界の内、輸出で大成功を収めているインドと香港では、映画制作は明らかに採算の取れる形で行われている。インドの映画業界の一部は政府からの助成を受けているが、圧倒的大多数の作品は助成金なしで制作されている。これらの作品は営利目的で制作され、外国へも頻繁に輸出されている。通常の輸出先は他の発展途上国であるが、イギリスへ輸出される場合も多い。公開される映画の本数や動員数など数多くの基準で、世界最大の規模を誇り、最高の収益を上げているのが、インドの映画産業である。インド映画は、遺伝的特性や感傷的なプロットのせいで批判されることも多いが、音楽や振付、色使いなどは非常に美しいことが多く、西洋の映画と比べて画期的でさえある。

　香港の映画業界は、一九七〇年代以降、作品の輸出に成功してきた。主な輸出先は東南アジアである。絶頂期には西洋諸国を上回る数の作品を生み出し、輸出本数ではアメリカに次いで第二位だった。香港映画が生まれたのは、ハリウッドが一九六〇年代末まで牛耳っていた市場である。

とはいえ、一九七〇年代と一九八〇年代には、香港市場におけるハリウッド映画のシェアが三十パーセントを切ることもあった。ハリウッド映画が香港における興行収入の五割以上を占めるようになったのは、香港が中国に返還された一九九七年以降のことに過ぎない。[14]

香港映画は、当初は武術をメインにしていたが、やがて警察ものやロマンス、コメディ、ホラー、怪談などといったジャンルにも手を伸ばすようになった。ジョン・ウー『狼／男たちの挽歌・最終章』『ハードボイルド／新・男たちの挽歌』など香港映画の傑作は、その芸術性が高く評価され、世界中の映画監督たちに影響を与えてきた。デヴィッド・ボードウェルは著書『プラネット・ホンコン』で、「一九七〇年代以降、香港映画は、おそらく世界でもっとも精力的かつ想像力豊かな大衆映画であり続けてきた」と述べている。香港映画は商業ベースで制作されており、政府からの援助は受けていない。しかし最近では、中国による香港統治や検閲への懸念が、香港の映画業界にとっての打撃となっている。[15]

アメリカの文化帝国主義に対する不満には、大抵、きわめてヨーロッパ中心主義的な傾向が見られる。今日のヨーロッパ映画の主流は、一九五〇年から一九七〇年にかけての黄金期に比べ、創造性も活力も乏しい。だが、周知のように、台湾、中国、イラン、韓国、フィリピン、ラテンアメリカ、アフリカ諸国といった地域では、新たな映画が生み出されている。ヨーロッパの中でも、創造性の低下が見られるのは、フランスやイタリアといった一部の大国に限られている。デンマーク映画やスペイン映画は、今ではかつてないほどの影響力を持っている。メキシコやアルゼンチンの映画界も復活しつつある。こうした地域の映画制作者たちが懸命にハリウッドに立ち向かっているのだから、アメリカ以外の映画制作が全て低調であるということにはならない。

2……英語という言語と、サイレントからトーキーへの移行

英語という言語は、世界の指導者としてのアメリカの役割と共に、ハリウッドの輸出力を強化してきた。映画産業におけるクラスター化と、現在のヨーロッパ映画が置かれている危機的状況の一部は、サイレント映画からトーキーへの移行に起因している。

意外なことに、トーキー時代の幕開けによって、世界の映画興行収入におけるハリウッドのシェアは増大した。移行期には、劇場の音響設備を整えたり、音声つきの映画を制作したりするにも費用がかかった。こうした費用を埋め合わせるため、劇場は、高品質かつ大量消費型の大観衆向け作品を求めるようになった。制作費や上映費の急騰を考慮すると、小規模かつ低予算の即席作品では利益を上げられなくなった。こうした優先事項の移行は、諸外国の競争相手よりもハリウッドの映画制作者たちにとって有利に働いた。[16]

一般論としては、映画制作にかかる固定費が高くなればなるほど、より多くの観衆を引き寄せることが大事になるし、需要予測やマーケティングの重要性も高くなる。今日においても、コストのかかる特殊効果や出演料の高い有名俳優たちのせいで、超大作志向がますます高まり、ハリ

ウッドにとってはますます有利な状況になっている。

トーキーは、翻訳の問題を映画に持ち込むことで、支配的な世界言語としての英語の地位を向上させ、ハリウッドに利益をもたらした。世界言語としての英語の重要性や、アメリカという国の局所的な重要性を考えると、ヨーロッパの国々は、ヨーロッパ間で映画の取引をするよりも、ハリウッドから作品を輸入したほうが良いということになる。文化や言語が多様化すると、優勢にある文化や言語の地位が相対的に向上し、多くの場合、コミュニケーションにおける共通の基準として認められるようになる。これとは対照的に、サイレント映画の時代には、言語は問題にならなかったため、ヨーロッパ映画はハリウッド映画と対等な地位にあった。

トーキー時代の到来が自分たちにとっての危機ではなく、むしろ海外展開の好機であることを、ハリウッドの経営者たちはしっかり見抜いていた。移行期には、有声映画を通じて英語が世界語になるだろうと予測していた映画会社の経営者もいた（やや誇張はあるが当たっている）▼17。

アメリカと英語は、ひとたび世界標準としての地位を確立すると、さらに自らの力を強化した。当時、映画の観客数が最も多かったのはアメリカだった。アメリカの観客たちは、母語で映画を観ることに慣れていった。吹替えや字幕つきの映画は、アメリカでは今日にいたるまで不人気だが、他国の観客は特に不満を言うこともない。ドイツでは、吹替えそのものが印象的であれば、アメリカ人俳優の吹替えをしている人たち自身が有名人になることもある。吹替え声優たちは、それぞれジョン・ウェインやトム・ハンクスやジャック・ニコルソンのドイツ語の声、として知られるようになる。

言葉に関するこうした期待の違いは、ヨーロッパの映画制作者たちがアメリカの市場に進出する際に、逆の場合よりも大きな困難に直面することを意味する。輸出におけるアメリカの優位は、外向的な制作者と内向的な消費者という組み合わせによって支えられている。

有声映画への移行と、輸出標準としての英語の台頭によって、イギリス映画の輸出にも大いに拍車がかかった。映画の生産力という点でイギリスがハリウッドに太刀打ちできたことはないが、多くのイギリス映画は、基本的にハリウッドの様式を真似ることによって、世界規模での成功を収めてきた。もっとも有名なイギリス映画の成功例としては、ジェイムズ・ボンドのシリーズや、デヴィッド・リーンの『アラビアのロレンス』『戦場にかける橋』などがある。

今日、イギリスはヨーロッパを代表する映画輸出国となっている。一九九一年、イギリスでは三十六本の映画が制作され、この内の五十六パーセントがフランスへと輸出された。同じ年に、フランスでは百四十本の映画が制作されたが、この内イギリスへと輸出されたのはわずか十四パーセントである。イタリア、スペイン、ドイツの輸出実績は、フランスを遥かに下回る。驚くほどのことでもないが、映画一本あたりの制作費がヨーロッパで最も高く、助成金への依存がヨーロッパで最も低いのが、イギリスである。さらに、イギリスの制作者たちは、長年かけて輸出にも適応してきた。イギリスの国内市場におけるハリウッド映画のシェアを考慮すると、イギリス映画が収益を上げるためには、輸出によって収入を得なければならない。[19]

一つの言語標準へと向かう傾向は、他の映画市場でも見受けられる。アラブ世界では、多数の方言が使われている。このおかげでカイロは、エジプト・アラビア語の使用を通じ、他のアラブ諸国への映画輸出でトップに立つことができた。エジプト・アラビア語は、今やアラブ世界で広く通用しているが、その大きな理由は、エジプト人以外の人々が、この言語で制作された映画やテレビ番組をたくさん観ていることにある。こうした観客・視聴者たちが、今ではますますエジプト映画を贔屓するようになり、他のアラブ諸国が対抗するのは難しくなっている。インドには二十二の言語と二千の方言が存在しているが、ムンバイで作られるヒンディー語映画は、インド国内の各地へと出荷されている。作品の本数自体は、マドラスなど他地域で制作されるものの方が多い。だが、最も多額の投資を受け、一番人気のスターたちを引き付け、国内のファンが最も多く、国際的にも最も成功している（主に他の第三世界の国々において）のが、ムンバイ映画である。フィリピンでも多くの言語が使われているが、映画の世界ではタガログ語がトップに立っている。このような形で生じる国家的・地域的な分断は、グローバル市場の場合と同じく、ある一つの支配的な映画言語へと向かう傾向を示している。[20]

有声映画への移行を通じて、言語の重要性を切り離すという「対照実験」が自然に行われた。サイレント映画の時代には、もちろん、映画の言語は問題にならなかった。

端的に言えば、トーキーによって、ハリウッド以外の制作者たちは、国内市場でのシェアを獲得しやすくなる一方、国外へは輸出しづらくなる。サイレントの時代と比べて一九三〇年代には、ヨーロッパ映画は各々の国内市場で大きなシェアを占めていた。国内市場には、一定の割合の「束縛された」観客（母語を好む人たち）がいた。自国市場を満足させることの容易さと、輸出の難しさを鑑みて、ヨーロッパの映画制作者たちの関心は国内へと向けられた。

フランス映画の制作本数は、一九二八年から一九三八年の間に倍増した。一九三〇年代には、自国内市場におけるフランス映画のシェアは五割を超えた。人気作品の上位七十五本の内、アメリカ映画が十五本だったのに対して、フランス映画は五十六本を占めていた。一九三五年には、フランスにおける映画の全収益の七十パーセントが、フランス映画のものだった。これに対して、サイレント映画の絶頂期だった一九二五年には、フランス市場におけるアメリカ映画のシェアは七十パーセントにのぼっていた。[21]

有声映画の時代になると、以前はほとんど輸出されていなかった国産映画は、相対的には最大限に有利な立場に置かれた。これらの作品に関しては、ハリウッドとは異なり、当初の輸出本数がゼロである以上、輸出によって収益が増えることは間違いなかった。ハンガリー、オランダ、ノルウェイ、メキシコ、チェコスロヴァキアといった国々では、少なくともサイレント映画の時代に比べて、数多くの映画が作られるようになった。香港映画の歴史は一九三〇年代に始まったが、中国南部へ売り込む際の最大のセールスポイントは、広東語を使っていることだった。対照的に、サイレント時代の有力な映画輸出国だったスウェーデンとデンマークは、トーキー時代の幕開けと共に、かつての地位を失った。[22]

有声映画の時代、映画は、録音されたサウンドトラックの導入によっても変化した。一九二〇年代、外国（おもにアメリカ）製の映画は、インドの市場において約八十五パーセントのシェアを占めていた。一九三〇年代末になると、この割合は二十パーセントにまで下落した。新しい有声映画の時代において、映画音楽は、インドの観客にとっては会話以上に大きな魅力となった（この点は、おそらく今日でも変わらない）。良質なインド大衆音楽の制作において、ハリウッドはインドよりも不利である。インドの制作者たちは、音楽をベースとして、国内での映画の販売を行い、ムンバイ、コルカタ、チェンナイに新たな映画制作の中心地を急速に築き上げた。[23]

アルゼンチンでも、有声映画の初期に多数のミュージカル喜劇が作られ、音楽はインドと同じように保護的な役割を果たした。俳優というよりはタンゴ歌手と呼んだほうがいいアルゼンチンのカルロス・ガルデルは、この時代に最も人気を博したラテンの映画スターである。ハリウッドはずっと、外国の観客向けに音楽を作ることを不得手としており、これによって国際的な影響力にも限界が生じてきた。しかし、ミュージカル一般の人気低落と共に、伝統的に国産映画がハリウッドからの輸入映画に対抗できた領域が弱体化してしまった。[24]

3……クラスター化への動因

映画制作は、ある程度は特定の地域にクラスター化する。これは単に、クラスター化せずにいる理由がないためである。関連商品やサービスの輸送コストが低ければ、クラスター化は経済面でも合理的である。

より一般的な経済のアナロジーについて考えてみよう。アメリカの各地域の間で行われる交易は、西欧諸国間で行われる貿易よりも多く、流動性も高い。こうした交易を通じてアメリカの各州は、経済においてそれぞれ異なる特徴を持つようになる。

経済に関していえば、西欧諸国はアメリカの各州よりも相似点が多い。アメリカの州の大半が、製鋼業とも自動車産業とも穀物産業とも縁がない。その代わりに彼らは、これらの製品を他の州や国から買うのである。けれども通常、西欧諸国はそれぞれが鉄鋼業、自動車産業、乳業、農業を営んでいる。これは、補助金と保護政策によるところが大きい。アメリカの州や地域は、国内での自由交易を通じて、それぞれ高度に特化した産業を有し、経済面での特徴も多様化している。経済環境がもっと自由になれば、西欧の経済においても同じことが起きるだろう。[25]

かくして交易と専門化は、基本製品が流動的なものであれば、地理上のクラスター化をもたらす。アメリカ産のピーナッツは、ほとんどがジョージアかヴァージニアで栽培された後、国内の他の地域へ出荷される。それとは対照的にセメント工場は、世界各国に存在するのと同様に、アメリカの各地にも存在する。セメントの交易・輸送は、クラスター生産とそれに伴う輸送を行うには、コストがかかりすぎる。この点においてアクション映画は――多くの文化集団を広く魅了する作品の場合は特に――セメントよりもピーナッツに近い。

ハリウッドの映画産業クラスターの一部は、映画のプロジェクトというものが有する短期的かつ動態的な性質によって動いている。スタジオは数年にわたってプロジェクトを抱え込んでいる場合もあるが、一旦ゴーサインが出てしまえば、映画制作者たちは、なるべく速やかに行動し、感知されている市場の需要に応じたいと考える。大勢の熟練技術者を超短期間で集める必要があるため、クラスター化されている共用人材プールから人材を「釣り上げ」ることになる。同様に、移り変わりの激しいコンピュータ産業でも、短期的プロジェクトが多いので、一旦ゴーサインが出てしまえば、多くの有能な人材を早急に集めねばならない。シリコン・バレーとハリウッドのクラスターを形成しているのは、共通の力である。

他の場所よりもハリウッドで映画を作るほうが、必ずしも安いというわけではない。実際、ハリウッドのスタジオに所属する職人たちは、制作費を下げるため、カナダやオーストラリアやアメリカ内の他の地域に仕事を外注されてしまうことを危惧している。クラスター化はむしろ、スターや監督や脚本といった映画にとっての決定的条件を探し、並べ、評価することを容易にする。映画の撮影がどこで行われるかに関わらず、これらの仕事は、いまだにバンクーバーやシドニーではなくハリウッドで行われている。

ハリウッドのクラスターは、映画のプロジェクトを評価すること、特に消費者の需要を予測しそれに応えることに長けている。ハリウッドは、こうした人材の地理的中心地である。皮肉なことに、アメリカで映画を撮るよりも、ヨーロッパで映画を撮るほうが容易である。ハリウッドでは、スタジオがプロジェクトを厳しく精査し、商業的に成功する見込みの低いプロジェクトに対しては資金を出さない。ヨーロッパの映画制作者の大半は、こうした選別を行っていない。ハリウッドのクラスター化には、ニューヨークやロンドンが金融の中心地としてクラスター化するのと共通の原因がある。それは、どちらの場合も、大規模なプロジェクトの評価に必要な人材が、地理的に一極集中しているという点だ。[26]

ここ三十年間で映画の制作費は高騰してきたが、その主な原因は、特殊効果、有名俳優のギャラ上昇、マーケティング費用などである。このような状況は、需要予測やプロジェクト評価を行う人々にとっては自然と有利に働き、自ずとハリウッドの優位へとつながった。

最初のクラスターは、しばしば雪玉効果を生み、ますます多くの人材を商業的な中心地へと引き寄せる。リドリー・スコット、ポール・バーホーベン、ベルナルド・ベルトルッチ、ジャン＝ジャック・アノーなどを見れば分かるように、今やヨーロッパの監督たちは、大衆映画を作りたければハリウッドへと向かうのである。かくして初期段階での差異は、逆転することなく、ますます増幅していく。

雪玉効果は、「転回点」となるような一つの出来事を契機に、一つのクラスターをある場所から別の場所へと移動させることもある。映画の場合、フランスが市場におけるトップの座を失ったのは、ひとえに第一次大戦のせいだった。戦争中、主要交戦国は実質四年間にわたって映画制作を中断した。この空白状態に入り込んできたハリウッドが、一九二〇年代、世界市場におけるシェアを大幅に拡大した。この時点で雪玉効果の方向が変わり、アメリカは、第一次大戦後のわずか数年間の内に、世界最大の映画輸出国という地位をフランスから奪取したのである。▼27

4……クラスター化の神話

広く信じられている神話の一つに、「アメリカは、独占力によって、世界の映画市場を支配している」というものがある。だが、ヨーロッパの主要な配給会社は全て、ヨーロッパのメディアグループの配下にあり、ヨーロッパ諸国の政府によって管理されている。アメリカの映画館チェーンであるシネプレックス・オデオンの所有権がカナダの企業へと移り、さらには一時的にカナダとイギリスの合同所有へと移行したが、スクリーンにはほとんど影響がなかった。

さらに別の神話としては、「ハリウッドが市場を支配しているのは、国内市場でコストを回収することで、国外で安価に映画を販売できるからだ」というものもある。国外でのダンピングが可能なのは、その作品が「既に費用を回収済み」だから、という訳だ。

こうした議論からは、市場におけるアメリカのシェアがこれほど高い根本理由が分からない。分かるのはせいぜい、なぜハリウッド映画が映画館で上映されるのかということであって、なぜハリウッド映画は観客に人気があるのかということまでは分からない。ヨーロッパの消費者が、アメリカの作品と自国の作品のどちらを観るか決める際、チケット料金は大体同じである（行列での待ち時間を考えれば、アメリカ映画のほうが割高かもしれない）。アメリカの支配が生じるのは、たとえ料金が同じであっても、ヨーロッパの消費者がアメリカ映画のほうを観たいと思うからだ。

ハリウッド映画の根本的な利点は、フィルムの貸し出し料金にある、という意見が正しいのだとすれば、アメリカ映画を上映しているのに割と空いている、という状況がヨーロッパの映画館で見られるはずだ。安いからという理由で大量のハリウッド映画が輸入されれば、ごく少数の観客しか呼べないようなマイナーな作品も出てくるだろう（極端な話、ハリウッド映画を無料で上映できるとしたら、大量の作品が輸入され、観客がほとんどいなくても上映されるだろう）。こうした作品は、人気とは関係なしに、とりあえず安いからという理由で上映されることになる。ところが、実際にはこうした事態は起こっていない。アメリカ映画がヨーロッパで上映されれば、評論家たちは「劇場が満席になっている」と文句を言う。ハリウッドによる映画市場の支配が人気ではなく価格によるものだとしたら、ヨーロッパの人々は、文化帝国主義に対して今日のような恐れを抱くようなこともないだろう。

ハリウッド映画は「既に費用を回収済み」だという議論には、さらなる論理的欠陥がある。どの国で作られる映画も、制作が完了した時点で、既に費用が回収されている。根本的な問題は、まず何が作られるのかということ、そして何が外国で上映されるのかということであって、これは消費者の需要によって決まってくる。かくも多くのハリウッド映画が制作され、かくもハイレベルな投資とマーケティングが行われているのは、大量の観客を動員できるからである。[28]

多くのメディア産業についても、同様のことが言える。たとえば、カナダの人々は「アメリカがテレビ番組や雑誌を格安で投売りしているのは、制作者たちが既にアメリカの市場で利益を得ているからだ」と主張するが、この場合もやはり、アメリカの番組や雑誌が好まれているのは、単に安いからというよりは、娯楽性の高さによるところが大きいのが現状だ。

この議論を修正するならば、「大きな国内市場または専属市場（captive market）を抱える供給国には、より良い製品を作るための資金がある場合が多い」ということになるだろう。固定客が多ければ、品質向上のためにより多額の投資を行うことが可能になり、チケットの売り上げによって元を取ることも容易になる。ブルキナ・ファソ映画には、高コストの特殊効果が使われていない。とはいえ、こうした議論は、（客観的な美的判断としてはともかく）少なくとも観客の目には、金のかかっている映画ほど良い映画であるように見える、という結論へと帰着してしまう。

テレビ市場について検証してみれば、ダンピングをめぐる議論には皮肉が混じっていることが分かる。ハリウッド製のテレビ番組や映画の権利がヨーロッパにおいて安値で販売されてきたのは、ヨーロッパのテレビ局が交渉上の強みを握っているためである（経済用語でいうところの「買手独占」）。最近になってヨーロッパのテレビで部分的な規制緩和が行われるまで、一国におけるテレビ番組のバイヤーの数は、国営放送局の数と同じく、たった一人か二人ということもあった。このような単独のバイヤーは、交渉を通じて、ハリウッド映画の放映権料を制限することができた。皮肉なことに、かつてはハリウッド映画のテレビ放映権料が安かったおかげで、ヨーロッパのテレビ局による非営利の作品（国家の統制下で制作されたもの）に対して助成金を出すことができた。[29] 買手独占の状況でなければ、映画の放映権料は、その作品の潜在的人気を反映するものになる。

留意すべきは、世界最大の国内テレビ市場を有しているにも関わらず、アメリカのテレビ番組の輸出は、映画ほどは上手くいっていないという点だ。テレビに関しては、国内の番組の人気が根強い。アフリカ諸国においてさえ、テレビに関しては、自国の番組が相当なシェアを占めている。輸出に成功しているアメリカの番組もあるが、どの国でもヒットするというわけではない（『ダラス』はブラジルと日本では人気が出なかった）。アメリカのテレビ番組は、世界を乗っ取りそうな気配もないまま、多くの国でシェアを失いつつある。たとえば一九九八年、アメリカのテレビ番組は、西欧の主な市場でベストテン入りを果たすことができなかった。[30]

テレビ番組の場合には、視聴者が映画の観客よりも幾分受身なので、映画ほど厳しい技術水準を満たす必要がない。比較的低予算のドラマの制作に関しては、ハリウッドはまったく有利な立場にない。ソープオペラなどいくつかのジャンルにおいては、ブラジルやメキシコのほうがアメリカよりも輸出に強い。このことからも、国際市場におけるハリウッドの利点が、特殊かつ限定的なものであることが分かる。[31]

米国には約三千万のラテン系の人々が住んでおり、購買力に関しては他のラテン諸国を上回っているにも関わらず、アメリカは、スペイン語圏ラテン・アメリカのテレビ市場でさえ支配することができない。マイアミを拠点とするテレビ局のテレムンドとユニヴィジョンは、ドラマ番組の大半を、米国内で制作せずにメキシコと南米から輸入している。その結果、米国在住のラテン・アメリカ人の一部は、海外ドラマよりも地元マイアミで制作されたドラマを観たいと望み、こうした慣行の背景にある「文化帝国主義」に異を唱えてきた。[32]

5……アメリカの文化帝国主義？

ハリウッドがグローバル市場での勢力を拡大すると、アメリカ文化はどの程度まで輸出されるのか。あるいは、アメリカという本来の起源を超越した、新たなグローバル文化が創造されることになるのか。この問いに答えることは容易ではない。

文化帝国主義に対する批判は二通りある。両者はバラバラに見えるが、お互いに矛盾している点もある。一方には、アメリカ的な商業主義と個人主義のエートスが、世界中に拡がっていくことに対する批判がある。他方には、国家的あるいは特殊な霊感をベースとするローカルな作品よりも、相対的な普遍性をもつ文化製品に目を向けるべきだという批判がある。両者の訴える不満は正反対のように見えるが、それぞれ真実を突いている。

主要な関係者のナショナル・アイデンティティを見てみると、ハリウッドは高度にコスモポリタン化している。二〇〇一年頃に最も活躍していたリドリー・スコット（イギリス）やジェイムズ・キャメロン（カナダ）を含め、ハリウッドを代表する映画監督の多くがアメリカ出身ではない。アーノルド・シュワルツェネッガー、チャーリー・チャップリン、ジム・キャリーといった映画スターたちも、アメリカ出身ではない。メジャー・スタジオの大半が、現在は海外の企業等に所有されている。代表的なプロダクションは、日本の企業であるソニーの製品を使い、ヨーロッパの監督を雇い、カナダで撮影を行い、世界各国へと作品を輸出する。大手エンタテインメント企業の内、タイム・ワーナー社のみが、所有権の大部分をアメリカに置いている。

良かれ悪しかれハリウッドは、世界中の観客に対して、普遍的なものを提供しようと努力してきた。ハリウッドが非英語圏の人々に対して作品を売れば、それらの作品の一般性は高まる。難解な会話の出てくる映画よりも、アクション映画のほうが好まれる。コメディであれば、駄洒落よりもどたばたが中心になる。もちろん、観客が増えれば増えるほど、作品やスターたちは、ますます万国共通の存在になっていく。ある事柄について、全世界の人たち（あるいは世界中から選ばれた五千万人の消費者たち）の意見が一致する、というようなことはほとんどない。普遍性が高まっているということは、すなわち、映画が人間の営み一般に関わるものであることを意味するが、それは同時に、あたりさわりのない紋切り型のシナリオを生むこともある。批評家たちは、アメリカ文化が世界を動かしていると断言している。けれども実際には、まったく同じ力が、アメリカ文化と世界の文化を同時に突き動かしているのである。

アメリカ映画ではない映画も、国外市場をターゲットとする際には、普遍性の獲得を目指さねばならない。ジャッキー・チェン主演の香港映画『レッド・ブロンクス』は米国でもヒットしたが、プロデューサーたちは、アメリカの観客にもウケるよう、いくつかの場面をカットした。アクションシーンは削らず、ジャッキー・チェンと共演者との絡みを減らしたのは、ひとつには女優（アニタ・ムイ）がアジアではスターだが米国では知られていなかったせいもあったし、さらには二人の関係が、西洋風のエロティックなロマンスではなく、「中国的」な忠義という価値観に基づいていたせいもあった。[33]

カナダ文化でもっとも輸出に成功しているのが、ハーレクイン・ロマンスだ。一九九〇年、ハーレクインは二億冊以上の売り上げを達したが、これは米国におけるペーパーバックの量販市場全体の四十パーセント（！）を占めている。アメリカの文化帝国主義を批判するカナダの批評家が、この事実に触れることは滅多にないが、それはハーレクインの輸出が彼らにとっては「問題」にならないからである。ハーレクイン・ロマンスは、カナダ特有の観点（この言葉が何を指すかはさておき）を反映してはおらず、むしろ幅広い層の女性読者をターゲットにしている。[34]

こうした強力な普遍性志向があるとはいっても、ハリウッドの映画制作におけるアメリカ的な要素は無視できない。ハリウッドは常に、映画のインスピレーション源として、アメリカの国家的エートスに依拠してきた。ヒロイズム、個人主義、ロマンティックな自己充足といったアメリカの価値観は、まさに大きなスクリーン向けだし、世界中で上映するのにピッタリだ。確かに、ハリウッドは国外で売れるものなら何でも作る。とはいえ、かくも巧みに多様なスタイルの映画作りができるのは、アメリカという国本来のインスピレーション源によるものだ。広義のアメリカ的価値観に基づく映画の制作に関しては、ハリウッドにはそもそもコスト面での利があるし、そうした作品の輸出についても、元々得意とするところだ。ハリウッドにおける映画制作のクラスター化には、アメリカ的なエートスを基礎としている部分が、いかんともしがたく存在するのだ。

こうした事情は、アメリカのような支配的文化が、自らの価値観を輸出したり、他の国々の好みを形作ったりする際に有利に働く。たとえば食品市場を見てみよう。第三世界の人々はマクドナルドで食事をするのが好きだが、それはマクドナルドのメニューが美味しいからというだけではなく、マクドナルドが西洋およびアメリカのはっきりとした象徴だからである。マクドナルドの店に入ると、そこは別世界なのだ。マクドナルド社はこの点を見抜いており、第三世界の店舗の内装には、ショッピングモールと同じように、西洋的な商いの魅力を映し出すようなデザインを採用している。マクドナルドは、世界各国の需要に応えるような製品作りをしてはいるが、その中核となっている考え方は、アメリカに起源をもつものである。マクドナルドのイメージや生産ラインは、アメリカの国内市場の内部で洗練されてきたものであるし、彼らが大きく依拠しているのは、食べ物と社会生活には関係があるというアメリカ的な考え方である。

世間に広められたアメリカのエートスは、もちろん、国内での影響と国外への影響をうまく融合していくだろうし、狭い意味で純アメリカ的なものにはならないだろう。アメリカの食べ物と同じく、アメリカの映画も、当初から総合的かつ多言語的《ポリグロット》なものだった。ハリウッドは主に外国人たち――東欧からの移民――によって発展し、世界中から集まってきたアメリカ都市部の観客たちに対して娯楽を提供しようとしてきた。

　さらに、ハリウッドの普遍性には、アメリカという国の文化の中心になってしまった部分がある。商業の力を通じて、アメリカは「世界中で売れるもの」を自国文化の一部として取り入れるに至った。アメリカ人は、国際的な大成功と民族の多様性を、自国のセルフイメージとして強調することを選んだ。そうしてアメリカ人は、世界市場における成功と引き換えに、自分たちの文化の特殊性を売り払ったのである。

　この点で、グローバル市場におけるハリウッドの地位は、ファウスト的な契約によって手に入れたものだと言える。世界を支配するためには、文化に関する当初の考え方を犠牲にしてでも、世界中の消費者たちの需要に応えなければならない。アメリカ文化が輸出されているとはいっても、それは大抵、アーミッシュのキルトやハーマン・メルヴィルとは違うものだ。恐竜映画の『ジュラシック・パーク』は国外で大ヒットしたが、アメリカ史やアメリカ文化を絶えず参照する『フォレスト・ガンプ』は、興行収入の大半を国内で稼いだのである。

6……周縁で生きることの価値

ハリウッドの輸出における成功が、映画市場を形成する。まずはっきりしているのは、ハリウッドは派手な超大作に金を出す、ということだ。この手の超大作の多くは、美的には凡庸な作品だが、中には素晴らしい作品もある（どの作品を傑作とするかについては、評論家の意見も分かれるところだが）。少なくとも観客の好みを評価基準とするならば、ハリウッドは明らかに成功している。

こうした超大作に加えて、映画産業の金銭的な成功は、多様な作品の生まれる基盤にもなっている。ハリウッド作品の全てが「最小公倍数」モデルに適合しているわけではない。ハリウッドではインディペンデント系の作品や、独創的なコメディー、既存のジャンルにはとらわれない作品なども幅広く作られている。特に一九九〇年代末には、よく知られているとおり、上質な非主流派の作品群がハリウッドから生まれた。

いわゆる「超低予算《マイクロバジェット》」映画も、ヨーロッパよりアメリカで作られることが多い。超低予算映画とは、それまでアマチュアだった監督によって、きわめて少額（通常は十万ドル以下）の予算で制作される作品のことだ。有名な低予算映画としては、スパイク・リー『シーズ・ガッタ・ハヴ・イット』、コーエン兄弟『ブラッド・シンプル』、『ブレア・ウィッチ・プロジェクト』などが挙げられる。これらの革新的な作品は全て、スタジオ制作の制約をうけることなく、監督個人の思いどおりに制作されたものである。

最大のスタジオ設備がある一方で、もっとも多くの低予算映画が製作されているのもハリウッドである。これは偶然ではない。どのようなものであれ映画産業を築くには、人気のある作品を定期的に供給する必要がある。劇場、制作会社、映画学校、マーケティング機関などのインフラを維持するためには、健全な商業的基盤が必要である。メジャー系のスタジオ同様、インディペンデント系あるいは革新的な映画制作者たちも、こうしたインフラから利益を得ている。

メジャー系スタジオは、大抵、インディペンデント系の映画制作者を買収し、「腐敗」させようとしている。この意味においては、メジャー系とインディペンデント系は、常に敵対関係にある。だが、もっと広い意味においては、両者は補完的な関係にある。インディペンデント系映画を市場に出したいという主流派の欲望は、インディペンデント系への融資を促す。監督たちが低予算映画に投資するのは、後々にメジャー系スタジオとの契約につながるかもしれない、という期待もあるからだ。メジャー系との契約を結ぶことができれば、さらに大きな構想を映画化するための資金や資源を調達できる。コーエン兄弟やスパイク・リー以外にも、フランシス・コッポラ、ピーター・ボクダノヴィッチ、マーティン・スコセッシ、ジョナサン・デミ、デヴィッド・リンチ、サム・ライミ、ジョン・セイルズ、ジム・ジャームッシュなどは、まず低予算映画で名を上げた人々ばかりだ。『ブレア・ウィッチ・プロジェクト』の監督たちは、ハリウッド版の続編の誘いを受け、大金を手に入れた（ただし、続編自体は駄作だった）。保守的傾向や欠点が何かしらあるにせよ、ハリウッドのスタジオは、いつでも「次のヒット作」を探している。売り物になりそうな低予算作品を見つけては、それを取り込もうとしているが、その一方で、インディペンデント市場を突き動かすような「ご褒美」も与えている。
これとは対照的に、ヨーロッパのスタジオは、そもそも映画で儲けようなどとは考えていないため、ハリウッドよりも保守的な態度を取ることになる。ゴダール、ベルトルッチ、トリュフォー、ベッソン、パゾリーニといったヨーロッパの著名な監督たちは、いずれも低予算映画からスタートしてはいるが、ヨーロッパ映画全体が商業的に弱体化している今日、こうしたチャンスをものにすることは難しくなってきている。[35]
ハリウッド映画のような国外でのヒットが期待できないことは、ヨーロッパ映画にとって、必ずしも悪いことではない。興行収入が上向くことは、ヨーロッパ映画にとって間違いなくプラスになる。だが、映画産業が完全に「公平な競技場」なるものを有していたら、多様性など生まれてこないだろう。ここで、今日の映画界にとってはバツの悪い事実をひとつ明かそう。アメリカ映画は、輸出において他を圧倒してきた。だが、その背後にある映画産業の勢力分布こそが、世界各地の多様なスタイルを支えてきたのだ。
ハリウッドが世界中で勢力を振るっている以上、ヨーロッパの映画制作者たちは、ハリウッドとは別の市場で活動し、別種の創作活動を行うことになる。ヨーロッパ映画の面白さは、大規模な世界市場には辿りつけないからこそ生まれたものが多い。世界市場から締め出されたことで、ヨーロッパ映画は、言語や文化のニュアンスに焦点を当てることができる。薄っぺらいハッピーエンドに頼ったりせず、もっと面白い選択をすることもできる。『フォー・ウェディング』や

『赤い薔薇ソースの伝説』のような、国外でもヒットした非ハリウッド映画には、主流派のハリウッド映画にありがちな欠陥（甘ったるい紋切り型の登場人物や、非現実的なハッピーエンド）が見られる場合が多い。

サイレント時代のヨーロッパ映画は、輸出での成功の見込みが高かったため、現在あるいは五〇年代・六〇年代の作品と比べ、同時代のアメリカ映画によく似ていた。トーキー時代のヨーロッパ映画は、異なる観客層を見込んでいたため、ハリウッドとは違う路線に進んだ。ハリウッドのずば抜けた経済力は、猛烈な非難を浴びながらも、実際には映画芸術の多様性を支えているのだ。

同様に、八〇年代香港映画の独創性は、狭くて特殊な東南アジア市場ではなく欧米への輸出を念頭に置いていたからこそ可能になった。香港映画『香港人肉厨房（*Dr. Lamb*）』は、一九九〇年代に香港でヒットした作品である。この映画は明らかに、アメリカでも世界でもヒットした『羊たちの沈黙（*Silence of the Lambs*）』（一九九二）を真似て作られているが、両者の雰囲気は全く異なっている。『羊たちの沈黙』は、ジョディ・フォスターとアンソニー・ホプキンスという二人のスターを前面に出しており、劇中では彼らが強烈な存在感を放っている。彼らはウィットに富んだ会話を交わし、魅力的な人物として描かれる。映画のラストシーンでは、ジョディ・フォスターが別の連続殺人犯を追い、観客は紋切り型のスリルとサスペンスを味わうことになる。『香港人肉厨房』の冒頭シーンは、恐ろしさという点ではるかに上だが、観客はスリルとサスペンスを味わう間もなく、いきなり種を明かされてしまう。こちらの殺人犯は、カリスマ性があり頭脳明晰なアンソニー・ホプキンス演じるハンニバル・レクターとは異なり、陰気ないやらしい人物である。劇中、殺人犯は被害者の死体をバラバラに解体し、倒錯したフェティシズムに耽り、家族と激しい口論になる。結末に至るまでスッキリした感じは得られず、不安なままで終わってしまう。当然のことながら、この作品はアメリカでは公開されなかった。

7……グローバルな映画の未来

市場でのハリウッドの地位が数年後にどうなっているのかは不明だ。ヨーロッパ映画には明るい兆しも見えている。たとえば、二〇〇〇年、フランス映画の国内市場でのシェアは、過去二十年間で最高の六十パーセントを占めた。コメディ映画が何本かヒットしたのが要因だ。さらに話を広げれば、西ヨーロッパの主要国のほとんどで、文化関連の助成金への依存が低下しつつある。まだ映画産業が独立したわけではないが、長い目で見れば、いずれはそうなるだろう。▼36

ヨーロッパ諸国の政府は、当然、映画への助成金廃止には乗り気ではない。輸入に関してハリウッドが優位につけてしまった以上、ヨーロッパのプロダクションの大半は、周知のように、政府の援助なしでは存続できない。短期的には、無干渉主義《レッセフェール》によって、ヨーロッパの映画界におけるハリウッドの存在はますます大きくなるだろう。しかし、長期的には、ヨーロッパの映画制作者たちは、もっと商業的に魅力のある作品づくりへと向かうだろう。その際、必ずしも芸術的価値が犠牲になるとは限らない。ヨーロッパが本来得意としているのは、超大作や特殊効果満載のド派手な作品ではなく、アートシアター式の映画制作なのだ。

人気スターのギャラやマーケティングにかかる金額を考えれば、ハリウッドの地位は、潜在的には脆弱なものである。こうした出費のおかげでハリウッド映画は世界を席巻しているのだが、その一方で、アメリカの映画制作者たちは自らの資金を管理しきれなくなっている。こうした事態は、多くの場合、商業面での弱体化の兆候である。かつては世界一だったアメリカの自動車産業の歴史を見よ。デジタル技術も、制作費を低下させることで、映画作りの門戸を開いてくれるはずだ。

かなりの低予算であっても真の傑作を生み出しうるということは、映画史においてたびたび証明されてきた。この種の映画は、興行収入では『タイタニック』に負けるかもしれないが、今日映画が低迷している国々で映画を蘇らせることはできる。もちろん、ヨーロッパ映画がこうした市場のニッチを埋められるかどうかは分からないし、ひょっとしたら既にアジアに出し抜かれているかもしれない。

とはいえ、かつてのように、ヨーロッパの映画業界がこの不利な流れを逆転させることも可能である。一九七三年、イタリア市場におけるハリウッドのシェアは二十三パーセントにすぎず、数多くの上質なイタリア映画は、商業的にも成功する見込みがあった。第二次大戦後には、ハリウッドがイタリア市場を支配したが、イタリアの映画制作者たちは、ハリウッド作品の研究から学んだことを生かして、反撃に打って出た。[37]

ヨーロッパ諸国の政府は、一九三〇〜一九七〇年頃のような感じに戻れれば理想的だと考えている。ここ数年で明らかになったように、世界市場でのハリウッドの存在が強いからといって、それが即、ヨーロッパ映画の終焉に繋がるわけではない。

第二次大戦後にも、多くのヨーロッパ映画が助成金を受け取っていたが、今日に比べれば割合も低かった。マーティン・デイルの試算によると、平均的なヨーロッパ映画における助成金の割合は、今日では七十パーセントに上っているが、一九六〇年の時点では、わずか二十パーセントに過ぎなかった。トリュフォー、フェリーニ、ヴィスコンティ、ベルイマンなどの名作は、さまざまなレベルで政府が関与してはいるものの、根本的には儲けの出る企画であって、市場での競争にも勝てる目算があった。[38]

さらに遡ってみると、特に一九三〇年代はフランス映画の「黄金期」だった。この時期の有名な作品には、『アタラント号』(ジャン・ヴィゴ)、『陽は昇る』(マルセル・カルネ)、『牝犬』、『大いなる幻影』、『ゲームの規則』(いずれもジャン・ルノワール)などがある。さまざまなジャンルのフランス製フィーチャー映画が、千三百本以上も配給された。この時期、フランス映画は政府からの助成を受けていなかった。アメリカ映画に対する法規制は効果が出ず、やがてフランス市場にもハリウッド作品が流入してきた。[39]

　サイレント時代の初期には、フランスが世界の映画市場を支配していた。第一次大戦前には、アメリカ市場におけるフランス映画のシェアは最大七十パーセントにまで上り、ラテン・アメリカ市場ではさらに大きなシェアを占めていた。現在の風潮とは正反対に、アメリカの映画制作者たちは、フランスの文化帝国主義を非難し、政府に対して貿易保護を要請していた。ヨーロッパ映画は放縦な道徳観を助長し、アメリカ文化を堕落させる、という非難の声が方々で上がった。これに対するフランス側の答えは、自分たちは映画市場を開放しているのだから、アメリカは正々堂々と勝負すればいい、というものだった。今日のハリウッドと同じく、フランスは、フランス政府からの助成金にはほとんど頼ることなく、映画市場を制覇してみせたのだった。[40]

　今日、グローバルな映画が大いに繁栄してはいるが、その大半はアジアでの話だ。ヨーロッパ映画に関して言えば、いちばんの希望は、商業主義と独創性の双方を結びつけるような経済的・文化的原動力を再発見することである。こうした原動力は、国際市場とグローバル資本への信頼を不可欠とするものであり、狭義の保護主義的な環境では効果を発揮できないだろう。市場は決して好ましい結果ばかりを保証してくれるものではないが、競争の圧力を過剰に遮ってしまえば、経済的にも美学的にも、確実に好ましくない結果を生むだろう。

第5章

衆愚化と最小公分母

グローバリゼーション時代の消費者

ウォルト・ホイットマン曰く、「偉大な鑑賞者《オーディエンス》なくして、偉大な詩人は生まれない」と。必要なのは単なる買い手ではなく、質の判る買い手である。ハイレベルな鑑賞者は演者にインスピレーションを与え、資金面での援助を行い、文化の質を監視し、他に負けない品質水準を守らせる。彼らの好みによって、生産物の質を高める知恵が生まれる。サー・ジョシュア・レノルズは、『芸術論』で次のように述べている。「芸術家たちは皆、天才だと思われたい、という最高の野心を抱いている」この「天才」という呼称がもっとも才能のある芸術家に対して付与されるためには、正しい眼識を持つ鑑賞者が必要となる。▼1

フランス料理はとても美味で、世界市場でも大きな成功をおさめているが、その一つの要因として挙げられるのは、料理人たちに対するフランス国内の客たちの要求の高さである。フランスで訓練を受け、厨房に立つということは、他に類を見ないほど苛烈な競争を勝ち抜くことを意味する。フランスで活動する料理人たちは、最高に舌の肥えているローカルな客を満足させねばならないが、最高に美味しい料理を作ることができた暁には、熱狂的な賛辞が待っている。

知識のある客は品質を向上させるが、それと同時に、無知な客は品質を低下させる。多くの「土産工芸品」を買うのは、通りすがりの無知な買い手である。アフリカの仮面は、土産品店や空港で大量販売されている。ほとんどの買い手はエキゾティックな土産を探しているだけなので、デザインが量産品っぽいとか細工がいい加減だとか、そんなことが気になるほど念入りに眺めることはない。このような態度に応じて売り手の側も、粗悪品を売り出すことになる。芸術品として最上級の価値を持つ仮面が、観光客向けの土産工芸品ではなく、民族舞踊用に作られたものの中にしかないのは、このためである。

異文化間交易は、消費者の好みに対してどのように影響するのか。市場は、幅広い鑑賞者向けに商品を販売しようとする売り手に対して、「最小公分母」のうけを狙うことを促すのか。現代という時代を表すのに、「衆愚化」という言葉が使われることがあるのはなぜか。グローバル化した文化によって実現される商品のバラエティは、浅はかで蒙昧な好みを助長するものなのか。

これらの疑問に対して、単純な答えを出すことはできない。これまで本書で強調してきたように、市場は均質性を高めると同時に、多様性も高める。こうした二重の傾向が消費者の好みを特色づけ、さらには文化製品のあり方をも左右する。現代人の好みを形成する情報は、一様に増えているわけでもなければ、一様に減っているわけでもない。

文化的恐怖と文化的驚異は同時に発生する。アメリカのテレビのトーク番組やゲーム番組は、おそらく以前よりも衆愚化し、薄っぺらくなり、センセーショナリズムに走っている。これらの番組は、今の視聴者のレベルに合わせて作られている。かつてはピューリッツァー賞受賞作がベストセラーに入ることも多かったが、今日ではまれである。

それと同時に、現代人の想像力は、好みの特性や複雑さのせいで揺らいでいる。ニッチな消費者は増加する一方だが、彼らは現代社会をうまく利用し、自分の関心事について驚くほど豊富な知識を得ている。こうした人々の趣味（人によっては生きがい）が、インドネシアのガムラン音楽からアフリカ映画、ポストコロニアル小説にいたるまで、まさに無限の領域を動かす原動力になっている。現代の大型書店や大型CDショップでは、百年前には想像できなかったほど多様な情報が手に入る。今日では、かつてないほど多くの文化財に通暁した専門家が存在する。グローバル文化においては、どんなマイナーな分野にも熱心な支持者《パルチザン》が存在し、インターネットなどの近代技術の助けを借りつつ、たいへんな熱意をもってその分野を研究し、楽しんでいる。

したがって衆愚化に関しては、とにかく単純な議論を避けねばならない。全体的な状況としては、異文化間交易の行われている世界では、たとえ多くの好みが愚かで堕落しているように見えても、上質な好みはちゃんと生き残って開花している。

1……最小公分母効果

異文化間交易を通じて、好みを形成する情報が増え、好みが多様化していく仕組みは、非常に単純かつ強力なものである。既に見たとおり、市場全般の規模が大きくなれば、より多くの芸術形式が支持を獲得しやすくなる。鑑賞者が増えれば、新しい技術の各地への移動が促される。第2章では、ある地域での新しい様式やジャンルが外国の買い手によって刺激される事例——レゲエ音楽、ハイチ芸術、ペルシャ絨毯——を挙げた。これらの事例では、個々の文化内部の多様性も、全ての文化にまたがる多様性も向上した。好みの質と多様性は、相互に比例して向上する。新しい芸術様式は多くの客を教育し、外部の文化へと目を向けるよう促す。

別の観点からは、グローバリゼーションのせいで、芸術家たちは最小公分母に合わせた創作を行うようになっている、という非難も出ている。つまり、売り手としては万人向けの生産物を販売したいが、そうなると（専門家の定義するような意味での）生産物の価値は持続しなくなるだろうし、その結果、おそらく文化の中身は衆愚化することになるだろう、というわけだ。[2]

ムンバイの映画プロデューサーであるロムー・シッピーは、インドの大衆映画の大半が無難な中道路線をとる理由について、次のような説明を試みている。「神話映画は人気が出ません……イスラム教徒にとっては不快ですから。方言映画は悪くありませんが、その言葉が分からない人にとっては面白くありません。ダコイト（山賊）映画を作っても、南部ではうけないでしょうね、ダコイトがいませんから。西洋風の映画は、都市部のインテリ層には人気が出るかもしれませんが、人力車引きや小商人や田舎の人たちにはどうでしょう。成人向け映画では、若い観客に観てもらえません。お行儀の良い健全な映画は、批評家にはうけるかもしれませんが、商業的にはだめでしょう。少しでも性的な要素があれば、自分の娘が観ても大丈夫かどうかを確かめに来たウッタル・プラデシュ州の正統派ヒンドゥー教徒の気分を害するでしょう。誰にでも分かる唯一のものが、アクションなのです[3]」

ハリウッドもまた同じようなやり方で、世界中の観客に対して普遍的なものを提示しようと苦心してきた。非英語圏との取引が増えるにつれて、この手の映画は増えていく。難解なダイアローグのある映画よりも、アクション映画のほうが好まれるし、コメディでは言葉遊びよりもどたばたが重視される。世界中の全ての人（あるいは、世界中から選んだせいぜい五千万人の消費者全員）が満場一致で賛成できるようなものはほとんどない。そうなると、作品の売り手がより大きな集団を選んで商売をする、という事態も生じてくる。そこで、次のような疑問が出てくる。結局のところグローバリゼーションは、何らかの多様性を害することになるのか。また、異文化間交易を通じて、この現象のマイナス面は悪化するのか、それとも改善されるのか。

2……固定費と多様性

最小公分母効果を理解するには、一歩下がって、経済学用語でいうところの「固定費」の概念について検証しなければならない。固定費は、定義上、鑑賞者の規模に関わらず発生する。したがって利益を上げるには、生産における固定費の割合を最小限に抑える必要がある。

簡単な例を挙げてみよう。ニューヨークには多数の劇場があるが、大抵の小さな町には劇場など一つもない。小さな町では、舞台を設置したり、出演者にギャラを払ったりといった固定費をカバーするほどの観客がいない。人口の少ない地域にある劇場は、小さな母集団からなるべく多くの人数を引っ張ってこなければならないので、万人うけするもので商売をすることになる。おかまバーやおなべバーは、ニューヨークやベルリンであれば多くの集客を見込めるが、カンザスの田舎町では無理だろう。

対比のため、固定費の割合が低い事例も挙げておこう。たとえば、地元の若者を雇って庭の草むしりをしてもらう場合には、固定技術に投資する必要があまりないので、固定費の割合も低くて済む。草むしりを必要とする家主が数人しかいなくても、元を取ることは可能だ。ただし、固定費が増加する場合（芝刈り機が必要になるなど）には、その分だけ顧客を増やさなければ利益が出ない。

ほとんどの形式の文化が、ある程度の固定費を必要とする（先に固定費ゼロの場合として挙げたのが、草むしりという非文化的な事例だったことに注意。文化的な営みの中から同様の事例を挙げるのは難しい）。芸術家の技能訓練は、後にどれぐらいの顧客がつくかに関わらず、通常、多額の費用がかかる。あるいは映画の場合、映画の販売や劇場の設置には、それなりの金がかかる。

固定費は、生産物の多様性にとっては足枷となるものであり、客の選択肢の制限にも繋がる。他の条件が等しい場合、固定費が下がれば消費者の選択肢は増える。固定費が下がれば、市場はニッチな少数派の好みにも応えるようになり、選択の幅も広がる。

幸いにして異文化間交易は、固定費を低下させ、総体としては最小公分母効果を小さくする場合が大半である。新しい技術や思想の国際的な伝達は、文化史においては古くから見られる現象である。私たちの知るヨーロッパ文学や印刷機は、中国やイスラム圏からの紙の伝播がなければ実現しなかっただろう。同じく重要なのが、眼鏡やインクペンである。映画や、電子的に複製可能な音楽も、やはり多くの国の技術革新に依存している。これらの事例のすべてにおいて、地域間交易は生産にかかる固定費を下げ、選択肢を増やしてきた。

こうした全体像は大いに前向きなものではあるが、その一方で、鑑賞者が増えることで生産物の多様性が低下する事例も想定できる。たとえば、固定費がネックとなって、映画の年間制作本数が限られていると仮定しよう。少数のマニア向けの作品よりも、広く一般受けするような作品を望む観客のほうが多ければ、世界市場の拡大は、多様性の促進どころか制限へと繋がりかねない。

ところが私たちは、経験的には次のように確信している。潜在的鑑賞者の数が多ければ、生産物の多様性が維持されるはずである。たとえば大都市では、通常、小都市や地方よりも多様な文化に触れることができる。いま一度、ニューヨークの劇場ともっと小さな町の劇場を比べてみよう。ニューヨークの劇場の演目はバラエティに富んでいるが、その要因は観客からの要求の高さにある。客の数が増えれば、一作品あたりの費用も回収しやすくなる。音楽、演劇、朗読、書店など、どのような文化活動においても、大規模で裕福な地域ほどバラエティが豊かになる。

最小公分母効果のもっとも顕著な例が見られるのは、おそらく映画である。前章での分析を繰り返すことはしないが、映画の商業主義と輸出は、映画の多様性にとって、世間一般に思われているよりも有利に働く、とだけ補足しておこう。

最小公分母効果は、他の文脈においても出現する。たとえば、多数の鑑賞者が、同一の製品を共同で消費したいと望んでいる場合がある。単に話のネタにするだけだとしても、他の人たちと同じスーパーボウルを観戦し、同じ映画スターを追っかけたいと望むファンは多い。より広い共同体に属しているという気分を味わいたいだけだとしても、マドンナやマイケル・ジョーダンやタイガー・ウッズの固定ファンは世界中にいる。これらの事例においては、鑑賞者の増加に伴って、製品の無難さや一般性が高まり、最小公分母効果が生じることがある。全員にとって共通の経験を分かち合うことが最優先である限りは、鑑賞者が増加したところで、必ずしも産出物の多様化が助長されるとは限らない。鑑賞者が増加すれば、売り手の側は、多数の顧客たちが共有できるような商品や経験を探すことになる。これがきっかけとなって、より大きな顧客集団における最小公分母探しが始まる。

しかし、この場合でさえも、均質化は多様性を排除しない。人々は、他の全ての価値を除外してまで、他人と経験を共有することだけに関心を向けるわけではない。彼らは、自分を他人と区別したり、自分たちの人生に特別で独自の価値を与えたりしてくれるような文化的経験も求めている。このような観点からすれば、市場の規模が大きくなったほうが、お目当てのものは手に入れやすくなる。なぜなら大きな市場においては、なるべく多くの製品の固定費を回収するべく、顧客を動員することが可能だからである。したがって鑑賞者の増加は、市場の中心においては最小公分母効果を後押しするとしても、それと同時に、周縁においては多様性を後押しする。無難な「超大型《メガ》スター」人気の広がりと、「小型《ミニ》スター」やカルト的スターの増殖は、どちらも同一のプロセスから生じているのである。

結局、最小公分母のための文化は、上で述べたような考え方さえ理解されていれば、必ずしも粗悪なものになるとは限らない。人々がひとつの同じ経験を共有したいと望むのであれば、市場はその機会を与えてくれる。ありとあらゆる文化的事象の内に多様性を求めるべきではない。同じスポーツのチームや、同じセレブについて、友達とお喋りできるという状況を好む人は多い。あるいは、遠い国に住む赤の他人と、趣味や愛好を共有するのが好きだという人もいる。最小公分母文化が粗悪なものになる可能性がもっとも高いのは、市場において主力商品のほかに商品がなく、多様性を支えることもできなければ、周縁部のニッチな愛好にも応えられないような場合だ。既に見たように、このような条件は、現代社会についてはまず当てはまらないはずだ。

「最小公分母」というフレーズは、好ましくないものであるかのような感じを与える。「最小(least)」「公(common)」という言葉には否定的な意味が含まれているし、「分母(denominator)」という言葉には、創造的文化とは相容れない商業数学のような冷たい響きがある。このようなフレーズで描写される文化を支持したいと思う人は、おそらく誰もいないだろう(知的なエリート主義者であればなおさらだ)。だが、より仔細に検討してみると、このフレーズに潜む観念は、より肯定的な意味合いのある「普遍性(universality)」という概念に似ている。普遍性のある文化製品は、人間という存在全般に共通するような特徴を扱うものであり、多数かつ多様な人に広く訴えかける。このようなものも、世界から与えられて然るべきではないだろうか。

3……消費の方法、好みの質

最小公分母をめぐるもう一つの説は、市場が大きくなると顧客の知性と洗練度が低下する、というものだ。市場に新規参入してくる顧客は、おそらく旧来の顧客よりも能力が低いだろう。好みの質も、市場の成長に伴って低下する傾向にある。このような懸念は、最小公分母論そのものよりも、論理的には妥当なものである。最小公分母効果は、新たな市場の好みが低劣なものだったり、ある基準から見て劣化していない限りは、仮に発生したとしても問題とならない。

異文化間交易や製品の多様性は、はたして顧客の好みの質を低下させるのだろうか。この点について確かめるために、いくつか定義を行ってみよう。消費者が時間と労力と注意を当該商品に集中させているかぎり、消費は集約的（intensive）である。反対に、消費者が一点に集中せず注意散漫になっているかぎり、消費は粗放的（extensive）である。入手可能なベートーベンの伝記を読みつくし、それぞれの交響曲について様々な演奏のCDを購入し、楽譜を見ながらそれを聴くような場合には、私たちは集約的消費者である。このような行為は、より上質なベートーベン関連製品の支えとなる。[4]

リモコンを使ってチャンネル・サーフィンをしながら、色々な番組を次から次へと観ている時、私たちは粗放的消費者である。この手の消費者一般を、ここでは「チャンネル・サーファー」と呼ぶことにする。チャンネル・サーファーは、次から次へとウェブページを飛び移り、小説を十冊まとめて読みはじめるが一冊も読破せず、大量に買い込んだCDをどれひとつ真剣に聴かない。

ある一人の消費者が集約的であるか粗放的であるかは、場合によって異なることが多い。もしも私が外国に引っ越すことになり、英語の本を数冊しか持っていけないとしたら、シェイクスピアとスペンサーを持っていくだろう。どちらも繰り返しの精読に値する古典作家であり、幾晩もかけて読むことができるからだ。もしも私が大量の蔵書を抱える公立図書館の隣りに住んだら、質を問わず、拾い読みできるような本を何冊か借り出すだろう。選んだ本が良くなければ、別の本を借りに戻ることもできる。インターネット全体に自由にアクセスできるとしたら、ひとつのサイトやページに時間をかけることなど滅多にしないだろう。

私たちが集約的消費者であるか粗放的消費者であるかは、その人本来の感情や知性によって、あるいは、社会における仲間からの影響に応じて、ある程度は決まってくる。だが、それが全てではない。私たちの消費の様態は、異文化間交易の程度も含めた所与の機会によっても左右される。[5]

アメリカ文化、あるいはもっと広い意味での商業主義は、ヨーロッパでは「ポイ捨て文化」と揶揄されている。つまり、製品が豊富にあると、人は、ある商品をきちんと使いもしない内から、次々に新しい商品へと手を伸ばすようになる、というわけだ。もっと分析的に言えば、消費の機会が増える速度は、消費に使える時間と注意の量が増える速度を上回る。どんなに技術が発達したところで、一日は二十四時間しかない。余暇が増え、寿命が延び、買い物が便利になれば、文化的な消費を行う時間も拡張されるが、それでも製品が増えるペースには追いつかない。[6]

この議論によると、全ての人が消費活動を「ただ通過するだけ」である場合には、商品に対して鑑賞者が向ける注意は非常に希薄なものになる。商品を消費する際、鑑賞者たちは正しく品質を判断することもなければ、生産者に対して品質の高さを要求することもない。創り手たちもまた、制作費がかからず、独創性についての厳しい基準を満たすこともない、子供だましの均質な商品を作るだろう。かくして製品の多様化は、現代文化においては、ファウスト的な危険な取引にも繋がりかねない。私たちは、ますます多くの製品に手を出すことができるが、このような自由は、多くの消費者が個々の製品に対して費やす時間と労力の減少を示唆している。

このようなメカニズムの実例を見つけることは難しくない。たとえば旅行者は、集約的消費者よりも粗放的消費者になる傾向がある。彼らのレストラン選びは、でたらめだったり、他の旅行者から勧められるままだったりすることが多い。最高の店を自力で見つけ出すのは時間も手間もかかりすぎる。超高級店を選ぶのであれば、ミシュラン・ガイドを調べ、とっておきの食事のためだけに遠出をすることもできる。けれども大抵の場合、美食家は、最高の場所を知る人＝地元の人で賑わっている店を探すだろう。観光客で混んでいる店では、おそらく、ありふれた料理にしかありつけない。

文化が完全にグローバル化された世界では、消費者も商品も極めて流動的である。端的に言えば、文化における関係の全てが、旅行者レベルの関係にしかならない恐れがある。この手の文化は、駅前のファーストフード店のように速くて便利だが、独自性や創造性に欠けており、革新的な細部や長所があったとしても、それに対して持続的な注意が向けられることはない。グローバリゼーションを批判する人たちは、自らの議論がどのような形式モデルに依拠しているのかについては言及しないことも多い。しかしその結果、彼らの「衆愚化」論によって示されるのは、異文化間交易は粗放的消費にとって有利であり、集約的消費はその犠牲になっているということである。彼らが恐れているのは、全ての人が不注意な「文化の旅行者」となり、品質についてはまったく無頓着なまま、多種多様なグローバル商品をでたらめに手に取るという事態である。

このような恐怖感は、市場主導型文化は高等な召命ではなく大衆の要求に応えるものだ、などというエリート主義的な批判よりも切実である。消費者の選好を充足させる、という経済学の基準を適用したとしても、市場が供給するものは、消費者（すなわちエリートではない消費者）が求める理想よりも凡庸かつ浅薄なものになるかもしれない。

上質な文化の生産は、消費者間における集団行動のジレンマを伴う。たとえば、個々の消費者は、集団的な観点から、過剰なチャンネル・サーフィンを選ぶかもしれない。それぞれの消費者は、自らの活動がもたらす効果の総体——いわば文化の値下げ——を考慮することなく、自分の取り分を最大化しようとする。消費者が選択する集約的消費と粗放的消費の配分は、社会にとっては理想的なものではないため、あまりにも多くの製品が、結局は凡庸なものになってしまう。

同様の論理にしたがえば、顧客が自分の好みを磨くための投資は、過小になる傾向がある。好みの洗練は、製品の質を監視するための一手段であると考えられる。ある市場内の愛好者全員が投資をし、自分たちの好みを洗練させれば、創り手たちはより高い基準を満たさざるをえなくなり、結局は全消費者の利益へとつながる。さりとて広い市場においては、一人ひとりの愛好者が個人的に投資をし、自らの好みを洗練させたところで、見返りはほとんど期待できない。私の舌が肥えたところで、地元の中華料理屋が腕を磨いてくれるわけではない。料理人が私を気にとめないのは、彼の市場において、私はごく小さな一部分に過ぎないからだ。私だって、投資した時間と労力が無駄になるだけでなく、舌が肥えてしまったせいで欲求不満になるかもしれない。それでも、私たち全員が中華料理の味にうるさくなり、美味しい料理を区別できるようになれば、料理人は料理のレベルを上げざるを得ず、すべての消費者に利益がもたらされる。▼7

グローバルな物差しで考えてみると、フランスの人たちの舌が肥えているという事実のおかげで、世界中が恩恵を蒙っている。創り手として成功するためには、まずはローカルな顧客からの高い要求に応えるべく技術を磨かねばならない。別の市場へと技術を送り出すのは、それよりも先の話だ。パリとリヨンの市民が突然食べ物に無関心になれば、フランスのみならず世界中の美食業界が前途多難になるだろう。フランスの一流シェフ市場は、基礎インフラについてほぼ無関心な多くの人々――顧客もシェフも等しく――にとってプラスとなるような高い水準と訓練環境をもたらす。

4……賢い消費の回復力

既に表に現れている均質化と衆愚化の傾向についても、上記の論理によって説明することができる。幸いなことに、文化の消費はおしなべて浅薄になってしまったわけではない。チャンネル・サーファーの増加は、消費方法の多様化というより大きな流れの一部に過ぎない。質の高い好みや、質の高い消費者モニタリングは、かなりの回復力を示してきたし、多くの点で、かつてない盛り上がりを見せてきた。

粗放的消費と集約的消費は、共に浮き沈みする傾向がある。これはちょうど、均質化と異質化が並行して生じるのと同じである。拡大した市場や、その市場によって生み出される多様性の副産物として、ここに「悪趣味」が追加される。

製品の多様性は、チャンネル・サーフィンと集約的モニタリングを同時に促進する。人の好みは、そもそも多様なものである。ゆえに、チャンネル・サーフィンをするよりも自分の消費を専門化したい、と考える人は多い。ただしこれは、自分が本当に楽しめるものを見つけられれば、という限定つきだ。製品の種類が増えるにつれて、こうした（多様な）個人が自分の好みにあった楽しみを見つける機会が増える。もしも食品市場の主流が肉とイモだったら、私はどちらについても集約的モニタリングを行わないだろう。もしもスパイシーなアジア風カレーを購入できるのであれば、モニタリングを行う際の私の関心は、より熱狂的かつ集中したものになるだろう。日本の「モラクラブ」の会員たちは、およそメジャーな趣味とは言いがたい、パナマ沖にあるサンブラス諸島のテキスタイルに魅了されている。彼らはモラを研究し、売買し、サンタフェにある世界最大のモラ・ギャラリーに足を運んできた。モラが世界中に存在しなければ、文化に対する彼らのモニタリングはこれほど熱心なものではなかっただろう。モラが彼らの関心を刺激し、モニタリングにかける努力を引き出したのだ。

このような傾向を持つ個人を、ここでは趣味人と呼ぶことにする。趣味人は、自らの文化消費を専門化することを望み、適切な機会さえ見つけることができれば、集約的モニタリングに携わる。趣味人や趣味人的モニタリングにとって、異文化間交易はこの上なく有難いものだった。候補となる商品の選択肢が多ければ多いほど、さらには、その商品の広告が多ければ多いほど、趣味人志願者たちが良いものと出会う機会は増える。

趣味人とチャンネル・サーファーは、共存共栄の関係にある。チャンネル・サーファーが趣味人による質のモニタリングを頼りにしているのと同じように、趣味人もまたチャンネル・サーファーを頼りにしている。集約的な監視者と同じように、チャンネル・サーファーたちもまた、他の消費者にとっての利益を生み出す。行き当たりばったりにせよ、幅広い商品を試してくれるチャンネル・サーファーは、金銭面で多様性を支える。これが多様性の増大へとつながり、趣味人たちに対しても、多様で魅力的なモニタリングの機会が保持される。かくして創造的な環境は、集約的消費のみに対して有利にはたらくというよりは、集約的消費と粗放的消費の間の均衡を保つものになる。

最も洗練された消費者たちは、集約的消費と粗放的消費を結びつけている。多くの趣味人が自らの専門についての鑑識眼を持ち、正確な質の判断を行うことができるのは、彼らが他の製品に数多く触れてきたからである。モーツァルトしか聴いたことがない人は、モーツァルトをきちんと理解することができないだろう。ソープオペラの同じ回ばかりをビデオで繰り返し観る人は、集約的消費者ではあるが、他の誰かに利益をもたらすとは限らない。

ローカルな製品を購入する際には、何らかの基準を参照しなければ、その質を正確に判断することができない。これらの基準は、本質において相対的なものであるため、顧客は他の文化とも接触する必要がある。アメリカの顧客の場合は、ヨーロッパの食べ物を知っていると、大抵、新鮮な材料やおいしいパンについての基準が高くなる。他方、ヨーロッパのレストランにもサラダ・バーをつけるよう要求してきたのは、アメリカ帰りの顧客たちだ。フランスの印象派絵画は、買い手の想像力を刺激することで世界各地の絵画に活気を与えてきた。アメリカでは、二十世紀初頭（一九一三年）、かの有名なアーモリー・ショー〔同年二月から三月にかけて、ニューヨーク市内の歩兵連隊屋内教練場（armory）で開催された国際近代美術展（International Exhibition of Modern Art）のこと〕でフランスの名作が紹介された。これらの作品は、アメリカの画家たちに霊感を与えただけでなく、アメリカの買い手たちの需要を刺激し、熱心な近代美術収集家たちの基礎を作った。

チャンネル・サーファーと集約的消費者は、同一の消費技術から利益を得ている。たとえば、テレビのリモコンのおかげで、趣味人は新しい番組――彼らのお気に入りになるかもしれない――を以前よりも簡単に見つけられる。ジェット機のおかげで、アメリカの裕福な教養人は、パリにあるレストランを以前よりも頻繁にモニタリングできる。録音技術のおかげで、同じ作品を繰り返し聴くことが可能になり、様々な音楽を研究することが容易になった。テレビ番組を集中して視聴するために、ビデオ録画を利用しているファンも多い。『スタートレック』『ザ・シンプソンズ』『となりのサインフェルド』を、一度きりではなく週に何度も観ることで、彼らはその番組の理解を深めている。近代の産物である美術館は、同じ絵画や彫刻を何度も見ることを可能にし、鑑賞者たちの審美眼を養う手助けとなっている。インターネットは、多くのウェブサイトを広く浅く拾い読みすることを可能にするだけでなく、任意の領域に関する集約的研究にとっても有用である。

チャンネル・サーフィンの技術は、ファンをひとまとめにし、彼らがひとつの共同作用ユニットとして行為することを可能にする。たとえば、ＳＦ小説には、熱心な情報通のファンが多い。こうしたファンは、自分たちが読む作品の質をモニタリングし、ファンクラブや大会を組織し、より良い作品を出版したりするために、相当な手間ひまをかけている。彼らはインターネットや、比較的安価な旅行の機会を利用して、お互いに連絡を取り合っている。これらの個々人は、地理的には世界中に分散して暮らしてはいるものの、質をモニタリングし向上させることによって、直接的な意味でのローカルな客層として機能している。昔とは違って、「ローカルな」客層という概念は、もはや地理的には定義も限定もされないのである。

グローバル化された文化がより狭く特化した文化の利点を保てているのは、趣味人のおかげである、という点に目を向けよう。趣味人は、比較的少数ではあるものの、その並々ならぬ関心や熱意によって、彼らが追い求める文化商品の質や独創性を強化する。消費者によるモニタリングの質は、（少なくとも）二つの要因に依拠している。すなわち、各商品を監視している消費者の数と、各消費者がその商品のモニタリングに傾ける労力および専門知識の程度である。製品が多様

イノリティ共同体内部の慣行や規範によって強化され、「ローカルな」文化商品は共同体内部での地位を識別する手段となる。たとえば、アフリカ系アメリカ人たちは、アフリカ系アメリカ人の文化製品を偏重することで、これらのジャンルにおける集約的モニタリングの維持に一役買っている。[9]

若い消費者の大半は、ほとんど狂信的ともいえるレベルで集約的消費を行っている。世界の文化を幅広く理解したい、などと考える若者は今日では少数派である。彼らが目指すのは、どちらかといえば、仲間内で人気のある比較的少数の文化製品について精通することである。十代の若者たちは、文化に関しては雑食ではない。彼らは同じ映画を何度も続けて観に行き、同じアルバムを繰り返し聴く。

かくして若年層は、市場経済において、集約的消費の基盤でありつづける。アメリカ国内における映画の観客の内、三十パーセントは十三歳から十九歳の若者（アメリカの人口の十五パーセント）であり、四十パーセントは二十四歳以下である。ロック、ポップス、ブラック／アーバン系、カントリーといったカテゴリーの音楽では、二十四歳未満の消費者たちが売り上げ全体の四十パーセントを支えている。青少年の購買力は、数十年前から上昇し続けてきたし、おそらく今後も高くなっていくだろう。ある試算によれば、一九九〇年、十五歳から十七歳の若者たちは、彼ら自身の金を二百三十億ドル使い、親による支出の九百億ドルに影響を与えた。[10]

今日の若年層が支持するものの多くは、質の低いジャンク品であると思われているかもしれない。しかし、若者たちは、本当に優れた文化に対してもモニタリングを行っている。音楽に関して言えば、ビートルズ、ローリング・ストーンズ、モータウン、ラップ、シアトル・グランジなど、現代の重要な変革の多くは、若者文化や若い鑑賞者たちの間から生まれてきた。これらのスタイルはいずれも、やがては年長のリスナーを数多く惹きつけることになるが、誕生当初にイノベーションとモニタリングの担い手だったのは、若者たちである。

若者たちの集約的消費によって、制作者の側は、とにかくある種の基準に合致することを余儀なくされる。テレビの場合は、『スター・トレック』（オリジナル・シリーズ）と『ザ・シンプソンズ』は、どちらも放映開始当初は非常に若い鑑賞者にうけていたが、その後はさらに幅広い人気を確立した。『スター・ウォーズ』は、もともとは若者をターゲットにした映画であり、歴史や各キャラクターの背景など、繰り返しの鑑賞に向くような特徴が付加されていた。この神話体系はやがて、より広い映画文化を代表する存在となり、若者以外をも魅了するようになった。

最終的に、専門的な監視者として機能し、質と多様性を支えるのは、プロの批評家たちである。顧客は、料金というはっきりした形であれ、広告を見るという潜在的な形であれ、専門家と批評家に対して金を支払い、アドバイスや専門知識を買う。彼らがいるおかげで、市場は必要最小限のモニタリングさえ行えば事足りるようになる。プロの批評家たちは、いわば分業の象徴である。

ホテルのレストランは、通常、移動に制限のある宿泊客という鑑賞者がいるため、相対的に質が低く値段が高いと考えられている。他のレストランまでは遠いかもしれないし、宿泊客たちが自分の滞在しているという施設に信頼を置いているということもあるかもしれない。いずれにせよホテルのレストランというのは、凡庸さを生み出すひとつのレシピである。

しかし、ミシュランを一読すれば分かるように、ホテルのレストランには最高級店として位置づけられる店も多い。一食あたり百ドル以上の食事は、ローカルな常連客だけを当て込むには高すぎる。その代わり、このようなレストランは、ローカルな富裕層にくわえて、裕福で上品な旅行客たちや、旅行中の食通たちを誘い込む。かくしてこれらの人々は、贔屓に値するのはどのレストランなのか、批評家たち——通常はミシュランやゴー・ミヨー［ミシュランと並ぶフランスのレストランガイド］のレビュアーたち——の意見を仰ぐことになる。

もちろん、批評家というのは、質に関わる全ての問題を解決してくれる訳ではない。顧客の多くは、わざわざ批評家に金を払うよりも、他の人の努力や支出にタダ乗りしたほうがいいと考えている。彼らが望んでいるのは、他の顧客を通じて批評家の意見を聞くことであり、あるいは、どの製品が人気なのかを観察して、批評家の意見を推測することである。こうなると、批評家が多くの収入を得ることは難しい。しかも、製品の質を判定できない顧客たちは、おそらく批評家の質も判定できないはずだ。この場合、批評家たちは問題を別のレベルへと押しやるに過ぎない。同様に、好みのレベルが低すぎる場合も、消費者は批評家によるモニタリング代を出し渋るだろう。

批評家や専門家が最大の効力を発揮するのは、評価に要する努力と比べて、評価の対象となる物の価値が高い場合である。私たちが『コンシューマー・リポーツ』を買うのは、新発売の車やステレオを評価する時であって、画鋲やペーパークリップを評価する時ではない。同じく、信頼できる高級レストラン・ガイドを見つけることは、ローカルな食堂ガイドを見つけるよりも簡単だ。評価には一定の固定費がかかるため、批評家としては、価値の高い文化製品（贅沢な料理や高価な絵画など）の評価を行うほうが利益を上げやすい。美術コレクターがヴァン・ゴッホの絵への入札を検討する際には、その絵画が本物であるかどうか、批評家に相談するだろう。

こうした理由から富裕層は、グローバル化された文化においても、質の低下という危機に直面することはあまりない。高価な製品（ダイヤモンド、絵画、「ミシュラン掲載店」での食事）を購入する人々の大半は裕福なので、批評家の意見を聞いたり、批評家を雇ったりする余裕がある。顧客によるモニタリングが脆弱になると、分野によっては異文化間交易を通じて製品の質が低下するかもしれないが、そのような場合でも、富裕層は被害を受けないだろう。彼らほどお金のない人々は、高級レストランよりもローカルな食堂で食事をする方が多いだろうし、消費する商品も安物が多いだろう。彼らは、プロの批評家の評価よりも、自分と同じような顧客の意見に基づいて質のモニタリングを行うため、上述したような集団行動の問題に直面する危険性が高い。[11]

5……ブランドネーム

近年の「ノー・ロゴ」運動［有名多国籍企業による市場支配と労働搾取に対する抵抗運動の一種］は、文化の均質化を推進する力としての資本主義ブランドに対して異を唱えてきた。アメリカ中の多くの人々が、より美しく多様な社会の実現を目指し、ブランドネーム入り商品の消費から「解放」されたと宣言している。[12]

なぜブランドというものを敵視する人がいるのだろうか。その理由を解明するため、そもそもブランドとはどのような働きをするものなのか見てみよう。通常、市場はブランドネームを用いることで、製品の質を保証する。ある製品の価値について吟味する時間や労力がない場合、手っ取り早い情報源であるブランドネームは、消費者にとっては頼りになる。ノードストローム［アメリカの高級デパート］やマクドナルドやウルフギャング・パックに行けば何があるのかは、おおよその見当がつく。ニュージャージー・ターンパイクの運営機関は、休憩所の食事の質を向上させるため、全国的に有名なファーストフードのチェーン店をオープンさせた。この賢明な策は功を奏し、今日ターンパイクの休憩所を訪れるドライバーたちは、そこで何を食べられるのかを正確に把握している。

ブランドが持つこのような情報機能は、実用面では役に立つ一方で、独創的な製品の価値を下げ、標準化された製品の価値を上げる可能性もある。全国的に有名なブランドネームを生み出すには、多くの場合、国単位あるいは地域単位で均質な製品を作ることが必要である。規格から外れた加盟店は、閉店に追い込まれるか、訴訟を起こされる。

ブランドと好対照なのが、全国チェーンでは滅多に見かけることがない、バーベキューである。

バーベキューは地域色が非常に強く（ノースカロライナのバーベキューとテキサスのバーベキューはまったくの別物だ）、生産に必要なバーベキュー場やバーベキューソースは、複製することが難しい。顧客となる人たちの多くは、その土地特有の食のあり方に強い愛着をもっている。バーベキューにはいまだに地方ごとの伝統があり、国内的にも国際的にも、フランチャイズ化にはほとんど成功していない。

商業主義を批判する人たちにとって、ジェロ、チートス、冷凍食品、ビッグマックなど、現代のアメリカの食べ物の多くは、現実と化してしまった悪夢である。ひとつのブランドが全国販売を行うには、様々な製作者やフランチャイジーが、基本製品を複製しなければならない。だが、複製を可能とするには、複雑さや革新性を制限することが必要だ。明確な品質基準を設けねばならず、親会社による品質管理も比較的容易でなければならない。つまり、ブランドネームが品質の証明となるには、企業による中央主導型の生産計画が必要なのである。このため、ブランドネームのついた製品は、きっちりと決まった手順で生産され、販売されることが多い。

アメリカのほとんどのスーパーマーケットでは、ボーデン、セントラル・フーズ、ベアトリス・フーズ、ゼネラル・ミルズ、ケロッグ、クラフト、スタンダード・ブランズ、ネスレ、ハインツ、ピルズベリー、キャンベルなどの食品ばかりが売られている。食品の生産加工に携わる大企業は、非常に大規模な製造を行い、原材料などの投入物を購入する際にもその規模を利用して価格譲歩を引き出し、さらには（これが最も重要な点だが）全国規模での販売を行う。大抵は、基本製品と社名をもっとも上手く結びつけられる企業が優位に立つ。多くのアメリカ人にとって、「キャンベル」というブランドネームは、スープとほぼ同義である。これらの国内ブランドは、経済効率がどのようなものであれ、均質化や製品の画一化、比較的無難かつ安っぽい好みへと向かっていく。[13]

こうした点が問題であることは確かだが、「ノー・ロゴ」運動のようなブランド批判は、あまりにも話を誇張しすぎである。ブランドは、均質化だけでなくイノベーションももたらす。市場規模の拡大という大きな流れの中では、均質化へと向かう傾向が見られると同時に、選択肢と多様性も増えていく。

事後的には、すなわち市場に定着してしまった後には、ブランドは均質化を推し進めているように見えるが、市場に参入する時点では、イノベーションであることが一般的だ。マクドナルドが成功したのは、アメリカの多くの地域において、ローカルな外食産業よりもマクドナルドのほうが進歩していたからだ。フライドポテトの一番おいしい店はマクドナルド、という町はいまだに多い。タコベルは、本物のメキシコ料理とはみなされていないが、出店した多くの共同体で選択肢と食の多様性を増やした。タコベルのおかげで多くの人たちが、もっと革新的なメキシコ料理も食べてみよう、と思うようになった。

数多くの支店を展開するステーキ・チェーン「モートンズ」は、品質の高い肉を提供している。この肉はシカゴ地区にある中央倉庫から配送され、レストランのブランドネームを使って販売されている。均質性が実現された結果、どのモートンズでも同じ品質が保たれているが、メニューには地域ごとの差がある。筆者の住まいから一番近いヴァージニア北部のモートンズでは、アメリカ中西部産の高級牛が食べられる。

アメリカのスーパーには国産ブランドがたくさん並んでいるが、それと同時に、外国製の上質な食品もかつてないほど大量に売られている。ミネラル・ウォーターから上質なチーズやパンにいたるまで、ヨーロッパからの影響を受けた様々な商品が、ますますアメリカでも買いやすくなった。これは主に、消費者からの需要が高まっているためである。グルメ向けのスーパーは、都市部にも郊外にも広まっている。さらに、スーパーマーケット自らが自社のブランドネーム（私の地域でいえば「フレッシュ・フィールズ」）を使い、ノンブランド品の品質や新鮮さを保証することで、高級食材市場での力を強化しようとしている。

ブランドネームは、多くの場合、統一性や均質性よりも創造性を保証するものである。一流の料理人がレストランに自分の名前を冠したり、洋服のデザイナーが一連の商品に自分の名前をつけたりするような場合、ブランドネームは、高い創造力をもつ個人の署名代わりともなりうる。芸術家や音楽家の名前は、ブランドとして機能する。ピカソやマティスの署名が入った絵であれば、顧客としても当然、その絵には一定の品質と創造性があるはずだと考える。こうした慣例は、通常はブランドネームとしては考えられていないが、均質化よりも多様性や質の高さが重視されているというだけで、実際に働いている論理は同じである。

ブランドネームのおかげで芸術家たちは、鑑賞者への〝コネ〟を失うことなく、様々な様式を試みることができる。ピカソは何度も様式を変えたが、買い手たちは自分の買っている作品がピカソのものだと知っていた。仮に芸術作品が完全に匿名で制作されるような世界があったとしても、質と多様性が向上するかどうかは分からない。たとえば、大成功をおさめた芸術家は、新たな作品が自分のものであることを鑑賞者に認めてもらうためには、最大の成功作を再び制作する必要があるかもしれない。ブランドネームが利用できれば、鑑賞者はその作品をじっくり見直すべきなのか、他の作品に目を向けるべきなのかが分かるので、作品がこの様な匿名性に陥る恐れもなくなる。

ラスヴェガスには年間三千万人の人たちが訪れる。ラスヴェガスの食事はまずいと思われがちだが、実は非常においしい。ラスヴェガスには、おそらくアメリカのどの都市よりも、高級レストランが集中している（例外があるとすればニューヨークぐらいだ）。カジノで提供される素晴らしい（補助金つきの）食べ物に加えて、エメリルズ（本店はニュー・オーリンズ）やスパーゴズ（本店はビバリー・ヒルズ）のようなアメリカの一流レストランの多くが、ラスヴェガスに支店を出した。既に定着しているブランドネームは、旅行者から見れば、そのレストランの品質の証である。一方、レストランの側が頼みとするのは、本拠地のローカルな客による査定と精錬を経て培われた評判である。上質な製品を生むのに必要なローカルな客層をなるべく縮小したい、というのが市場の傾向である[14]。

ウルフギャング・パックは、シカゴのオヘア空港を含むアメリカの諸都市に店を出しており、一時期はメキシコ・シティにも支店があった。これらの店は、ある意味では、ブランドネームを通じてシェフの名声を売るものである。このようなセレブ好き鑑賞者をターゲットとする衆愚化についてどう考えるにせよ、その過程において、料理のレベルは一流のままである。ウルフギャング・パック氏自身は、各支店の経営に対してわずかな金額と労力しか投じないことも多いが、その代わり、「名声の裏書人」としての役割を果たしている。レストランに自らの名前を冠し、潜在的な客に対して料理の美味しさを告げることで、彼は自分の名声を賭けているのだ。こうしたレストランの支店には、たとえ裏書人であるシェフのスタイルとの関係が不十分なものになったとしても、それぞれが革新的で独立した店舗になろうとする傾向が見られる。

ブランドネームは、支店展開という高収益な事業を可能にすることで、創造性に対する初期報酬を引き上げる。創り手たちは、自らの創造性をローカルに証明できれば、裕福になれるということを知っている。ノードストロームは、本拠地である太平洋側北西部での地位を確立した後、全国展開を果たした。時間の経過と共に独自性は失われたので、その意味では、同社の歴史はブランドネームのもつ均質化作用を反映している。それでも、たとえ最終的には市場の主流へと合流してしまうとしても、将来的な支店展開による収益の見込みは、最初の内はイノベーションを後押しするものである。

6……ハイカルチャーとローカルチャーの分離

結局、あらゆる点を考慮すれば、異文化間交易によって顧客の好みの質が下がるという予測には根拠がないことが分かる。否定的な傾向もいくつか目にはつくが、これらの展開は、多様性やイノベーション、市場拡大というより大きな全体像の中でしか、充分には理解できない。さらに、全ての人の生活を支配しているわけではないものの、趣味人による強力なモニタリングは、ますます広く普及し、ますます効力を増し、ますます注目を集めている。

トクヴィルは、民主的かつ商業主義的な社会における好みのレベルを、歴史上の貴族制と比べて批判した。この比較を、別の言葉で言い換えてみよう。先述したように、貴族制は購買力を少数の手に集中させることで、好みの洗練の背後にあるタダ乗り問題をある程度は制限していた。貴族は、単独の買い手あるいは少数の買い手の一人として芸術を庇護するので、自らの好みを洗練させることが芸術家の進歩にもつながる。芸術家に対して高い水準を要求すれば、パトロンはより良い作品を手に入れられる。かくして、他の条件が全て等しければ、自らの好みを洗練することのインセンティヴは比較的高い。[15]

しかしながら貴族制は、他の多くの点において、質の向上に失敗している。製品の多様性は乏しくなりがちで、市場の規模も小さい。買い手が比較的少なく、市場の力が比較的弱く、買い手の階級もほぼ排他的に制限されているため、貴族制は芸術家の自由にとってはプラスにならない。また、貴族のパトロンたちの好みは限られていた。その原因のひとつは、彼らがあまり多くの思想や様式に触れてこなかったことにある。つまり、彼らの消費には粗放性が不足している。貴族によるモニタリングは、高いレベルを保っていた時でさえ、多くの市場には広まらなかったし、多種多様な知識を取り入れることもできなかった。つまり、貴族制は、好みの多様性にとってはあまり意味がないのだ。[16]

購買力を持つ人々の層が広がるにつれ、文化に対する貴族の影響は低下していった。新たな大衆文化の形が生まれ、粗放的消費は多くの人にとってひとつの選択肢となった。メインストリーム文化の多くの要素は、以前よりも身近になったものの、ある面では薄っぺらくもなった。これは、チャンネル・サーファーのうけを狙ったためである。この手の消費者は、手っ取り早く消費しやすい文化製品を欲しがる。その一方で趣味人たちは、主流派の外部にある入手困難な産物に対して投資できるようになった。

こうした状況の下、今やハイカルチャーは趣味人文化の一形式（決して唯一の形式ではないが）となり、文化の中心という地位を失った代わりに、多様性に富む数多くの技術を使えるようになった。たとえば、現在のクラシック音楽は、CD、ペンギン・レコード・ガイド、インターネットの音楽ファイルを利用しており、欧米のコンサートホールへの交通も便利になった。これらの制度のおかげで消費者は、質の高いクラシック音楽を、かつてないほどよく選べるようになっている。

そうすると、ハイカルチャーとローカルチャーが分離した一つの理由が見えてくる。現代のアメリカでは、チャンネル・サーファーたちは、より表面的な消費を行い、より人気のある商品に目を向ける傾向がある。趣味人を顧客とする文化生産者たちは、比較的少数の批評家や目利きや同業者たちから賞賛されるような、熱意をこめて作った高級品を売りに出す。プロの批評家たちは、大抵は知識が豊富なので、趣味人文化の味方をするだろうし、その利点についても充分に理解することができる。したがって、大衆に人気があるものは、批評家の評価が高いものとは異なっている。▼17

文化は、隆盛をきわめ多様性が高まっている時でさえ、質が低下していくように見える。最も目につきやすい、最も人気のある文化媒体は、より無知な消費者の好みに合わせる傾向があるため、その文化自体が実際よりも悪く見えてしまう。

趣味人たちのお気に入りは、定義上、文化の主流というよりは周縁に位置するものであり、中心的な地位を獲得したり、文化の時代を規定したりすることは難しい。このため、グローバル化された世界における最良の文化製品の多く——趣味人によって消費されるもの——は、大半の顧客や批評家たちの目からは隠されたままである。増殖していく趣味人文化は、いくら健全で活発なものであっても、よそ者の目にはつきにくい。

さらに、外部の注釈者たちが趣味人文化に賛同する可能性は、かなり低いと思われる。趣味人向けの創作は、いくら客観的かつ美的な見地からみて上質であっても、関連するファン以外の人たちの多くにとっては、魅力を持たないだろう。ピエール・ブーレーズのミュジック・セリエルは、（私を含む）少数の聴衆には大きな喜びを与えてくれるが、大半の人たちはこれを退けたり無視したり、あるいは嫌ったりするだろう。趣味人文化が発達すると、その性質は万人が賛同できるような領域を超え、多くの人が異を唱えたり、単に知らなかったりするような領域へと到達するだろう。そうすると好みの質は、実際よりも悪く見えることが多くなる。

現代における消費者の好みについて根本的に理解しようとするならば、私たちが目を向けるべきは、衆愚化の問題でもなければ、質を犠牲にしてでも均質的な最小公分母を満足させようとする制作者たちの問題でもない。基本的な傾向としてはむしろ、低レベルから高レベルまであらゆる質の好みにおいて、変化と多様性が向上しているのである。

第6章

「国民文化」は重要なのか

貿易と世界市民主義

今日、ドイツとフランスの間の差異は、百年前よりも小さくなっている。それは、両国の間で貿易が行われているせいだともいえるし、他の貿易相手諸国を通じて共通の技術的進歩を共有しているせいだともいえる。EUとしての連帯が強まり、政治体制を共有するようになれば、両国はますます互いに近づいていくだろう。この点からも明らかなように、異文化間交易は均質化へと向かう性質を持っている。

しかし、この事実をもってしても、貿易が文化にとって無益であるとはいえない。フランスとドイツのように、お互いが同じように発展すれば、人々はますます自由になり、それぞれの社会の内部での多様性が高まる。独仏双方の社会において個人個人は、以前よりも多くの機会に恵まれ、様々な文化経路を辿っている。現代の音楽やビデオ、書店を一瞥してみれば、ますます豊かな製品の数々が私たちの手の内にあることがはっきりと分かるだろう。私が十九世紀の日本の版画を収集し、ピグミー族の音楽を聴き、トリニダード人作家V・S・ナイポールの本を読み、カナダ人ジム・キャリーのユーモアを楽しんでいる脇で、私の隣人たちも各々の好みを追求している——などということが可能なのは、私たちの世界の文化がグローバル化されているからだ。

ここでは均質化と異質化が同時進行しているが、両者は対立するプロセスというよりは、むしろコインの裏表である。貿易は、多様な実践や選択を支える一方で、諸文化を均質化していく。それは、どの国に属していようとも、貿易さえ行われていれば、消費を行う機会には同じように恵まれているからだ。こうしてそれぞれの国や社会は、互いに差別化されるのではなく、「同じように多様」なものになる。

長期的に見れば、均質化と異質化が連動していることは、かなり明白である。人類の歴史が始まった時から、この世界では、すさまじく多様な音楽と芸術が発達してきた。有史以来、市場交換の範囲が拡大しつづけてきたことは、次第に多様化していく創作活動にとって、障壁となるどころか支えとなってきた。

その一方で、人々は文化において、今やかつてないほど多くの構成要素を共有している。私が知っている歌や映画や企業ロゴの数々は、バンコクの人たちの多くにとってもお馴染みのものだ。このような状況は、十九世紀にはもちろんのこと、三十年前にさえ存在しなかった。様々な文化が、かつてないほど共通の構成要素を持っており、世界中の人々は、同じように多様な選択肢の中から選択を行っている。他と異なっていられる自由とは、他と同じものを選択することもできる自由である。

異文化間交易は差異を一掃してしまうわけではなく、むしろ差異というものを場所の制約から解き放つ。エミール・デュルケムは、分業について論じた十九世紀の著作において、次のように述べている。「もちろん、種々の社会は以前よりも似てくるが、その社会を構成する個々人までもが似てくるということではない。もはや大きな地域ごとの差異は存在しない。しかし、ほぼ各個人ごとの差異は存在する」。皮肉なことに、それぞれの社会の類似性が高まることによって初めて、個々人の差異化が進むのである。[▼1]

よくありがちな「グローバリゼーションが差異を破壊する」という議論は、集団主義的な多様性の概念を前提としている。この測定基準において比較されるのは、個人と個人ではなく、社会と社会、あるいは国と国である。さらに、この手の議論が前提としているのは、アメリカとメキシコの間の国境のように、誰の目にも見えるような、地理空間上の差異という形をとって現れる多様性である。集団的なものと集合的なものを比較し、地理的な空間を強調することで、この基準は、どのような多様性が重要なのかという問題を回避している。

1……国民文化について懸念すべきか

ひとつの選択肢として考えられるのは、多様性がどのような意味を持ち、どの程度の多様性が望ましいのかという点に関して、純粋に個人主義的な立場を明確にすることである。このような立場からすれば、社会内部の多様性は、積極的な選択の自由があることの表われであり、異文化間交易を評価する際の相対基準となる。個々人の選択肢が増えることによって、社会同士が互いに似てくるのだとすれば、いくつもの社会が「ますますそっくりに見える」としても心配には及ばない。

個人主義の立場からすると、複数の社会の間の多様性には、手段としての意義しかない。第3章で論じた「多様性のパラドックス」からも分かるように、それぞれの社会の間に差異があれば、選択肢は広がるかもしれない。逆に、それぞれの社会が完全にそっくりであれば、選択肢は狭まってしまうだろう。文化におけるある程度の特殊化や差異化は、より多くのイノベーションを生み出し、全ての人の選択肢を増やす。

社会の間の多様性は、別の理由からも有効な手段となるかもしれない。「良い生活」についてのヴィジョンが定まらない場合、これを発見する最良の方法は、文化に対する多数のアプローチを競合させることかもしれない。この点に関しては、一つの文化の内部の多様性よりも、諸文化の間の多様性について考えたほうが、純粋な比較と実験を行えるかもしれない。一つの文化の内部では、一個人が所与の型から逃れることは、往々にして困難である。より孤立した世界においては、地域間の類似度が低ければ、より豊かで情報量の多い学習過程が提供されるかもしれない。

こうした認識にしたがえば、社会と社会の間にもある程度の多様性があることを、直感的に望ましいと感じる理由については説明がつくだろう。しかし、そうした「集団主義的」な測定基準が、単独で本質的な価値を持つことにはならない。実際のところは、（集団主義的な概念としての）諸社会間の多様性が必要となるのは、幅広い機会における選択の自由という個人主義的展望を実現するためなのかもしれない。

　極端な事例に目を向けてみれば、社会の間の多様性には、そもそも手段としての価値しかなく、本質的な価値などない、という見方がはっきりするかもしれない。多くの文化がばらばらに存在し、それぞれが単一の文化製品の生産に特化しているような世界を想像してみよう。外から見れば、それぞれの社会は大きく異なっているかもしれない。だが、内側から見てみれば、個々の文化は均質的である。このような多様性は、ほとんど無意味である。ひとりひとりの個人にとっては、画一的な文化しか存在せず、積極的な選択の自由もない。反対に、個々の社会はきわめて多様であるが、それぞれの社会は似ている、という場合を考えてみよう。この仮説世界においては、私たちはジャワ島の人形劇を観に行ったり、フランス印象派の絵画を鑑賞しに行ったり、寿司を食べに行ったり、アフロキューバンの音楽を聴きに行ったりすることができる。しかも、それらは全て上質なものばかりである。この魅力的な筋書きでは、社会の間の多様性は非常に低いが、社会内部の多様性は非常に高い。このような比較によって示唆されるのは、社会間の多様性よりも社会内部の多様性のほうが優位にあること、したがって社会間の多様性にはそもそも手段としての価値しかない、ということである（ただし、これは単なる示唆であって、立証ではない）。

　しかしながら、極端な事例から離れてみると、社会間の多様性には手段としての価値しかない、という見方は若干揺らぐ。選択の自由度が最初から高い場合には、より幅広い選択肢を持っていることよりも、社会あるいは文化が（関連領域において）独自性を持っていることのほうが重要になってくる。

多くの人は、文化的多様性そのものに価値があると考えている。カナダ人はアメリカとは違っていたいと願っているし、ケベック人はオンタリオ人とは違っているということに価値を置く。それぞれの集団に属している個人は、選択肢の幅が狭くなったとしても、それと引き換えに自分たちの特別な地位がさらに盤石なものになるのであれば、喜んで我慢するだろう。彼らが求めているのはアイデンティティであって、選択そのものではない。リバタリアンや世界市民主義者がこの話を聞いたら眉を顰めるかもしれないが、たいていの場合、適切な文化アイデンティティにとって必要なのは、何もかも自由に選べるわけではない、という状態である。こうした選択の制限は、必ずしも表沙汰にはなっていないものの、多くの文化にとって必要不可欠な要素である。

社会間の多様性という集団主義的な概念そのものを目的と見なすことを拒んだところで、一人ひとりが文化的差異に対して本質的な価値を見出さなければ、文化市場はきちんと機能しない。これまで論じてきたように、二つの集団の間で交易が行われる際、それぞれの集団に属する人たちは、自らの文化アイデンティティを支えるために、相手の思想や技術を利用する。交易は、こうしたアイデンティティを最優先するプロセスを通じて、同一性よりも多様性をもたらす。私たちが自分にとって望ましい選択肢を獲得できるのは、文化の生産者と消費者が、差異というものに本質的な価値を置いているからである。彼らの創造的精神は、アイデンティティによって駆り立てられる。彼らにとっては、単なる選択肢よりもアイデンティティのほうが重要である。同じように、多くの成功した芸術家たちのエートスは、（もし彼らが自由というものに何らかの価値を置いているとすれば）自由であることや選択の自由に多くの価値を置くものである。

世界市民主義的な見方によれば、これらの選択やエートスは、有用ではあるが幻影に過ぎない。それは、いくら立派であったり創造力を高めるのに役立ったりするとしても、一種の文化的「シヨーヴィニズム」であって、世界の解釈としては本質的に間違っている。このような解釈においては、真実が明かされた途端、社会は文化的に貧しくなってしまう。先述したように、文化アイデンティティには手段としての価値しかないと誰もが思っているとしたら、交易による均質化の作用は今よりもはるかに大きくなり、人間の創造力の重要な源泉は干上がってしまうだろう。

2……特殊なものを守る

文化の多様性について語る人の多くは、文化の多様性（社会内のものであれ社会間のものであれ）そのものに価値を見出し、強い愛着を持っているわけではない。彼らは、彼らの好みに合うような形で、多様性が現れることを好んでいる。彼らは、特定の文化や時代に対して、特別な地位を与える。彼らは「戦前のブルトン」や「一九六八年のパリ」を崇める。何やら多様性を支持するようなレトリックを使っているとしても、これらの人々が本当に愛着を持っているのは、別のものに対してである。彼らが異文化間交易を問題視するのは、交易に参加する全ての文化が変化の論理に巻き込まれてしまうからである。このような条件下では、いくら自分のお気に入りであっても、特別な地位が認められることはない。

ガンジーにしても、文化帝国主義そのものを問題視していたというよりは、自分のお気に入りの文化がイギリス文化によって駆逐されることに異を唱えていたのだ。イギリスからの輸入はインドの織物産業に損害をもたらす、というのがガンジーの主張だった。だが、インドの生産者たちが何世紀にもわたって実践してきたことこそが、一種の文化帝国主義に他ならない。一世紀から現在に至るまで、インドで生産された高品質な織物製品は、東南アジアの市場を席巻してきた。アフリカとの貿易においても、特に奴隷貿易の航路が開かれた後は、インドは優位を占めていた。インドの手織物の発展は、これらの外部市場を「搾取」することによって実現したものである[2]。

あまりにも多くのインド製品が出回ったため、アジア市場の中には、インド製品に対する輸入障壁を設けたところもある。たとえばタイでは、輸入制限と奢侈禁止法を実施し、インドとの取引を阻害しようとした。イギリスもまた、インド製の布に対する輸入規制を試みたことがあった。十八世紀、インド製の布はイギリスで大変に人気があった。手彩色の綿チンツはヨーロッパの市場、特にイギリスで人気が高く、ヨーロッパの織物の様式を一変させた。イギリス政府はチンツの輸入を禁止したが、スワデーシー運動の先駆けである「国産布を買おう」運動が失敗したのと同様に、市場にはチンツが出回り続けた。インド製織物の需要が非常に高かったため、オランダ経由での輸入が行われたのである。インドの織物産業は、イギリス文化帝国主義の犠牲になった、というのがガンジーの主張だった。だが、この産業をそれまで支えてきたのは、インドの人々自身による文化帝国主義的な活動だった。[3]

ガンジーによるスワデーシー運動の概念自体が、そもそも外国からの影響の上に形成されている。スワデーシー運動を支えた論客たちは、ジョン・ラスキンやウィリアム・モリスや十九世紀英国のアーツ・アンド・クラフツ運動から強い影響を受けていた。これらの人々は、商業が芸術に影響を与えることを激しく非難し、自国での手仕事による土着的生産への回帰を呼びかけた。だが、アーツ・アンド・クラフツ運動もまた、外国から大きな影響を受けている。ウィリアム・モリスは、英国史上もっとも美しいカーペットを何枚も作り出したが、彼がデザインの着想源としていたのは、ペルシャ織物だった。[4]

時として批評家たちは、多様性という概念を無定見に持ち出すことで、特殊主義を目指していたはずの自らのアジェンダを裏切ってしまう。たとえば、ある文化形式の生産が一つの地域にクラスター化することに対して、批評家たちはしきりに異を唱える。今のところアメリカは、ドル換算で評価した場合、世界最大の映画の生産国であり輸出国である。しかしながら批評家たちは、アメリカ以外の国が、もっと大きな映画産業を持つことを望んでいる。

ところが、別のケースでは、文化形式のクラスター化不足が槍玉に挙げられることもある。アルバム『グレイスランド』に南アフリカ音楽（ムバカンガ）を取り入れたポール・サイモンは、文化帝国主義的であるとの誹りを受けた。南アフリカ音楽の様式が北米へと広がり、サイモンの手によって改変されることは、望ましくないと見なされた。このような批判をする人たちにとって、ある一つの様式が世界的に広がることは、搾取や非真正性と結びついている。要するに、ムバカンガ音楽の制作者が世界各地にいる必要はないというわけだ。その一方で彼らは、映画制作は多くの国で行われるべきであり、各国それぞれの独自性を発展させるべきだ、などと言ったりもする。▼5

このような意見を言う人たちは、多様性について本当に関心を抱いているとしても、多様性そのものを最大の関心事としている訳ではない、と断じざるを得ない。むしろ彼らは、特殊な社会的・美学的理由から文化の流れを選り好みし、多様性というレトリックを都合よく用いて、あるものは賞賛し、別のものは非難するということをしてみせるのである。グローバリゼーションをめぐる議論は、名目上は、一般的な意味での多様性に関係している。だが、こうした議論にこめられた感情の大半は、「物事はかくあるべし」「かくあるべからず」という強い気持ち、すなわち特殊主義に端を発している。

ある一時点における多様性と、時間をまたぐ多様性との差異について考えてみると、グローバリゼーションに対する不満の多くが、本質的には特殊主義的なものであることが、よりはっきりと分かるだろう。歴史上のある一時点の状態に文化を固定しようと試みること（たとえば

「一九六八年のバリ」によって、特殊主義を採用すれば、時間をまたぐ多様性は制限される。文化は、進化を妨げられない限り、何十年、何百年とかけて、多種多様な形へと発展していくだろう。近代という時代は、こうした変化に拍車をかけたとして、しばしば非難されてきた。だが、こうした変化こそが、時間をまたぐ多様性を高めるのである。交易は停滞よりも変化をもたらすが、このような形の多様性は、大半の批評家にとっては肯定的に捉えがたいものであるようだ。

異文化間交易に対する批判は、厄介な問題にも直面している。ある一時点における多様性が望ましいのだとしたら、なぜ時間をまたぐ多様性もまた望ましいといえないのか。時間をまたぐ多様性は、ある一時点における多様性と同じく、文化的な実践にとっても、変化というものに固有なあらゆる価値にとってもプラスに働く。さらに、時間をまたぐ多様性は、少なくとも文化製品が耐久性を持ち継続的な再生産が可能である限りは、選択肢を増加させ、変化を強力に推進する動力源にもなる。

もちろん、時間をまたぐ多様性によって、自分の生まれ育った社会的・文化的枠組から引き離されてしまう人も大勢いる。アイルランド人の祖母が、孫たちとゲール語で会話することは、もはや不可能である。孫たちは、自らが失いつつある文化について知ることはないだろうし、だとすると彼らが行う選択は、充分な情報に基づいているとはいえないだろう。多くのフランス人は、自国に入ってくるハリウッド映画の数が減って、もっとたくさんのフランス映画にヒットしてほしいと思っている。

こうした不満は、極端な場合には悲劇を引き起こしかねないものであって、異文化間交易を評価する際には常に真摯に考慮しなければならない。その人本来の文化に対する絶対的な「権利」を訴えることは、あまりにも強力な倫理的要求を伴う。文化というものは綜合的であり、絶え間なく変化するものだからである。実際に問題となることが多いのは、若者たちが年長者たちとは違う文化を欲する、という事態である。この場合、特定の文化を維持する集団的権利は、若者たち自身の選択を拒む権利と等しくなってしまう。だとすると、権利論ではこの問題をうまく解決できそうにない[6]。

異文化間交易がある文化の否定につながるという事態には、決して望ましくない何か、大きな犠牲へと繋がりそうな何かがある。人間は、特定の種類の文化経験に対して、強い欲望を抱いている。そして、グローバリゼーションは、こうした欲望の多くを定期的に挫折させる。

これらの例を通じて、私たちはおそらく問題の核心に迫りつつあると思われる。グローバリゼーションをめぐる議論とは、実際には何をめぐる議論だったのか。釣糸の一端にあるのは、グローバリゼーションによってもたらされる、素晴らしく多様な選択肢である。もう一方の端にあるのは、特定の文化や社会が持つ価値観や、大勢の人それぞれの国家的・地域的・部族的アイデンティティに対する人間の関心である。グローバリゼーションが多様性全般にとってプラスに働く場合でも、それによって生み出される個々の結果は、多くの人々を不幸にする。

3……文化とは何か

人々は、国民文化／地域文化／部族文化を維持したいという強い欲望を持っている。では、そのような文化を構成するものは何なのか。なぜ人々は、ある文化要素に関しては、アイデンティティと意味の明確な標識として固執する一方で、それ以外の標識については、ほとんど無頓着なのか。もしも全ての文化が真に綜合的なものであるとしたら、国民文化／地域文化のアイデンティティに関する任意の標識に対して、どの程度の関心を払うべきなのか。これらの問いに答えることは容易ではない。

フランスの人々は自国の映画に対して強い一体感を持っているが、実のところフランス映画は、文化という観点からは到底純フランス製とは呼べない。有名な「フランス」映画の多くは、外国人からの影響を受けているどころか、外国人によって監督されている。仏サイレント映画の最高傑作と言われる『裁かるるジャンヌ』（一九二八）の監督は、デンマーク人のカール・ドライヤーである。ボルシェヴィキ革命から逃れて渡仏したロシア人亡命者たちも、仏サイレント映画に深い足跡を残した。トーキーの時代に移ってからも、スペイン出身のルイス・ブニュエルが、『黄金時代』『アンダルシアの犬』『昼顔』『ブルジョワジーの秘かな愉しみ』――いずれもフランス映画の古典である――を監督した。ドイツ人監督マックス・オフュルスは、名作『たそがれの女心』を含む代表作四本をフランスで制作した。フランス映画の世界市民主義的な性質を批判したという点では、第二次大戦中のヴィシー政権のプロパガンダは真実をついていた。あるフランス人ナチスが語った次の言葉も、誇張気味ではあるが、やはり真実を捉えている。「全映画人の八割がユダヤ人で、一割が不法入国者である。一割はフランス人だが、マルクス主義やフリーメイソンとの関わりを持っている。この数字には俳優は含まれていないが、俳優の半数も外国（ロシア、ルーマニア、イタリア、アメリカ、スイス、ベルギー）の血を引いている。これが『フランス映画』と呼ばれるものの実態である」[7]

皮肉なことに、映画に関する有意義な保護政策は、第二次大戦中にフランスが国家としての独立性を失った時しか実施されなかった。ヴィシー政権は、フランス経済を立て直しつつ、検閲を行う目的で、映画に対する数量制限と助成制度を設けた。それと同時に、文化の堕落を防ぎ、フランス出身の映画制作者に利益をもたらすため、アメリカ映画が禁止された。これらの介入は明らかにナチスの政策に基づいて行われていた。さらに皮肉なのは、ナチスからの解放後もフランス政府は、またもやフランスの国家アイデンティティを保護するという名目で、ヴィシー政権下で設けられた映画関連の制度を維持したのだった。戦後のフランスにおける映画関連の規制や助成は、重点を置くポイントが変わっただけで、ファシスト占領下の政策から直結する形で行われた。かくしてスタートした制度は、今もなお「国家としてのフランスのアイデンティティ」の保護を謳っている。[8]

文化綜合的な製品がナショナリストの旗印として用いられる、というのもよくある話だ。十九世紀後半、多くのドイツ人は、「英国産」であり、鍛錬というよりは「スポーツ」であるという理由から、サッカーを嫌っていた。当時は、かなり感情的な議論まで巻き起こった。[9] 近年、ドイツ人にとってサッカーは、国民的な帰属意識と誇りの源泉となっている。

ポール・サイモンがアルバム『グレイスランド』に取り入れた音楽形式について、非常に誇らしく思っている南アフリカ人は多い。だが、南アフリカの音楽は、西洋のポピュラー音楽に対して多くを負っている。南アフリカのムバカンガは、アコーディオンとサムピング奏法のベースに合わせて足を踏み鳴らすダンス音楽である。伝統的なアフリカ音楽とはまったく似ておらず、それよりは、ジャズ的な要素を含んだロックンロールの原型に近い。ポール・サイモンへと向けられた、音楽を搾取し堕落させるものであるという批判は、皮肉なことに、かつてはムバカンガへとぶつけられていたものである。ムバカンガは、南アフリカ人と外国人の双方から、西洋のスウィングやジャズを商業化した安物の変造品だと非難された。音楽学者のデヴィッド・ライクロフトは、「部族的」でなく、アメリカの商業ポップスに多くを負っているという理由で、ムバカンガに異を唱えた。他の学者たちも、ムバカンガは西洋のジャズの劣化版であり、「アメリカを手本にした冴えない模造品」であると考えていた。ムバカンガという名前自体、急ごしらえのトウモロコシパンを指すものであり、「あぶく銭」という意味もある。レディスミス・ブラック・マンバーゾのような南アフリカのコーラス音楽は、西洋のゴスペルや霊歌、ミンストレルに多くを負っている。これらの外国音楽の形式は、二十世紀初頭に、グラモフォンやラジオ、アメリカのグループの巡業を通じて、南アフリカの町に紹介された。ポール・サイモンが南アフリカ音楽を啓示のように感じたのは、西洋のポップ音楽の伝統を綜合してきたサイモン自身と、数多くの着想源を共有していたからに他ならない。[10]

この手の逸話からは、なぜ文化的同一化の実質的な単位の基準となるべきものが、国や地域や部族であるのか、という疑問が生じる。純粋な（あるいはほぼ純粋な）起源や性質をもつ国民文化の産物などどこにもない。それでもなお人々は、特定の芸術作品を国民的／文化的アイデンティティの担い手と見なしている。

たとえば初期フランス映画に対するロシア人の貢献のように、外部からの影響の中には、内部へと吸収された後、フランスの国家的遺産の一部として扱われるようになったものもある。コンゴ市民はザイール音楽を自分のものとして扱うが、実際にはキューバからの影響が大きいし、エレキギターも西洋由来のものである。文化は、ある品物や実践を受け入れてしまうと、それらが本来外国製であったかどうかについての関心を失う。そうした品物や実践は、「土着」文化の一部と見なされるようになる。その一方で、フランスにおけるハリウッド映画のように、普遍的に受け入れられるような状態には至らないまま、のけ者扱いされ続けるものもある。

外部からの影響の内、どれが受け入れられ、どれが有害な侵略に分類され続けるのか、明確な線引きの基準は見当たらない。市民、または、ある文化に属する人たちは、複雑な識別基準にしたがって、外来のイノベーションを「厄介なもの」「厄介でないもの」へと分類している。

この分類に関係している要素の一つは、時間である。印刷技術はグーテンベルクによって十五世紀に西洋へともたらされたが、今日、これをドイツ（あるいは中国）の文化帝国主義と見なす人はいない。どの国に起源があるのかということは、印刷技術の現在の意義や機能とは全く無関係だからである。それに、西洋哲学に対する「過剰な」ギリシャの影響を恐れる西洋人もいない。

けれども、私たちが目にする区別の大半は、時間の経過によっては説明ができない。カナダ人にとっては、ハリウッド映画が何十年もの間カナダの市場を支配してきたことも、長年にわたってカナダ人の人格を形成してきたことも、ほとんど慰めとはならない。それとは対照的に、アフリカ音楽においてシンセサイザーが広く使われるようになったのはごく最近のことだが、今やシンセサイザーは、アフリカ音楽のアフリカ的な性質に調和するものと考えられている。大抵の人は、ある文化的な実践がどれぐらい昔に自分たちの社会に入ってきたのか、などとは考えもしない。

外国からの影響の多くは、どれぐらい土着文化へと組み込まれ綜合されうるかによって、その価値を判定される。既に自分たちが持っているものを支えたり補完したりするものであれば、人々にとってもより受け入れやすくなるだろう。ヴァイオリンは、インドの古典音楽の一部として受け入れられており、文化帝国主義の前兆とは見なされていない。

無声映画が制作されていた時代、他の国々の大半とは異なり、ハリウッドの文化帝国主義について不平を言う日本人はほとんどいなかった。彼らの弁士という制度は、無声映画に生の語り手を付け、映画の進行に沿って語りと解釈を付け加えるものだった。このような様式を通じて、映画は歌舞伎や能といった演劇の伝統に近づけられた。ある論者は次のように述べている。「(弁士は)映画の最終的な出来栄えに対して、制作会社以上とは言わないまでも、同じ程度の影響力を行使していた」[11]

しかし、映画制作の世界において、このような事例は稀である。ハリウッド映画は各地の映画制作のやり方に影響を与えるかもしれないが、輸入された映画がきちんと再編集されたり、綜合的な製品へと改造されたりすることはありえない。多くのハリウッド映画、特に超大作は、人気スターの出演料や贅沢なセットや特殊効果を投入して作られているため、国産映画がいつも追随できるとは限らない。このような事情もあって、映画における帝国主義は熱い議論の的になっている。多くの文化にとって、輸入品を統合することは容易ではない。そのため、輸入品は外部から侵略してくるよそもののように見え続けるのである。

それでも、綜合不可能な製品が、本来生まれたのとは違う場所で、文化的に受け入れられている事例もある。巨大な規模の展覧会においてフランス絵画が優勢を誇っているからといって、アメリカや他の国の人々が落胆したことはない。各国のクラシック音楽のコンサートでは、ドイツ人やオーストリア人の作曲家の曲ばかりが演奏されるが、文化帝国主義だといって批判されることはない。ベートーベンの交響曲の楽譜が、フランス人やアメリカ人の指揮者によって「リミックス」されて、綜合的製品が生み出される、などということも滅多にない。その代わり、ベートーベンは、より広い西欧全体の遺産の一部と見なされている。この点は、ハリウッド映画とは異なっている。

海外からの影響が受け入れられるか否かが、民衆の同意のみに依拠する場合もある。つまり、何が自分たちの文化を構成しているのか、その共通の標識を作り出しているのは市民であり、それゆえに彼らは、そうした標識の喪失や抑圧に対して敏感になっているのである。これらの標識は、客観的には、その文化の他の特徴と変わらないし、綜合力が劣っているわけでもない。唯一の違いは、全員がそれを彼らの総意と見なすことに同意している、という点である。その意味で、こうした標識は恣意的なものである。つまり、単に人々が同意しうるものでさえあれば、中身は何でも構わないのだ。フランスの人々は、映画における遺産を、クラシック音楽における遺産よりも重要な標識と見なすことについて、ある程度までは暗黙裡に了解済みである。コンサートでベートーベンを流すことよりも、ハリウッド映画を輸入することに対して憤りを覚えるのは、そのためである。

より「民衆的」な形の芸術のほうが、外国からの影響に対して敏感であることも多い。伝統的なドイツの市街の中心地に、アメリカのファーストフード・チェーンが出店すれば、否応なく人目を惹くことになる。その店がそこにあることを誰もが知っているだけでなく、その店がそこにあることを誰もが知っているということを誰もが知っている。つまり、その店の存在は、共通の知識である。これほど顕著ではない文化的標識もある。裕福なドイツ人たちが個別に、イタリア人の内装業者を雇い、暖炉の上にフランス絵画を飾ったとすれば、その記号性はより私的で曖昧なものになる。ドイツ人たちは、自国の文化よりも他国の文化のほうが好きであることを公言する必要はない。

国や地域は、自らの奥にある不安定さを暴露するような外国からの影響に対して、否定的な反応を示す。アメリカに取って代わられるまで、世界の文化を先導していたフランスは、この地位を失ったことに憤慨している。カナダ人たちは、カナダにおけるアメリカ文化の偏在や人気ゆえに、アメリカ人との間に差異がないという状態に対して日々恐れを抱いている。アメリカ文化が多くの批評家から手厳しく扱われているのは、アメリカが世界でもっとも裕福かつ強力な国家だからである。

文化的綜合を最大限に遂げた国々は、散々な目に遭いながら、リバタリアン的な姿勢を受け入れてきた。カナダは、理論上は文化保護政策の温床であるものの、実際の歴史においては、外国からの影響にどっぷり浸かりつつ、自国の文化を改変し再発明する素晴らしい能力を発揮してきた。カナダにおける連邦制の理念は、元来、イギリス文化とフランス文化の連合体を、新世界へと移植したものだった。それから百数十年しか経っていないにも関わらず、今日、カナダ人の少なくとも四十パーセントは、イギリス人の血もフランス人の血も引いていない（どのように民族を判定するかにもよるが）。ハンガリー人、インド人、トリニダード人が特に多いのは、トロントである。ウクライナ人やドイツ人は、マニトバやサスカチェワンに定住した。中国人やその他のアジア人たちは、ブリティッシュ・コロンビア州の人口構成において大きな部分を占めている。大都市に限らず、カナダの小さな町や村の多くには、ベトナム料理の店がある。近年では、イヌイットやカナダ・インディアンからの影響も、再び大きな注目を集めるようになった。カナダ人の大半は、アメリカとの国境から百マイル（約百六十キロ）以内の場所に住んでおり、アメリカからの影響をいかんともしがたいほどに受けている。

外部の文化が特定の形をとって現れる際、人々の敵意は、政治によって煽られることが多い。フランス政府は、映画・音楽・建築のいずれについても、エリート主義的なパリ内部の文化を、国内の他の地域に対して押し付けようとした。グローバルな多様性を維持しようとすれば、いくらかは、フランス文化の多様性を制限することになる。アメリカ文化は、地方におけるパリ文化の主導権を脅かすものである。より一般的にいえば、グローバルな連帯が強くなったことで、ヨーロッパのマイノリティの間の政治的分離主義が助長されてきた。世界へのアクセスが自由になれば、周縁部は、中央による政治的・文化的支配から解放されることになる。

英語を母語とするオンタリオ出身のカナダ人たちは、アメリカからの影響によって、連邦内の優位を失うのではないかと戦々恐々としている。ケベック人たちは、フランス語と特殊な民族的遺産によってアメリカから分離されているため、それほどの脅威は感じていない。その一方で、多くのケベック人たちは、フランス語の使用に基づく汎大陸同盟を築き上げたつもりではいても、やはりフランス文化を恐れている。フランス語を母語とするニュー・ブランズウィック州のアカディア人たちは、ケベック人たちを恐れている。カナダの文化保護政策は、対外的な戦いのみならず、国内の政治的駆け引きによっても動かされているのである。

文化が度を越して希薄化すること自体に対する反論もある。こうした意見は、大抵、重要ではあるが身近ではないものに関するさほど個人的でない利害関係よりも、より身近なものについての個人的な利害関係に基づいている。このため、明らかに綜合的な文化製品は、品質に見合った支持を得られないことが多い。こうした希薄化への恐怖に似たものは、個人においても見られる。多くの人は、自分の個人的な業績に対する名声と承認を求める。彼らは「自分の名前において」達成されたことによって有名になりたいと願っている。彼らにとって、「西洋文明に貢献した多くの人々の内の一人」というような抽象的な承認は、あまり望ましいものではない。[12]

G・F・W・ヘーゲルは普遍主義的な観点から、「個々の国民精神は、他国の原理と併合することによって、充分に発揮される」と述べた。この過程は、世界市民主義者にとっては喜ばしいものかもしれないし、選択の自由にとってもプラスになるが、幅広い賞賛を得られるような状況は稀有だろう。[13]

たとえ世界市民主義者であっても、突き詰めて考えてみれば、文化の希薄化という問題には何か本質的に厄介なものが潜んでいると感じずにはいられないだろう。オクタヴィア・バトラーの小説には、異文化間交易の提案者たちを踏みとどまらせるような、恐ろしい光景が描かれている。

バトラーの人気SF小説『ゼノジェネシス』三部作には、オアンカリという架空の宇宙人種が登場する。彼らは、自分たちの遺伝物質を、違う星の種族のものと混合する。作中、オアンカリは「商人」という適切な名前で何度も呼ばれる。物語の中心は、人類と混ざり合い、新たな混合種を地球上に創り出すというオアンカリの計画である。旧人類たちは戦争によってほぼ絶滅しているが、生き残った人々は、自分たちのアイデンティティや、生まれてくる混血の子供たちのアイデンティティに対する懸念から、この計画に強く抵抗している。

オアンカリの計画は、作中の人類のみならず、読者にとっても不快に感じられる。けれども宇宙人たちは、様々な欠点はあるものの、人類と同じように倫理的で高貴な存在として描かれる。綜合を通じて生まれる新たな混血種は、今の人類にはない多くの力を備え、いくつもの弱点を克服している。この計画についてじっくり考えてみると、人類を生んだのは過去からの多種多様な遺伝物質であると気が付き、不安になる。オアンカリの計画に対して、こうした不安な気持ちを抱いてしまうのは、私たちが、現在の人類のアイデンティティに対して本質的な重要性を付与しているからであり、そのアイデンティティを喪失することを恐れているからである。たとえ大きな利益が得られるとしても、あらゆる境界を越えて文化が希薄化することに対して、心から是を唱える人は少ないだろう。有益な進展が見込まれるにも関わらず、ヒト遺伝子工学に対する批判があることも、同様の懸念の表れである。

4……どのような結論が導かれるか

ある文化に属する人々が、外部からの侵略の内、あるものに対しては反対なのに、別のものに対しては無頓着なのは何故なのか。これについては、いくつもの理由が考えられる。両者の区別には、完全に論理的な根拠もなければ、単純な規則もない。多くの区別は、プライドを根拠としているように見える。しかし人々が、綜合的な製品の内、あるものにはプライドを持つのに別のものには持たないのは何故か、その理由は不明確なままである。かくして私たちは、グローバリゼーションを批判する人たちの多くが、特定の文化アジェンダに対して焦点を合わせるばかりで、多様性という概念についてしっかりとした意見を述べることもなければ、文化的な選択について真剣に心配することもない、という見解に戻りついてしまう。

異文化間交易では、互いの価値観や優先事項が衝突する。こうした問題は、科学的には解決困難である。私も、地理上の地域を越えた市場の拡張については基本的に賛成であるが、その結果として生じる価値観の衝突が解決困難であることは否定しない。

私たちは基本理念として、さらには政策の実務指針として、世界市民主義《コスモポリタニズム》的な多文化主義の採用を慎重に検討すべきである。最良の芸術は、私たちの世界観を一新し、すぐ目の前にある日常的な心配事から離れて、美的陶酔に耽る助けとなる。世界市民主義は、これらの目的が、政策の具体項目や国境、地域的な共感、部族への忠義心よりも上位にあることを示している。
　等閑視されてきた著書『ナショナリズムと文化』（一九三七）において、ルドルフ・ロッカー〔ドイツにおけるアナルコ・サンディカリスト運動の中心的人物〕は、文化とは自由な個人の自由意志による交換から生まれる綜合的・世界市民主義的な所産である、と論じた。この見方によれば、自由が創造性を後押しするのに対して、文化ナショナリズムは政府による窮屈な管理へとつながる。ロッカーは政府の失敗についてさらなる極論を述べており、その意見には賛同できない点もあるのだが、とはいえ文化的イノベーションの大半は、彼の言うとおり、ほとんどの人が気付いているよりもはるかに綜合的である。さらに、世界の映画市場におけるハリウッドの存在や、インドの手織物が近代に迎えた末路など、異文化間交易の否定へとつながる事例には、巷間言われているよりもプラス面が多いことは、本書でこれまで論じてきたとおりだ。
　倫理的な理想としての世界市民主義には、古代ローマのストア派からデイヴィッド・ホリンガー、ジェレミー・ウォルドロンといった現代の著述家たちへとつながる、長く壮大な哲学的伝統がある。エリック・サティは「芸術は国を持たない」と喝破した。ディオゲネスは「私は世界の市民である」と堂々と語った。さらに最近では、ポール・サイモンが「音楽を国境で遮ることはできない」と宣言した。これらの簡潔な意見表明は、分析を欠いてはいるものの、基本的には正しいように聞こえる。[14]
　言論の自由という原則には、異文化間交易を阻んではならない、という示唆も含まれている。

知識人の大半は、自由な言論に対して強いこだわりを持っている。国家当局が本や映画に対する検閲を実施しようとすれば、彼らは猛反発するだろう。ところが彼らは、外国政府によるアメリカ映画の輸入規制（例：韓国）や安価なアメリカ版書籍の輸入規制（例：オーストラリア）については問題視せず、容認するのである。言論の自由を絶対に守るべきものと考えるか否かにかかわらず、説明責任を問われるのは、言論の自由を守ろうとする側ではなく、言論の自由を侵犯しようとする側だと思われる。

こうした「言論の自由による世界市民主義」を採用すれば、少なくとも三種類の価値観が、内外で衝突することは避けられない。それはすなわち、「多様性のパラドックス」、多くの人々が特定の文化アイデンティティの標識に対して持っている強烈な好み、そして、文化的な差異と区別に対する共通の欲望、である。順番に検証してみよう。

多様性のパラドックスは、エートスと文化喪失の悲劇を扱った第3章で論じたように、直観に反する可能性を示していた。端的にいえば、多様性という価値観の受容を拒む社会があったほうが、世界全体の多様性は向上する。そのような社会は、文化の外部にいるという地位を生かして、きわめて独自の創作物を生み出すからだ。

多様性のパラドックスは、すべての社会変化について問題となるわけではない、と考えることもできるだろう（富や技術の現れ方によっては、多様性が一律に向上する場合もある。第2章参照）。だが、このパラドックスが生じる場合には、異文化交流が増加するほど、世界全体の選択肢は減る。

このような批判を乗り越えようとするならば、世界市民主義は、「貧しい社会は多様性の奴隷として奉仕することを要求されるべきではない」という価値判断を伴う必要がある。

留意すべきは、発展の遅れた貧しい社会へと貿易が広がると、それらの社会の内部においては多様性が向上することが多い、という点である。個人の選択肢は過去よりも増えるし、そうした選択が可能であるということは、個人のレベルでは喜ばしいことである。この点について確かめたければ、メキシコにあるウォルマートに立ち寄ってみればよい。多様性の喪失を感じる人が現れることは、その国が貧しくないことの証左である。パプア・ニューギニアにショッピング・モールが出来れば、パプア人の選択肢は増加するだろう。だが、社会のエートスが変化することによって、パプア彫刻の背後にある霊感が弱まるとしたら、パプア彫刻を収集しているアメリカ人にとっては、選択肢が減ることになる。

貧しい社会は多様性の奴隷となるべきである、という前提を拒むのであれば、この程度の代償は、総合的には好ましいものとして捉えられることになるだろう。パプア人たちは選択の多様性を獲得し、西洋のコレクターや美術館を訪問する人たちは選択の多様性を失う。パプア人の得るものがアメリカ人の失うものよりも「大きく」「重要である」と考える限り、貿易を擁護すべき理由はなくならない。このような価値判断に訴えかけることで、世界市民主義は、無傷ではいられないにせよ、多様性のパラドックスに負けずに生き残ることができる。

このような文脈で、（客観的な多様性ではなく）実際に有効な多様性というものに焦点を当ててみると、世界市民主義はかなり分が良いように思われる。一四五〇年において世界がどれほど多様なものだったとしても、その多様性を認識したり享受したりできた人はほとんどいなかった。世界がどれほど多様なのかを知る者などいなかったし、仮に知っていたところで、気にかける人がいたかどうかも分からない。一方、これまで述べてきたように、今日では多くの人たちが世界の多様性を意識し、生活の様々な領域を豊かにするために利用している。ある程度の多様性が削られたところで、現代に生きている私たちは、過去の時代に比べれば、世界の多様性をかなり高いレベルで享受することができる。

異文化間交易と衝突するであろう第二の価値観は、より心理的な性質のものである。文化アイデンティティの特定の指標を守ろうとしている人たちにとって、変化という事実は、それだけで深刻な失望をもたらす。

この点において異文化間交易は、よく言われるほど悪いものではない。本章でのこれまでの議論が示すように、国や地域、部族のアイデンティティの標識は、かなりの程度まで調整可能である。標識の必要性を否定するつもりはない（文化アイデンティティは私たちの生活において重要な部分を占めている）が、アイデンティティの標識は他にも存在し得るのに、過去から受け継いできた標識ばかりに規範力を持たせる理由は不確かである。異文化間交易を通じて過去の標識が新しい標識へと入れ替わるかもしれないが、アイデンティティの標識というのは時間が経てばいずれにせよ変化するものであり、完全に合理的な手段によってコントロールできるものではない。

このような態度は、多くの人が古い標識を（おそらく熱烈に）好いている、という事実を無視するものではない。人の好みというものの実体に反するような立場をとらざるを得ない、という点においては、世界市民主義は問題含みとなる。

とはいえ、そもそもなぜ文化衝突が生じるのかといえば、人々が文化的標識を移行させたり、新たな文化的標識を創り出したり、より幅広い新たな共同体において文化的標識を共有したりすることを望むからである。現代のアイルランド人の大半は、ゲール語よりも英語――シェイクスピアとジョイスの言語――で話すほうが好きである。タイの女子高生は、マドンナという文化的標識を海外の仲間たちと共有したがっている。あるフランス人はこう言った、「私にとってアメリカはいまだに魅力的なのです……メルロ＝ポンティの思想の価値を十分に理解したところで、明日になれば、ユーロ・ディズニーランドに出かけるでしょう」[15]

したがって、人の好みを尊重したからといって、必ずしも古い文化的標識に固執したり、それを贔屓したりすることにはならない。好みというのは時間が経てば変化するし、十人十色である。新しい標識が古いものよりも好ましいかどうかを決める、簡単な測定基準が存在するわけでもない。世代による違いもあり、若い人たちは好みを変えやすく、年配の人たちは変化に抗う。言論の自由という理念に依拠するならば、世界市民主義的な観点が是とされるだろう。だが、競合する美的主張のどれが良いかを決められるような共通の枠組みなど存在しない。[16]

経済が発展すると異質化と均質化が同時に生じる、ということも周知のとおりである。経済が発展すれば市場規模が拡大し、大抵は選択肢が増える。したがって、文化的標識の選択肢の数も、総体としては減ることより増えることのほうが多い。新しい指標は古い指標よりも良い、などと論じることは難しいが、だからといって古い指標のほうが良いとも限らない。

したがって、文化的標識の問題については、異文化間交易を通じて勝敗がつくことはない。異文化間交易がもたらすものは、進歩とも犠牲とも言い切れない。だが、全体としてはちゃんと選択肢が増えるし、言論の自由という推定も、異文化間交易にとっては追い風となる。

異文化間交易と衝突する可能性のある第三の価値観は、差異と区別への欲求である。これについても、同様の議論が成立しうる。貿易が賛否両論を引き起こすのは、世界を基準とした場合、一つの国がどの程度の同一性と差異を持つべきなのかについて、市民の間でも意見の一致が見られないからである。より一層の差異と区別を自分の社会に求める人もいれば、もっと広いグローバルな共同体との共通項を持ちたいと考える人もいる。ここでもやはり、異文化間交易はどっちつかずの結論しか引き出さない。グローバリゼーションが必要としているのは、このような引き分け状態かもしれない。

評価を下す際に重視すべきは、主観的基準と客観的基準のどちらなのか、という問題も未解決のままである。入手可能な商品とサービスの客観的なリストという点では、個々の社会の間の違いは狭まりつつある。これは、複数の社会の間で、同じ多様性が共有されていることを意味する。

しかし、人間の幸福は、差異というものを主観的にどう捉えるかによっても左右される。カナダ人にとってアメリカ人との差異を感じることは難しくない。ところが、他の国々からしてみたら、アメリカとカナダは別々の国とは思えないほどそっくりに見える。旅行中、アメリカ人と間違えられないように、バックパックにカナダ国旗を貼っているカナダ人も多い。オーストラリアとニュージーランド、ドイツとスイスについても、同じようなことが言えるだろう。どの場合でも、客観的な類似性が高まると同時に、主観的には（残された相違を強調しているだけにせよ）ますます大きな差異が実感されるようになる。十六世紀のスイス人は、確かに、自分たちはドイツ人とは違うと感じていただろう。だが、交通や通信のコストが高く、接触の機会が少なかった当時、こうした感覚は今ほど積極的なものではなかったはずだ。国境を越えることが当たり前になり、さまざまな異文化接触も増えた今日では、主観的に差異を感じることも増えている。

　同一性よりも差異を選ぶ場合には、主観的な差異と客観的な差異のどちらを重視すべきなのか。人々が他人とは違うと感じる度合を最大化しようと考えるなら、まさに異文化間交易こそが最良の手段である。たとえば、移民の受入数が激増すれば、こうした実感は急速に高まるだろう。これは、格安旅行と同じ効果だ。

　もちろん、異文化との違いを感じる楽しさは、アイスクリームを食べる楽しさとは別物である。違和感は、快楽の本質的な源泉にはならない。「差異」をめぐる話においては、差異そのものというよりは、さらに深い部分で行われている文化的価値の選択が問題になっている可能性が高い。

人はそれぞれ数種類のアイデンティティ（出身地への深い愛着など）を持っており、そこから差異が生まれるわけだが、ここでは差異そのものについての価値判断が行われるわけではない。たとえば、多くのフランス人はアメリカ風のライフスタイルを毛嫌いしている。だが、もしもアメリカ人たちがフランス文化の良い部分を取り入れ、アメリカ人のほうからフランス人へと近づいてくるのであれば、両者の差異が縮まったとしても喜んで受け入れるだろう。つまり、彼らが問題にしているのは、差異そのものではないのだ。同じように、外交や金融取引における共通語としてフランス語が採用されたとしたら、彼らは大いに喜ぶはずだ。

　つまるところ、それぞれの社会の間の差異は、大抵の場合、特定の文化的標識に対する好みが存在するからこそ、価値を認められているに過ぎないのである。既に見てきたように、この問題に関しては、少なくとも異文化間交易を通じて勝敗が決まることはない。[17]

　ここで、世界市民主義的な多文化主義にとってはさらに厄介な真理が現れる。これまで繰り返し見てきたように、社会の内部の多様性は、貿易によって支えられている。しかし、文化の創り手たち全員が完璧な世界市民主義者になってしまえば、このようなことは不可能だ。世界市民主義的な姿勢を貫徹すれば、「多様性」と「選択の自由」という世界市民主義的な目標は覆されてしまうだろう。同じように、株式市場は相対的な有効性にしたがって動いているが、これは多くの投資家――おそらく大半の投資家――が株式市場の効率の悪さを認識し、好機を逃すまいとして時間を費やしているからに過ぎない、ということが言える。

これらのパラドックスを踏まえると、世界市民主義には二つの選択肢がある。第一の選択肢は、普遍的な世界市民主義の信奉こそが望ましいと訴え、その結果として生まれる文化の受容を試みることである。この選択が正しいかどうかは、結果を見てから判断することになるだろう。

もう一つの選択肢は、ひそかな文化批判としての世界市民主義、という道である。この世界市民主義は、大規模な自主改革案を提示することなしに、政治と文化の発展について評価するための枠組となる。個々人の姿勢に関していえば、もう少し世界市民主義的なほうが望ましいのかもしれないが、行き過ぎはよくない。この手の世界市民主義は、文化の領域においては世界市民主義に反する信念が不可避である（かつ望ましい）ことを認めつつも、そのような信念こそが、過剰な文化隔離と保護主義の源であると考える。

このような中途半端な姿勢ではなく、文化の領域においては創造性を高めることを目指し、政治の領域においては自由を高めることを目指したい、と考える世界市民主義者も存在する。たとえば、リバタリアンの多くが唱道するのは、一人ひとりが自らの文化アイデンティティを猛烈に高く評価しつつも、自らの考えを他人に対しては強制せず、大きな市場で文化の競合が起きた場合には、それらのアイデンティティの保護を求めることもない、という世界である。

こうした考え方は、魅力的な理想を描いてはいるものの、肝心な論点を回避している。彼らの語る世界は、望ましいものかもしれない。だとしても、現実の多様な世界においては、このようなどっちつかずの考え方が成立しえないことも多い。このような考え方を大規模に取り入れたり支持したりすることができる文化は、ゼロではないにせよ限られている。きわめて特殊な西洋社会の一部だけが、「強制」と「自主的相互作用」という二つの領域の間にはっきりと線を引くことができる。アメリカの場合でさえ、そんなことが可能なのは、ごく少数のリバタリアンたちだけである。そのような考え方を普遍化することはできないし、多様な世界においては、必ずしも広くいきわたるとは限らない。リバタリアンたちはいつも「タダより高いものはない」と言っている。だが、文化アイデンティティを保護はしないが重視はする、という考え方は、要するに、美味しいところをタダで欲しがるようなものである。

このような考え方が多様な世界においては問題含みである以上、その結果として現れる世界市民主義も、奇妙な性質を帯びることになる。この世界市民主義は、一つの態度や願望であり、実現の可能性には一歩及ばない。特殊なものに対する非理性的な憧れと、そこから生じる美的な利益は称賛されるが、その一方で、そのような憧れは現実味のない机上の空論としか見なされない。ヘーゲルは自らの生きた時代を解き明かそうと試みたが、それと同様に、この世界市民主義は、現代文化の発展に対するメタ視点を与えてくれる。だが、ヘーゲルの場合とは異なり、現代という時代を生きる者にとっては、真実が何もかも明らかになることなどあり得ない。私たちの文化が数多くの感動的な成功をおさめてきた裏には、世界市民主義が存在していた。しかし、その事実があえて明らかにされることはないのだ。

▼15　Kuisel (1993, p.230).

▼16　経済学における費用便益分析の基準は、ここではあまり役に立たない。規範的経済学のモデルでは、個々の好みに基づいて方針を判断するが、この好みは通常、一定不変のものとして扱われる。ここで問題となっているのは、文化が発展した場合に、どのような好みが助長されるのかという点である。さらに、経済学のモデルでは、変化のために快く金を払うことは、変化しないために快く金を支払われることにほぼ等しいと考えられている。自分たちの文化を守りたくても資金が不足している、ということはあるかもしれない。だが、いくら金を積まれたとしても自分の文化を手放すつもりはない、ということもあるだろう。

▼17　市場の多文化状態によってもたらされる多様性が、民族を断片化し政治を不安定にするかどうかという問題は、本書の射程を超えている。サミュエル・ハンチントンは『文明の衝突（*The Clash of Civilizations*）』（1996）において、異質な文化の間には闘争が起こることが予期されると述べた。ベンジャミン・バーバーは『ジハード対マックワールド（*Jihad vs. McWorld*）』（1995）において同様の危惧を表明した。少なくとも表面的には、グローバリゼーションによって政治的混沌が拡大される理由はない。グローバリゼーションは、完全に異質な社会の数を制限することで、文化がお互いに理解する助けとなりうる。さらに、均質化と異質化が補完的に進行すれば、断片化は制限されうる。グローバリゼーションの均質化作用によって、文化の間には共通の参照点が与えられると共に、それぞれの文化の内部では多様化が進行しうる。最後に、経済が自由な社会は、多様性や民族摩擦をめぐるトラブルが比較的少ないことが実証的に示されている（Sadowski,1998, p.117）。この点において、文化における自由貿易は安定性を害するよりも助長することになるだろう。

▼5　『グレイスランド』に対する否定的意見の例としては、Louise Meintjes (1990) を参照。サイモンに対する抗議の 1 つは暴力的なものだった。サイモンの 1990 年（文化ボイコットが解除された後）の南アフリカツアー前夜、急進的反アパルトヘイト団体の 1 つがプロモーターと音響会社の事務所を爆破したのである。

▼6　マイノリティの文化的権利についての 1 つの意見としては Kymlicka (1995) を参照。

▼7　Crisp (1993, p.187) に引用。ロシアのサイレント映画の監督については Crisp (1993, pp.167-68) を参照。

▼8　戦後フランスの映画政策の基礎がヴィシー政権期に築かれたものであるという点については Williams (1992, pp.272-77, chap.10) および Crisp (1993, pp.64-65) を参照。

▼9　Noam (1991, p.23).

▼10　ムバカンガの起源については Bergman (1985, chap.7) を参照。ムバカンガに対する反対意見としては Anderson (1981, pp.26-27) および Stapledon and May (1987, p.25) を参照。南アフリカ音楽の黎明期については Anderson (1981, p.23) を参照。南アフリカ音楽の起源については Ballantine (1993) も参照。

▼11　引用は Komatsu (1997, p.178) より。J. Anderson (1992) も参照。

▼12　文化が薄まることへの反論は、進化生物学に基づいているのかもしれない。大半の人たちは直観的に、世界に対する自らの影響力は自分の子供を通じて生み出され、世代を経るごとに弱まるものだと感じている。子供には自分の遺伝子の 2 分の 1、孫には 4 分の 1、ひ孫には 8 分の 1……が受け継がれていく。子孫たちが充分な数の子供を産んでいれば、親の遺伝子による影響力の総体は大きなものになるだろう。とはいえ、合理的かどうかはともかく、伝達された遺伝物質の総量が同じであっても、多くの人にとっては 4 人のひ孫よりも 1 人の子供のほうが近しく感じられる。とにかく、自分の遺伝子を受け継いでいることが分かりやすいのは、自分に近い子孫なのである。

▼13　Hegel (1975 [1837], pp.56, 60) を参照。

▼14　サティの言葉の引用は Richards (1996b, p.63) より。Diogenes Laertius (1965, p.65) も参照。サイモンについては Humphries (1989, p.143) を参照。

く（効率的であることは明らかだ）、美学と経済学の利害が一致するのか相反するのかという点である。

▼14　客の数については McDowell (1998) を参照。

▼15　Tocqueville (1969 [1835], p.466) は次のように述べている。「貴族社会における職人は、極めて要求の高い、限られた数の顧客のために仕事をする。そのため、完璧な職人技こそが、利益を生むことになる」。同書 p.166 も参照。「民主主義の場合は顧客の構成が複雑で、まったくバラバラな複数の目的が同時に意識されねばならない。そのため、何か1つに秀でることは出来ず、中途半端な考え方で安易に満足してしまう」。

▼16　異文化交易は、伝統的な身分関係を壊すことで、より多くの商品に対する集約的モニタリングの拡張を助ける。ピエール・ブルデューは、区別（ディスタンクシオン）に対する欲望がいかにして文化の消費を駆り立てるかという点を強調している（Bourdieu, 1986）。こうしたメカニズムは、文化交換を通じて、多様性に資するようになる。これとは対照的に、貴族社会では流動性がないため、社会的地位の指標になるような商品はそれほど多くなく、エリート層によって念入りに配慮されることになる。このパターンは、国際貿易を通じて新しい文化商品を入手できる人の数が増えたり、エリート層の関心が新しいものへと逸れたりすることによって崩される。こうなれば社会集団の再編が生じ、身分争いが勃発するだろう。また、獲得可能な区別の数が増え、種類も多様になることで、より多様な新しい商品群への関心が生まれるだろう。

▼17　最も大衆的な製品群であるローカルチャーに対して、私がハイカルチャーと定義するものは、批評家たちから最大の賛辞を受ける製品である。この区別についてのさらなる議論と、この話題についての膨大な文献については Cowen (1998) を参照。

第６章　国民文化は重要か

▼1　Durkheim (1964 [1893], p.136) を参照。

▼2　たとえば Chaudhuri (1978, pp.237, 277) および Guy (1998, p.10) を参照。

▼3　インド製モスリンの衰退については Farnie (1979, p.99) を参照。

▼4　Cohn (1989, p.343) および Haslam (1991, pp.11, 13, 56, 62-63, 104) を参照。

場において力を持つことになり、それによって、限界生産費を超える市場価値を有するようなさらなる品質向上が実現されるだろう。趣味が洗練されることで質が向上するとしたら、それは文化の質を向上させるだけでなく、経済効率という点で福利の向上にもつながる。

▼8 『ザガット・サーベイ』についてはHarmon (1998) を参照。

▼9 アフリカ系アメリカ人のような一部のマイノリティが持つ文化的バイタリティについての好意的解釈は、こうしたマイノリティに属する芸術家たちは既存の権力との関係がそもそも希薄で、メインストリームの職業に就く機会も少ないため、リスクを恐れない傾向がある、という点に焦点を当てたものである。

▼10 Stipp (1993) およびChristenson and Roberts (1998, pp.15-16) を参照。

▼11 もちろん、絵画を購入したり、『ミシュラン』に掲載されたレストランで食事をしたりする人たちが必ずしも裕福であるとは限らない。これらの消費者の中には、ただ単に文化や食事に大きな価値を置いているからお金を使うのだという人もいる。同様に、大衆食堂で食事をとる人たちが必ずしも貧乏であるとは限らない。理由は何であれ、お金があっても食事には気を遣わない人もいる。こうした事例において、グローバリゼーションの恩恵を受けるのは、富ではなく高級芸術への愛である。絵画を購入する人はそれほど豊かでなくてもグローバル文化の恩恵を受けることになるが、大衆食堂で食事をする人は裕福であってもグローバル文化の恩恵を受けない。

▼12 ノー・ロゴ運動についてはナオミ・クラインの近著Naomi Klein (2000) を参照。

▼13 Levenstein (1993) を参照。ブランドネームの均質化作用は、外食産業にとどまらず様々な場面で見られる。たとえば、マンハッタンには多くの観光客が訪れる。そのため、五番街のようなマンハッタンの目抜き通りは、特に住人以外の不特定多数をターゲットとした宣伝に利用されている。米国内あるいは国際的に展開するチェーン店の多くが、宣伝を目的として、ニューヨークの目立つ場所に出店している。十分な数の客に対してブランドネームを宣伝することさえできれば、店舗そのものが黒字にならなくても構わない。マンハッタンという土地は、ますます広告板としての役割を果たすようになっており、新たな文化の育つ場所ではなくなりつつある。問題は、こうした実践が効率的なのかどうかではな

しない場合には、製品の再現性は、いろいろなものの作り手たちが生計を得るための手助けとなるだろう。いずれにしてもスーパースター論は、グローバリゼーションや異文化交易の問題とは別個のものである。

▼3　Iyer (1989, pp.248-49) を参照。

▼4　「粗放的（extensive）」「集約的（intensive）」という用語についてはアンディー・ルッテンに負うところが大きい。

▼5　SP盤からLP盤へ、さらにCDへという移行を通じて、一部の音楽消費は集約性が低下した。SP盤の不便さには有難い面もあった。SP盤という技術は、扱いづらい上に収録時間が短かった（片面につき約3分）ため、何かをしながらレコードを聴くことは難しかった。この不便な技術のおかげで、聴き手は注意深く音楽を鑑賞するようになり、注意深い鑑賞に堪えうる音楽が作られるようになった。今日では多くの聴き手が79分収録のCDを大音量で流しながら、家中をあちこち掃除したりする。かくして音楽の楽しみ方は以前よりも手軽なものになり、以前よりも手軽な音楽が作られるのである。

▼6　スタファン・リンダーは「ますます追い立てられる」有閑階級について述べている (Linder, 1970)。リンダーが着目したのは、経済成長によって市場にある商品の数が増える一方で、1日当たりの時間は決まっているという点である。リンダーによると、有閑階級の消費者は、実行可能な量をはるかに超えた活動を抱えており、根本的に追い立てられている。リンダーは市場経済を高血圧や交通渋滞、クリスマスの買い物ラッシュのようなものと見ており、全ての原因は経済成長にあると考えている。リンダーの示した心理的抑圧への懸念とは対照的に、私は、製品の質をモニタリングするという個人の決定に対して多様性がどのように影響するのかという点に注目する。

▼7　市場の失敗という議論が成り立つためには、「優れた商品がある場合は、消費者の好みは優れた商品へと向かう」ということが前提となる。「好みの質が低い」消費者でさえも、自分の好きなものについては質の優劣を判別することができる。たとえば、レンブラントやプルーストの代わりにメロドラマを観たいと思う人たちも、出来の悪いメロドラマよりは出来の良いメロドラマを好むだろう。したがって、この議論はパターナリズム的なものではない。さらに、市場の失敗が起こりうるには、市場の供給側に関するいくつかの仮定条件が必要である。クリエイターは市

ついては Negrine and Papathanassopoulos (1990, p.160), Dunnett (1990, pp.41, 194-95), Allen (1996, p.123), Berwanger (1995, pp.316-17) を参照。

▼32　ラテン市場については Navarro (2000) を参照。

▼33　Fore (1997, p.250) を参照。

▼34　シネプレックス・オデオンについては Gomery (1992, p.105) を参照。ハーレクインの歴史については Twitchell (1992, pp.92-93) を参照。ハーレクインのカナダ的な性質については Audley (1983, pp.101,107) を参照。

▼35　Dale (1997, p.243) を参照。

▼36　最近のフランス映画の成功については A. James (2001) を参照。

▼37　Muscio (2000, p.127) を参照。

▼38　Dale (1997, p.123) を参照。

▼39　Crisp (1993, p.12), Andrew (1983, p.57), Hayes (1930, pp.194-95), Sklar (1975, p.222) を参照。割当量によってアメリカ映画の市場占有率は 8 分の 7 に制限されたが、実際の占有率がここまで上昇したことはない。Gomery (1985, p.31) の議論によると、フランスの割当量は流動的かつ複雑な方法で施行され、アメリカ映画の輸出にも影響を与えたが、その影響は小さなもので、ハリウッド映画の輸出を 15 パーセントしか制限しなかった。

▼40　黎明期のフランス映画の優位については Abel (1999), Pearson (1997, p.23), Roud (1993, p.7), Armes (1985, pp.19-23), Abel (1984, p.6; 1994) を参照。政府支援への嘆願については Puttnam (1998, p.41) を参照。

第５章　衆愚化と最小公分母

▼1　Clausen (1981, p.129) を参照。

▼2　Frank and Cook (1995) によって近年よく知られるようになった「スーパースター」論は、最小公分母論と結びつけられることもある。この説によれば、すべての消費者が市場の人気商品にばかり群がり、多様性が低下してしまうのは、製品の再現性が原因である。たとえば、マドンナの曲が CD に収録されれば、地方のクラブ歌手の市場は干上がってしまうかもしれない、というわけである。この論については、拙著 *What Price Fame* (Cowen, 2000) の第五章で詳しく考察し、製品の再現性は、通常、市場内での最高レベルおよび平均的レベルの演奏者に対する興味を刺激する、という結論を導き出した。消費者が最良のものに満足

当量や特許問題、大不況など）が影響を及ぼしていた（Crafton, 1997, chap.17; Thompson, 1985, pp.164-65）。

▼18　音響システムが英語圏の輸出部門の後押しをしたことについては、たとえば Puttnam (1998, p.113) を参照。

▼19　Ilott (1996, pp.14, 28).

▼20　ボンベイ映画の優位については Chakravarty (1993, p.44), Gokulsing and Dissanayake (1998, p.123), Lent (1990, p.231) を参照。

▼21　Crisp (1993, p.12), Andrew (1983, p.57), Hayes (1930, pp.194-95), Sklar (1975, p.222) を参照。割当量によってアメリカ映画の市場占有率は 8 分の 7 に制限されたが、実際の占有率がここまで上昇したことはない。1925 年については Magder (1993, p.21) および Costigliola (1984, p.176) を参照。ドイツとイタリアでのファシズムの隆盛や、それに伴う外国製画の制限を考慮すると、もっとも分かりやすい比較領域を提供してくれるのはフランス市場である。

▼22　Armes (1987, p.63), Dibbets (1997, p.219), Schnitman (1984, p.15), Teo (1997, pp.6-7) を参照。

▼23　これらの点については Barnouw and Krishnaswamy (1963, p.39), Sklar (1975, p.226), Backaran (1981, p.99), Armes (1987, p.62) を参照。エジプトのミュージカルについては Khan (1969, pp.23-30) を参照。

▼24　Gardel については John King (1990, p.37) および Schnitman (1984, p.54) を参照。

▼25　クラスタリングは、各地域に異なる経済的・社会的特色を与えることによって、地域ごとに異なるエートスを守ることも多いという点に注意。

▼26　以上の分析は Ilott (1996) を参考にしている。

▼27　雪玉効果の作用については Krugman (1979, 1980) を参照。

▼28　もちろん、ある国においてアメリカ映画が大量に公開されたからといって、必ずしも観客動員数が伸びるとは限らない。その一例が 1950 年代のドイツであるが（Garncarz 1994, p.101）、これは例外的なケースである。こうしたハリウッド優位についての説明に対するその他の批判については Noam (1991, pp.12-20) を参照。

▼29　Noam (1991, p.20)

▼30　Micklethwait and Woolridge (2000, p.194).

▼31　アメリカのテレビ番組の輸出が映画に比べて成功していないことに

第４章　なぜハリウッドが世界を牛耳るのか、それはいけないことなのか

▼1　文化のクラスター化現象一般については Kroeber (1969) を参照。Porter (1990) および Hall (1998) では、さらに近代的な議論がされている。この現象について最初に言及したのは古代ローマの著述家 Velleius Paterculus (1967 [A.D.30]) である。

▼2　ヨーロッパにおけるアメリカ映画の収入については Puttnam (1998, p.266) を参照。

▼3　西ヨーロッパについては Ilott (1996, p.14) を参照。

▼4　広がりつつある両者の差については Dale (1997, p.119) を参照。

▼5　Ilott (1996, p.27) および Dale (1997, p.31) を参照。

▼6　Segrave (1997, p.270) および Pells (1997, p.275) を参照。

▼7　Kaes (1997, p.614), Dunnett (1990, p.43), Noam (1991, p.59), Dissanayake (1998, p.16) を参照。

▼8　アメリカ映画が衰退した時期については Rifkin (2000, p.25) を参照。1955 年の統計については Caves (2000, p.94) を参照。

▼9　Ilott (1996, pp.10, 27, passim).

▼10　ヨーロッパのテレビ規制の詳細については Grantham (2000, chap.4), Dale (1997, p.119), Noam (1991, pp.107-112) を参照。

▼11　1970 年の研究については French Ministry of Culture (1970, p.45) を参照。こうした補助金のより概括的な見取り図については Wangermee (1991)　および "International Film Finance" (http://forth.stir.ac.uk/~fmzpl1/France.html) を参照。ドイツの補助金の詳細については Kolmel (1985) を参照。

▼12　Dale (1997, p.123) を参照。

▼13　映画学校については Dale (1997, pp.206-7) を参照。監督の年齢については Micklethwait and Wooldridge (2000, p.199) および Dale (1997, p.161) を参照。

▼14　香港映画については Bordwell (2000, pp.1, 34, passim) を参照。

▼15　Bordwell (2000, p.1) を参照。

▼16　Segrave (1997, p.74; Usabel 1982, pp.80-82).

▼17　Crafton (1997, p.422). 特定の分野や時代では市場におけるアメリカのシェアが低下したこともあったが、その際には他の出来事（輸出割

と毛皮貿易が低調になり、天然痘によって多くの村々が壊滅状態に追い込まれ、ライフルのせいで部族間で血なまぐさい闘争が起き、カナダ政府がインディアン文化の要素の数多くを違法化したことで、トーテムポールの伝統が途切れた。

▼11　Stone-Miller (1992, pp.51-60, 185-86, 193-96, 201) を参照。

▼12　Chang and Chen (1998, pp.19-25) を参照。

▼13　アヤラ一家やマックス・カーロウなどの関係者との対話は、私にとって大きな助けになっている。Amith (1995) も参照。計画中の次の著作では、グローバリゼーションの事例研究として、アヤラ一家とサン・アグスティン・オアパンのみを扱うつもりである。

▼14　初期の旅行批判については Warneke (1995) を参照。カリブ海については Krotz (1996, p.11) を参照。

▼15　Canclíni (1993) を参照。

▼16　インドにおける外国の影響については Singhal (1969) を参照。インドの彫刻に対するギリシャの影響については P. Chandra (1981, p.37) を参照。ローマとの関係については Warmington (1974) を参照。

▼17　Withey (1987, p.266) を参照。

▼18　この点については *A New Oceania* (1993) を参照。

▼19　印刷機をめぐる予言については Newcomb (1996, p.107) を参照。進化生物学の論理が示しているのは、対立する多様性概念の間で成立する別のトレードオフ関係である。ひとつの集団が孤立した小地域に分かれている場合には、ひとつにまとまっている場合よりも急速に、異なる新種への発展を遂げることが多い。これは、大きな集団と定期的に交じり合うことがないからに他ならない。比較的小さな集団における急進的かつ有益な変化は、より大きな集団との接触を通じて薄まることがない限り、持続する場合が多い。他方、地域の規模が大きくなれば、変化は小さくなる。これは、初めに対処しなければならない多様性が大きい上に、実験のための遺伝子プールの規模も大きいためである。この所見についてはロビン・ハンソンに負うところが大きい。

▼20　このテーマについては Cowen (1998) を参照。

▼44　Blomberg (1988, p.5) および Haberland (1986, p.115) を参照。
▼45　撚糸については Brody (1976) を参照。アイダズラー織については Lindig (1993, pp.111-13) および Rodee (1981, p.5) を参照。
▼46　Lindig (1993, pp.111-13) および Kahlenberg and Berlant (1972, p.25) を参照。
▼47　東洋の影響については Haberland (1986, p.119) および Kaufman and Selser (1985, p.72) を参照。

第３章　エートスと文化喪失の悲劇

▼1　Orvell (1995, p.147), Shenk (1997, p.110), Waters (1995, p.70) を参照。
▼2　Taine (1980 [1865], p.95) を参照。Mannheim (1952) のエートス論では、「世界観（Weltanschauung）」についてのドイツ的な考え方が強調されている。科学界におけるエートスについては Crane (1972) を参照。テーヌの理論の背景については Munro (n.d., 特に chap. 8) を参照。
▼3　アテネの人口については Sinclair (1988, p.9) を参照。
▼4　Cowen (1998) を参照。
▼5　美術学校の数については Robert Hughes (1991, p.401) を参照。
▼6　Parles (1998, p.40).
▼7　Rodman (1961, p.105).
▼8　ハワイアン・キルトについては Wild (1987) を参照。ギターについては Clifford (1997, p.26) を参照。
▼9　ホピ族のカチナについては Furst and Furst (1982, p.31) を参照。カチナがスペインとの接触以前からあった可能性を指摘する研究者もいるが、彼らもスペインからの強い影響については認めている。たとえば、Dockstader (1954, p.98) を参照。Plain Indian の芸術については Feder (1986, p.93, passim) および Brody (1971, p.25) を参照。籠編みの技術については J.G.H.King (1986, p.82) および Sturtevant (1986, p.33) を参照。その他のインディアンによる統合の事例については Feest (1992, pp.42-44, 107) を参照。Egan (1993, chap.6) および Damian (1995, pp.44-45) では南米のコロニアル・アートにおいてインディアンの画家と職人が果たした役割について論じている。
▼10　Woodcock (1977, p.25) および H. Stewart (1990, pp.20-21) を参照。ナイフの役割については Feder (1971, p.18) を参照。19 世紀後半になる

▼35　エジプトの織物産業が不調だったのは、エジプトにおいて、支配者ムハメッド・アリが政府による独占状態を構築しようとしたためである。Owen (1981, pp.76, 93-95, 211-12, 262) および Farnie (1974, p.104) を参照。

▼36　地税率については、たとえば Dutt (1969, p.138) および B. Chandra(1966, p.396) を参照。19 世紀前半のほとんどの時期において、イギリスに輸入されるインド製の羊毛には 30 パーセントの関税が課されていたが、インドへ輸入されるイギリス製の羊毛に対する課税率は微々たるものだった。しかしながら、この差異は後に解消されたので、市場条件の要因とみなすことはできない。1896 年には輸出インド綿に対する課税は 3.5 パーセントに設定された。Dutt (1964[1904], pp.114, 130, 401) および B. Chandra (1966, chap.6) を参照。

▼37　Bayley (1986, p.308).　興味深いことに、イギリス製の布は極東ではそれほど売れなかった。価格面での強みはインドの場合と同等であったし、輸送手段はむしろ極東のほうが整備されていたにも関わらず、なぜそのような結果になったのか。結局、イギリス製品はインド文化のもつ混合主義的な性質に適合していたからこそ、インド市場でも成功したのだろう。

▼38　J. Thompson (1988, p.152) を参照。

▼39　Victoria and Albert Museum (1982) を参照。

▼40　ナヴァホ族の起源については、たとえば Bailey and Bailey (1986, pp.12-14) を参照。また Amsden (1972) も参照。

▼41　Brody (1976) を参照。アフリカ人がどのようにしてヨーロッパ織物のデザインから着想を得たのかについては Meurant (1995, pp.113-17) を参照。

▼42　Blomberg (1988, p.3), Deitch (1989, pp.224-27), Kent (1976, pp.89, 101), Underhill (1956, p.75) を参照。アフリカでは西洋の機械織物をほぐして良質な新製品を作るということも行われてきた。Kahlenberg (1998, p.176) を参照。

▼43　Deitch (1989, pp.224-27), Kent (1976, pp.89, 101), Underhill (1956, p.75), Blomberg (1988, p.3), Brody (1976) を参照。藍染については Dedera (1975, p.35) を参照。コチニールについては Rodee (1981, p.3) を参照。

▼28　スー族がコーカサス織物から着想を得ていたという点についてはWright and Wertime (1995, p.43) を参照。コーカサスからの影響についてはDubin (1987, pp.262, 289) を参照。コーカサス織物の他にもスー族は、ヨーロッパの刺繍、ニードル・ポイント、レース編みを着想源としていた。

▼29　引用はKumar (1996, p.422) より。ガンジーについてはTarlo (1996, p.92) を参照。イギリスによる市場侵略に対する訴訟については、より学術的な見解がB. Chandra (1968) において述べられているが、インドの手織物が衰退したことを示す統計上の証拠は出されていない（詳しくは後述）。この文脈において「インド」という言葉が示すのは「歴史上のインド」であり、特にことわりがない限り、現在のパキスタンを含むことに注意。

▼30　これらの点についてはMehta (1953, p.95) さらにAnstey (1936, pp.222-23) を参照。

▼31　スワデーシーについてはBagchi (1972, p.224) を参照。

▼32　市場での売買における利点についてはC. Baker (1984, p.397) を参照。より一般的な議論はCooper and Gillow (1996, p.90) を参照。Barnard (1993, p.133) には現代インドにおける織物芸術の活力に関する簡潔な記述あり。Lynton (1995) はサリーの伝統について調査している。

▼33　手織り機と織工の数についてはLynton (1995, p.12) を参照。以前の数字についてはMorris (1983, pp.669-70), Bagchi (1972, pp.220-28, 245), Buchanan (1934, p.214) を参照。Morris (1969, p.160) は18世紀の手織工の数を試算している。Borpujari (1973) は、1860年代の「綿花飢饉」に焦点を当てつつ、イギリスの職人たちと比較した場合のインドの手織工たちの回復力を強調している。Farnie (1979, p.99) も参照（「彼らの貿易に訪れた危機は、局所的かつ一時的なものだったように思われるし、外部との競争という試練に堪えたことで、新たな時代が開けたようにも思われる」)。どちらかといえば懐疑的なMehta (1953, p.90) の試算でも、手織物の絶対量は減少どころか増加していることが示されている。

▼34　金襴の取引を利用したインドにおける品質改良の具体的事例についてはHarris (1993, p.111) を参照。品質の低いインドの手織物製品についてはMehta (1953, p.109) を参照。

▼19　Bennett (1996, p.41) および Helfgott (1994, p.53) を参照。

▼20　Helfgott (1994) はペルシャ絨毯産業の勃興に関する最良の情報源である。工房組織と富裕層向け製品の生産について概観するには J. Thompson (1988) がすぐれている（後者については同書 p.152 を参照）。王立工房の影響力が比較的小さかったという点については Helfgott (1994, p.53) を参照。ヨーロッパの買い手の増加については同書 p.55 を参照。この当時、海外の買い手がより大きな役割を果たしていたのはトルコである。16 〜 17 世紀のトルコにおいて絨毯の生産量が急増した要因は、ヨーロッパの商人や貴族に対する輸出が見込まれたためだった。この時代に作られたトルコ絨毯の多くが「ロッツズ」あるいは「ホルバインズ」と呼ばれているのは、ロレンツォ・ロットやハンス・ホルバインの絵画に頻繁に登場するためである。J. Harris (1993, p.120) を参照。

▼21　Halfgott (1994, pp.56-59, 63).

▼22　P. Baker (1995, p.144) および Halfgott (1994, pp.14, 72-79, 89) を参照。具体的な経緯をいくつか見てみよう。アフガニスタンの侵略（1722）によってペルシャは苦境に立たされたが、その背後にある問題は 19 世紀にいたるまで解消されなかった。盗賊や腐敗した政治家たちによって私有財産の安全が脅かされると、投資のリスクが極度に高まった。17 世紀ヨーロッパの重商主義政策により、完成品の輸入が落ち込むと、ペルシャの絨毯製造も打撃を受けた。イギリスとオランダは、ペルシャ湾およびインド洋経由の貿易を統制することで、これらの政策を強固なものにした。上得意だった東欧の貴族たちは、経済が困窮すると、ペルシャ絨毯の購入を控えるようになった。イギリス人たちはインドからも織物を買うようになった。

▼23　Helfgott (1994, pp.15, 85-87) を参照。

▼24　海外主導型の工房については Milanesi (1993, p.109), Helfgott (1994, pp.141, 200, 213-27), Baker (1995, p.144), Owen (1981, p.212), Edwards (1960, pp.135-36) を参照。

▼25　この新しい伝統については Helfgott (1994, p.136) を参照。

▼26　Cootner (1981, p.91) を参照。

▼27　Cootner (1981, pp.91-93) および Helfgott (1994, p.88) を参照。都市には工房がなかったという点については、J. Thompson (1988, p.106) を参照。

キューバ音楽（キューバ人ではなく）は資本主義と共産主義のいいとこ取りをしてきた。グローバリゼーションによって世界情勢は変わりはじめたが、相対的に孤立しているおかげで、均質化へと向かう流れにも巻き込まれずにいる。経済全般は不振であっても、キューバには世界でもっとも豊かな音楽文化が残されている。

▼13 Rodman (1948, pp.4-9). ポストカードについては Rodman (1988, p.49) を参照。ヘクター・ヒポリットのドアについては、Rodman (1948, p.60), Rodman (1988, p.71), Rodman (1961, p.98) を参照。

▼14 ハイチ絵画の起源については、Danticat and Demme (1997, pp.23-24) および Rodman (1948) を参照。ラムとブルトンについては Rodman (1988, p.49) を参照。観光客による美術品購入とサン・トリニテ聖堂については Rodman (1948, pp.4-5, 9, 93) を参照。アスター夫人については Rodman (1982, p.123) を参照。ハイチの主要画家に対するアメリカ人からの初期の支援については Rodman (1988, pp.49, 71; 1948, p.60; and 1961, p.98) を参照。

▼15 モースについては Sweeney (1991, p.214) を参照。この著者はモースへのインタビューも行っている。

▼16 カセットが第三世界に与えた影響については Manuel (1993), Hatch (1989), Sutton (1985) を参照。著作権が大きな問題になる中、メインストリームの芸術家たちは非公式の複製による甚大な被害を蒙ってきた。マイノリティ文化の製品は、最初から多くの鑑賞者を獲得できるわけではない。カセットテープは、持ち運びや手渡しに便利だったため、政府の検閲や統制をすり抜けるのにも役立った。多くの後進国において、音楽業界や映画業界やラジオ局は、政府によって統制されるか、大国とのつながりをもつ企業によって統制されるかのいずれかだった。カセット音楽は、こうした制限をすり抜ける。

▼17 Weatherford (1994, pp.252-53) を参照。

▼18 この悲観的議論の理論的根拠を示してくれるのは、たとえばウィリアム・J・ボーモル（と共著者たち）の著作である。ボーモルの「コスト病」論は時の経過と共に進化してきているが、初期の議論が予期していたのは、経済成長によってパフォーミングアーツが萎縮するかもしれないということだった。この議論についてのより詳細な考察は Cowen (1996, 1998) および Cowen and Grier (1996) を参照。

シュ（全曲）、ブロンディ（『タイド・イズ・ハイ』）、ポリス、ポール・サイモン（『母と子の絆』）はすべてレゲエを参考にしている。アメリカのラップに特有のビートは、その多くがジャマイカの「トースティング」に由来するものである。レゲエはアフリカやカリブ海沿岸諸国の音楽にも大きな影響を与えた。ジャマイカのDJからの影響は1970年代後半から1980年代にかけて顕著になってきた。この当時、DJたちはサウンド・システム［野外パーティー用の移動式音響設備］を使って演奏する際、レコードに自分の言葉を加えるようになった。初期のラッパーの多くはジャマイカ出身で、このスタイルをアメリカ市場向けに適合させた。クール・ハークはキングストンからサウス・ブロンクスへと移り住み、ジャマイカのDJをベースにして自分のスタイルを構築した。ラッパーはレゲエのDJたちによる「トースティング」（歌いつつシャウトするようなボーカルを粗いビートに乗せる）というスタイルからも影響を受けている。Costello and Wallace (1990) を参照。

▼11　キューバのマスメディアの役割についてはManuel (1988, p.33) を参照。文化の混合が当初は好意的に受け取られたことも後押しとなった。キューバ音楽はとりわけアフリカと強いつながりを持っている。奴隷制が他の地域で廃止された後も、キューバには1870年代にいたるまで多数の奴隷が輸入されていた（ブラジルでは1880年代まで）。キューバ音楽は比較的遅い段階までアフリカ音楽からの影響を受け続け、リズムの複雑さとエモーショナルな力を高めていったこうしたアフリカとのつながりを礎として、次世代のミュージシャンたちがキューバ音楽を発展させた。

▼12　皮肉なことに、こうした資本主義的な音楽のあり方が守られてきたのは、カストロ政権による一部政策のおかげである。ミュージシャン（の一部）は専門職とみなされ、個人事業主として稼ぎ続けることが許されている。そのため音楽は、儲けの大きな副業として未だに地位が高い。キューバの共産主義は、アメリカによる通商停止措置とも相まって、経済成長を制限してきた。そのおかげで、初期の文化的エートスの多くは手つかずのまま保たれてきた。古い自動車やアール・デコ様式の家具が溢れるキューバは、まるでタイムカプセルのようだ。グローバリゼーションの欠如によって発展は制限されてきたが、初期のキューバ音楽は堕落を免れ、アメリカの大衆市場に売り尽くされずに済んでいる。かくして

Shils (1981) は、20 世紀においてこの伝統を継いでいる著作の 1 つ。

▼18 Pillsbury (1998, p.183). ピザハットについては、Harper's, November 1994, p.11 を参照。貿易を通じたグローバルな食の多様性の向上については、Sokolov (1991) を参照。

▼19 この段落で用いた表現の中にはジョン・トマージから拝借したものもあるが、用法に関する一切の責任は私にある。

第２章 グローバル文化の隆盛

▼1 Sweeney (1991, p.49) を参照。ザイールの大衆音楽史に関しては G. Stewart (2000) の記述が最も信頼できる。

▼2 都市化と混合については Bokelenge (1986), Kazadi (1973), Mukuna (1979-80), Almquist (1993, p.75) を参照。

▼3 Barlow and Eyre (1995, p.26) を参照。

▼4 キューバ音楽のアフリカへの伝播については Mensah (1980, p.187), Santoro (1993), Ewens (1991, pp.56, 129) を参照。Botombele (1976, pp.32-33) と G. Stewart (2000) は、ザイール音楽の影響に関してより概括的に論じている。トランジスターラジオについては Harrev (1989, p.109) を参照。ギリシャ人の役割については G. Stewart (2000) を参照。

▼5 Kazadi (1971), Graham (1985), Almquist (1993, p.75), Barlow and Eyre (1995, pp.26-27), Wallis and Malm (1984, p.32), Roberts (1972, chap.9) を参照。

▼6 Kapp (1972, p.10), Salvador (1976, p.171), Mathews (1998, pp.10-13), Weatherford (1994, p.197) を参照。クナ全般については Puls (1988) および Howe (1998) を参照。

▼7 ドラム缶の利点については Stuempfle (1995, p.41) を参照。金属（特にドラム缶）楽器の開発については Nunley (1996, pp. 133-36) を参照。シロホンの影響については Stuempfle (1995, pp.248-49n) を参照。

▼8 Stuempfle (1995, p.40) を参照。

▼9 レゲエをはじめとする多様なジャマイカ音楽のルーツについては Hebdige (1990) および Bergman (1985, chap.1) を参照。

▼10 英国市場については Bradley (1996, p.101) を参照。ジャマイカは人口 300 万人以下の比較的小さな国だが、ジャマイカ音楽は英米圏の音楽に多大な影響を与えた。ポール・マッカートニー（『C・ムーン』）、ザ・クラッ

書かれた Cowen and Crampton (2001) を参照。

▼9　*The Economist* 誌は国際的なベストセラーに関する定期調査を行っている。Cowen and Crampton (2001) では、この調査結果の要約が紹介されている。

▼10　ラシュディについては Waldron (1996, pp.105-9) を参照。Appiah (1992, 1998) も参照。タゴールについては Sinha (1962) および Dutta and Robinson (1995) を参照。世界市民主義のより一般的な歴史については Wagar (1963) を参照。Montesquieu (1965 [1748], p.24) は、ローマ人の統合力は天性のものであると考えていた。「最後に、ヨセフスが語っているように、彼らにとって戦争は省察であり、平和は訓練であった。ある民族が、自然により、あるいはその制度により、なにか特殊な利点を保持していることを知ると、彼らローマ人はそれを採用した」（モンテスキュー『ローマ人盛衰原因論』岩波書店、1989、p.30）。

▼11　Montesquieu (1989 [1748], p.357).

▼12　チベットについては Iyer (1989, p.71) を参照。

▼13　"Cultural Loss Seen as Language Fade" (*The New York Times*, Sunday, May 16, 1999, p.12) を参照。

▼14　この点において私の分析は、従来の統合的／世界市民主義的文化擁護論の一部とは異なっている。ジェイムズ・クリフォード、フレデリック・ビューエル、ウルフ・ハナーズ、アルジュン・アパデュライ、エドワード・サイードは、文化には混成的・統合的な性質があるということを指摘してきたが、そうした文化が貿易経済を通じてどのように形成されてきたのかという問題には焦点を当ててこなかった。

▼15　先の拙著 Cowen (1998) では、美学的な問題についてより深く論じている。興味のある読者は、特に第五章を参照のこと。先行研究の内、とりわけ啓発的と思われるのは以下のとおり。Hume (1985 [1777]), Hernstein Smith (1988), Danto (1981), Savile (1982), Mukarovsky (1970).

▼16　Weitzman (1992, 1993) は多様性を測定する経済的基準を作ったが、社会（あるいは生物学的ユニット）の間の差異しか考慮しておらず、社会の内部における選択の幅や、以下で示される諸概念については無視している。

▼17　Lévi-Strauss (1976, p.328). 19 世紀後半の社会学にとって、差異化と同一化の過程は大きな問題だった。Pareto および Weber の著作を参照。

原注

第１章　異文化間交易

▼1　これらのエピソードについてはGuilbault (1993, chap.5) を参照。

▼2　フランスの支出額についてはDrozdiak (1993) を参照。

▼3　Barber (1995, p.8), Tunstall (1977, p.57), Jameson (2000, p.51) を参照。関連する同時代の観点については、Tomlinson (1991), Robertson (1992), Schiller (1992) を参照。Barnet and Cavanagh (1996) には文化グローバリゼーションに対して向けられる別の非難の典型例が見られる。provide another clear statement of the typical charges leveled against cultural globalization. Gray批判としてはKlein (2000) を参照。原始主義についてのより一般的な教義が早い時期に見られるのが、ルソーの「高貴な野蛮」であり、さらに以前に遡れば、歴史的変化は堕落と腐敗の表われであるというギリシャ的な歴史観である。キリスト教の教義、特にエデンの園と人間の堕落は、純粋な原文化はやがて恩寵を失う運命にあるという教義の着想源となった。キリスト教における原始主義の起源についてはBoas (1948) を参照。「高貴な野蛮」という概念の歴史についてはFairchild (1961) を参照。古典古代における原始主義についてはLovejoy and Boas (1965) を参照。

▼4　Mickethwait and Wooldridge (2000, p.190).

▼5　世界経済に占める割合に関していえば、国際貿易は3パーセントから33パーセントに増加した。全世界の生産高に占める貿易の割合が1913年のレベルにまで回復したのは、1970年代に入ってからのことである。Walters (1995, p.67) およびKrugman (1996, p.208) を参照。

▼6　スクリムショー芸術については、Furst and Furst (1982, p.138) を参照。ヒューストン以前、イヌイットにとって石彫がそれほど重要ではなかったという点については、J.C.H.King (1986, pp.88-89) を参照。優れた一般論としてはSwinton (1972) およびHessel (1998) を参照。

▼7　Brunside (1997, p.93) およびBascom (1976, p.303) を参照。ヌデベレ族についてはGlassie (1989, p.64) を参照。

▼8　UNESCOのデータ（*World Culture Report 2000*, table5）を参考にして

man, and Daniel M. Neumann, 49-67. Urbana, Ill.: University of Illinois Press.

Waters, Malcolm. 1995. *Globalization.* London: Routledge.

Weatherford, Jack. 1988. *Indian Givers: How the Indians of the Americas Transformed the World.* New York: Crown Publishers.

———. 1994. *Savages and Civilization: Who Will Survive?* New York: Crown Publishers.

Weitzman, Martin L. 1992. "On Diversity." *Quarterly Journal of Economics,* 107, no. 2 (May): 363-405.

———. 1993. "What to Preserve? An Application of Diversity Theory to Crane Conservation." *Quarterly Journal of Economics* 108, no. 1 (February): 157-83.

Wells, G. A. 1959. *Herder and After: A Study in the Development of Sociology.* 'S-Gravenhage, Netherlands: Mouton and Co.

Wild, Lee S. 1987. "Hawaiian Quilts." In *America's Glorious Quilts,* edited by Dennis Duke and Deborah Harding, 134-51. Hong Kong: Hugh Lauter Levin.

Williams, Alan. 1992. *Republic of Images: A History of French Filmmaking.* Cambridge: Harvard University Press.

Withey, Lynne. 1987. *Voyages of Discovery: Captain Cook and the Exploration of the Pacific.* New York: William Morrow and Company.

———. 1997. *Grand Tours and Cook's Tours: A History of Leisure Travel, 1750 to 1915.* New York: William Morrow and Company.

Woodcock, George. 1977. *Peoples of the Coast: The Indians of the Pacifie Northwest.* Bloomington: Indiana University Press.

Wright, Richard E., and John T. Wertime. 1995. *Caucasian Carpets and Covers.* London: Hali Publications.

Wright, Ronald. 1992. *Stolen Continents: The "New World" through Indian Eyes.* Boston: Houghton Mifflin.

Vasey, Ruth. 1997a. *The World According to Hollywood, 1918-1939.* Madison: University of Wisconsin Press.

————. 1997b. "The World-Wide Spread of Cinema." In *The Oxford History of World Cinema,* edited by Geoffrey Nowell-Slnith, 53-62. Oxford: Oxford University Press.

Victoria and Albert Museum. 1982. *The Indian Heritage: Court Life and Arts under Mughal Rule.* London: Victoria and Albert Museum.

Wagar, W. Warren. 1963. *The City of Man: Prophecies of a World Civilization in Twentieth-Century Thought.* Boston: Houghton Mifflin Company.

Waldron, Jeremy. 1996. "Multiculturalism and Mélange." In *Public Education in a Multicultural Society: Policy, Theonj, Critique,* edited by Robert K. Fullinwider, 90-118. Cambridge: Cambridge University Press.

Walker, Daniel. 1997. *Flowers Underfoot: Indian Carpets of the Mughal Era.* New York: Metropolitan Museum of Art.

Wallis, Roger, and Krister Malm. 1984. *Big Sounds from Small Peoples: The Music Industry in Small Countries.* London: Constable.［ロジャー・ウォリス、クリステル・マルム『小さな人々の大きな音楽』岩村沢也［ほか］訳、現代企画室、1996年

Wangermée, Robert. 1991. *Cultural Policy in France.* Strasbourg: Council of Europe.

Warmington, E. H. 1974. *Commerce between the Roman Empire and India.* London: Curzon Press.

Warneke, Sara. 1995. *Images of the Educational Traveller in Early Modern England.* Leiden: E. J. Brill.

Warner, Keith Q. 1985. *Kaiso! The Trinidad Calypso: A Study of the Calypso as Oral Literature.* Washington, D.C.: Three Continents Press.

Waterbury, Ronald. 1989. "Embroidery for Tourists: A Contemporary Putting-Out System in Oaxaca, Mexico." In *Cloth and Human Experience,* edited by Annette B. Weiner and Jane Schneider, Washington, D.C.: Srnithsonian Institution Press. 243-71.

Waterman, Christopher A. 1985. "Juju." In *The Western Impact on World Music: Change, Adaptation, and Survival,* edited by Bruno Nettl, 87-90. New York: Schirmer Books.

————. 1991. "Jùju History: Toward a Theory of Sociomusical Practice." In *Ethnomusicology and Modern Music History,* edited by Stephen Blum, Philip V. Bohl-

Society.

Taine, Hippolyte Adolphe. 1980 [1865]. Philosophy of Art. Ann Arbor: University Microfilms.

Tarlo, Emma. 1996. *Clothing Matters: Dress and Identity in India.* Chicago: University of Chicago Press.

Taylor, Timothy D. 1997. *Global Pop: World Music, World Markets.* New York: Routledge.

Teo, Stephen. 1997. *Hong Kong Cinema: The Extra Dimensions.* London: British Film Institute.

Thompson, Jon. 1988. *Oriental Carpets: From the Tents, Cottages and Workshops of Asia.* New York: E. P. Dutton.

Thompson, Kristin. 1985. *Exporting Entertaimnent: America in the World Film Market 1907-34.* London: BFI Publishing.

Tocqueville, Alexis de. 1969 [1835]. *Democracy in America.* New York: Harper and Row. ［トクヴィル『アメリカのデモクラシー』松本礼二訳、岩波書店、2005年］

Tomlinson, John. 1991. *Cultural Imperialism: A Critical Introduction.* Baltimore: Johns Hopkins University Press. ［ジョン・トムリンソン『文化帝国主義』片岡信訳、青土社、1997年］

———. 1999. *Globalization and Culture.* Chicago: University of Chicago Press.［ジョン・トムリンソン『グローバリゼーション』片岡信訳、青土社、2000年］

Towse, Ruth, ed. 1997. *Baumol's Cost Disease: The Arts and Other Victims.* Cheltenham, England: Edward Elgar Press.

Tlillstall, Jeremy. 1977. *Media Are American.* New York: Columbia University Press.

Turner, Louis, and John Ash. 1975. *The Golden Hordes.* London: Constable.

Twitchell, James B. 1992. *Carnival Culture: The Trashing of Taste in America.* Columbia University Press.

Underhill, Ruth M. 1956. *The Navajos.* Norman, Okla.: University of Oklahoma Press.

Urry, John. 1990. *The Tourist Gaze: Leisure and Travel in Contemporary Societies.* London: Sage Publications. ［ジョン・アーリ『観光のまなざし』加太宏邦訳、法政大学出版局、1995年］

Usabel, Gaizka S. 1982. *The High Noon of American Films in Latin America.* Ann Arbor: UMI Research Press.

Usai, Paolo Cherchi. 1997. "Origins and Survival." In *The Oxford Histonj of World Cinema,* edited by Geoffrey Nowell-Smith, 6-13. Oxford: Oxford University Press.

Evolution, edited and with an introduction by J.D.Y. Peel, 253-57. Chicago: University of Chicago Press.

Stapledon, Chris, and Chris May. 1987. *African Rock: The Pop Music of a Continent.* New York: Dutton.

Stead, William T. 1901. *The Americanization of the World or the Trend of the Twentieth Century.* New York: Horace Markley.

Stewart, Gary. 2000. *Rumba on the River: A History of the Popular Music of the Two Congos.* New York: Verso.

Stewart, Hilary. 1990. *Totem Poles.* Seattle: University of Washington Press.

Stipp, H. 1993. "New Ways to Reach Children." *American Demographics* (August): 48-49.

Stone-Miller, Rebecca. 1992. *To Weave for the Arts: Andean Textiles in the Museum of Fine Arts, Boston.* Boston: Museum of Fine Arts.

Stuempfle, Stephen. 1995. *The Steelband Movement: The Forging of a National Art in Trinidad and Tobago.* Philadelphia: University of Pennsylvania Press.

Sturtevant, William C. 1986. "The Meanings of Native American Art." In *The Arts of the North American Indian,* edited by Edwin L. Wade, 23-44. New York: Hudson Hill Press.

Sutton, R. Anderson. 1985. "Commercial Cassette Recordings of Traditional Music in Java: Implications for Performers and Scholars." *The World of Music* 27:23-45.

Swain, Margaret Byme. 1989. "Gender Roles in Indigenous Tourism: Kuna Mola, Kuna Yala, and Cultural Survival." In *Hosts and Guests: The Anthropology of Tourism,* edited by Valene L. Smith, 83-104. Philadelphia: University of Pennsylvania Press.

Swallow, D. A. 1982. "Production and Control in the Indian Garment Export Industry." In *From Craft ta Industny: The Ethnography of Proto-Industrial Cloth Production,* edited by Esther N. Goody, 133-65. Cambridge: Cambridge University Press.

Swallow, Deborah. 1990. "The Raj: India 1850-1900." In *Arts of India: 1550-1900,* edited by Rosemary Crill, John Guy, Veronica Murphy, Susan Stronge, and Deborah Swallow, 209-28. London: Victoria and Albert Museum.

Sweeney, Philip. 1991. *The Virgin Directory of World Music.* New York: Henry Holt and Company.

Swinton, George. 1972. *Sculpture of the Eskimo.* Greenwich, Conn.: New York Graphic

tution Press.
Salvador, Mari Lyn. 1976. "The Clothing Arts of the Cuna of San Blas, Panama." In *Ethnic and Tourist Arts: Cultural Expressions from the Fourth World,* edited by Nelson H. H. Graburn, 165-82. Berkeley: University of California Press.
Santoro, Gene. 1993. "Borrowed Beats: Cuban Dance Rhythms Have Ignited American Music since the Turn of the Century." *Atlantic Monthly,* September, 96-100.
Savile, Anthony. 1982. *The Test of Time: An Essay in Philosophical Aesthetics.* Oxford: Clarendon Press.
Schiller, Herbert I. 1992. *Mass Communications and American Empire.* Boulder, Colo.: Westview Press.
Schivelbusch, Wolfgang. 1977. *The Railway Journey: Trains and Travel in the Nineteenth Century.* New York: Urizen Book［ヴォルフガング・シヴェルブシュ『鉄道旅行の歴史』加藤二郎訳、法政大学出版局、1982年］s.
Schlereth, Thomas J. 1977. *The Cosmopolitan Ideal in Enlightenment Thought.* Notre Dame, Ind.: University of Notre Dame Press.
Schnitman, Jorge A. 1984. *Film Industries in Latin America: Dependency and Development.* Norwood, N.J.: Ablex Publishing.
Segrave, Kerry. 1997. *American Films Abroad: Hollywood's Domination of the World's Movie Screens.* Jefferson, N.C.: McFarland and Company.
Shenk, David. 1997. *Data Smog: Surviving the Information Glut.* San Francisco: HarperEdge.［デイヴィッド・シェンク『ハイテク過食症』倉骨彰訳、早川書房、1998年］
Shils, Edward. 1981. *Tradition.* Chicago: University of Chicago Press.
Sinclair, R. K. 1988. *Democracy and Participation in Athens.* Cambridge: Cambridge University Press.
Singhal, D. P. 1969. *India and World Civilization.* Vols. 1 and 2. Lansing, Mich.: Michigan State University Press.
Sinha, Sasadhar. 1962. *Social Thinking of Rabindranath Tagore.* London: Asia Publishing Guide.
Sklar, Robert. 1975. *Movie-Made America: A Social History of American Movies.* New York: Random House.［R. スクラー『映画がつくったアメリカ』鈴木主税訳、平凡社、1980年］
Sokolov, Raymond. 1991. *Why We Eat What We Eat.* New York: Simon and Schuster.
Spencer, Herbert. 1972. "Advice to the Modernizers of Japan." *Herbert Spencer on Social*

Tourism in Europe, edited by Greg Richards, 3-18. Wallingford, England: CAB International.

———. 1996b. "Social Context of Cultural Tourism." In *Cultural Tourism in Europe,* edited by Greg Richards, 47-70. Wallingford, England: CAB International.

Richter, Anne. 1994. *The Arts and Crafts of lndonesia.* San Francisco: Chronicle Books.

Rifkin, Jeremy. 2000. *The Age of Access: The New Culture of Hypercapi talism, Where All of Life is a Paid-for Experience.* New York: Jeremy P. Tarcher / Putnam.［ジェレミー・リフキン『エイジ・オブ・アクセス』渡辺康雄訳、集英社、2001年］

Roberts, John Storm. 1972. *Black Music of Two Worlds.* New York: William Morrow and Company.

Robertson, Roland. 1992. *Globalization: Social Theory and Global Culture.* London: Sage Publications.［ローランド・ロバートソン『グローバリゼーション』阿部美哉訳、東京大学出版会、1997年］

Robinson, Deanna Campbell; Elizabeth B. Buck; and Marlene Cuthbert. 1991. *Music at the Margins: Popular Music and Global Cultural Diversity.* Newbury Park, Calif.: Sage Publications.

Rocker, Rudolf. 1978 [1937]. *Nationalism and Culture.* St. Paul: Michael E. Coughlin.

Rodee, Marian E. 1981. *Old Navajo Rugs: Their Development from 1900 to 1940.* Albuquerque: University of New Mexico Press.

Rodman, Selden. 1948. *Renaissance in Haiti: Popular Painters in the Black Republic.* New York: Pellegrini and Cudahy.

———. 1961. *Haiti: The Black Republic.* New York: Devin-Adair.

———. 1982. *Artists in Tune with Their World: Masters of Popular Art in the Americas and Their Relation to the Folk Tradition.* New York: Simon and Schuster.

———. 1988. *Where Art Is Joy: Haitian Art: The First Forty Years.* New York: Ruggles de Latour.

Romanowski, William D. 1996. *Pop Culture Wars: Religion and the Role of Entertainment in American Life.* Downers Grave, lll.: InterVarsity Press.

Rosenberg, Emily S. 1982. *Spreading the American Dream: American Economic and Cultural Expansion, 1890-1945.* New York: Hill and Wang.

Roud, Richard. 1993. *A Passion for Films: Henri Langlois and the Cinémathèque Française.* New York: Viking Press. ［リチャード・ラウド『映画愛』村川英訳．リブロポート、1985年］

Sadowski, Yahya. 1998. *The Myth of Global Chaos.* Washington, D.C.: Brookings Insti-

Nunley, John. 1996. "The Beat Goes on: Recycling and Improvisation in the Steel Bands of Trinidad and Tobago." In *Recycled, Re-Seen: Folk Art from the Global Scrap Heap,* edited by Charlene Cerny and Suzanne Seriff, 130-39. New York: Harry N. Abrams.

Nussbaum, Martha. 1997. *Cultivating Humanity: A Classical Defense of Reform in Liberal Education.* Cambridge: Harvard University Press.

Orvell, Miles. 1995. *After the Machine: Visual Arts and the Erasing of Cultural Boundaries.* Jackson: University of Mississippi Press.

Owen, Roger. 1981. *The Middle East in the World Economy, 1800-1914.* London and New York: Methuen.

Pangle, Thomas. 1992. *The Ennobling of Democracy: The Challenge of the Postmodern Era.* Baltimore: Johns Hopkins Press.

Pareles, Jon. 1998. "A Pop Post-Modernist Gives Up on Irony." *New York Times,* Washington edition, 8 November. Arts and Leisure section, pt. 2, pp. 33, 40.

Parsons, Edward Alexander. 1952. *The Alexandrian Library: Glory of the Hellenic World.* Amsterdam: Elsevier Press.

Paterculus, Velleius. 1967 [A.D. 30]). *Compendium of Roman History.* Cambridge: Harvard University Press.

Pearson, Roberta. 1997. "Transitional Cinema." In *The Oxford History of World Cinema,* edited by Geoffrey Nowell-Smith, 23-42. Oxford: Oxford University Press.

Pells, Richard. 1997. *Not like Us: How Europeans Have Loved, Hated, and Transformed American Culture since World War II.* New York: Basic Books.

Phillips, Barty. 1994. *Tapestry.* London: Phaidon Press.

Pillsbury, Richard. 1998. *No Foreign Food: The American Diet in Time and Place.* Boulder, Colo.: Westview Press.

Puls, Herta. 1988. *Textiles of the Kuna lndians of Panama.* Aylesbury, England: Shire Publications.

Porter, Michael E. 1990. *The Competitive Advantage of Nations.* New York: Free Press. ［M.E. ポーター『国の競争優位』土岐坤［ほか］訳、ダイヤモンド社、1992年］

Puttnam, Davia, with Neil Watson. 1998. *Movies and Money.* New York: Alfred A. Knopf.

Riceour, Paul. 1965. "Universal Civilization and National Cultures." In *History and Truth.* Evanston, lll.: Northwestern University Press.

Richards, Greg. 1996a. "Introduction: Culture and Tourism in Europe." In *Cultural*

———. 1989 [1748]. *The Spirit of the Laws.* Cambridge: Cambridge University Press. ［モンテスキュー『法の精神』著野田良之［ほか］訳、岩波書店、1989年］

Morris, Morris D. 1969. "Trends and Tendencies in Indian Economic History." In *Indian Economy in the Nineteenth Century: A Symposium,* by Morris D. Morris, Torn Matsui, Bipin Chandra, and T. Raychaudhuri, 101-70. Delhi: Indian Economic and Social History Association.

———. 1983. "The Growth of Large-Scale Industry to 1947." In *The Cambridge Economic History of India.* Vol. 2, edited by Dharma Kumar, with the editorial assistance of Meghnad Desai, 553-676. Cambridge: Cambridge University Press.

Mukarovsky, Jan. 1970. *Aesthetic Function, Norm and Value as Social Facts.* Ann Arbor: University of Michigan Press, Michigan Slavic Contributions. ［ヤン・ムカジョフスキー『チェコ構造美学論集』平井正、千野栄一訳、せりか書房、1975年］

Mukuna, Kazadi wa. 1979-80. "The Origin of Zairean Modern Music: A Socio-Economic Aspect." *African Urban Studies* 6 (Winter): 31-39.

———. 1980. "Congolese Music." In *The New Grove Dictionary of Music and Musicians,* Vol. 4, edited by Stanley Sadie, 659-61. New York: Macmillan Publishers.

Munro, Thomas. n.d. *Evolution in the Arts and Other Theories of Culture History.* Cleveland: Cleveland Museum of Art.

Muscio, Giuliana. 2000. "Invasion and Counterattack: Italian and American Film Relations in the Postwar Period." In *"Here, There, and Everywhere": The Foreign Politics of American Popular Culture,* edited by Reinhold Wagnleitner and Elaine Tyler May, 116-31. Hanover and London: University Press of New England.

Navarro, Mireya. 2000. "Complaints to Spanish TV: Where Are the Americans?" *New York Times,* 21 August, A23.

Negrine, R, and S. Papathanassopoulos. 1990. *The Internationalisation of Television.* London: Pinter Publishers.

New Oceania: Rediscovering Our Sea of Islands. 1993. A. Suva, Fiji: University of the South Pacific.

Newcomb, Horace. 1996. "Other People's Fictions: Cultural Appropriation, Cultural Integrity, and International Media Strategies." In *Mass Media and Free Trade: NAFTA and Cultural Industries,* edited by Emile G.

McAnany and Kenton T. Wilkinson, 92-109. Austin: University of Texas Press.

Noam, Eli. 1991. *Television in Europe.* New York: Oxford University Press.

Florence, Elizabethan England, and America's Founding. Lanham, Md.: Madison Books.

Marre, Jeremy, and Hannah Charlton. 1985. *Beats of the Heart: Popular Music of the World.* London: Pluto Press.

Mason, Peter. 1998. *Bacchanal! The Carnival Culture of Trinidad.* Philadelphia: Temple University Press.

Mathews, Kate. 1998. *!Molas!* Asheville, N.c.: Lark Books.

McDowell, Edwin. 1998. "Jumping on America's Hospitality Bandwagon." *New York Times,* 6 May, D1, D3.

McKean, Philip Frick. 1989. "Towards a Theoretical Analysis of Tourism: Economic Dualism and Cultural Involution in Bali." In *Hosts and Guests: The Anthropology of Tourism,* edited by Valene L. Smith, 119-38. Philadelphia: University of Pennsylvania Press.

McNitt, Frank. 1962. *The Indian Traders.* Norman, Okla.: University of Oklahoma Press.

Maxwell, Robyn. 1990. *Textiles of Southeast Asia: Tradition, Trade, and Transformation. Oxford: Oxford University Press.*

Mehta, S. D. 1953. *The Indian Cotton Textile Industry: An Economic Analysis.* Bombay: The Textile Association.

Meintjes, Louise. 1990. "Paul Simon's Graceland, South Africa, and the Mediation of Musical Meaning." *Ethnomusicology* (Winter): 37-74.

Mensah, Atta Annan. 1980. "Music South of the Sahara." In *Musics of Many Cultures: An Introduction,* edited by Elizabeth May, 172-94. Berkeley: University of California Press.

Meurant, Georges. 1995. *Shoowa Design: African Textiles from the Kingdom of Kuba.* London: Thames and Hudson.

Micklethwait, John, and Adrian Wooldridge. 2000. *Future Perfect: The Challenge and Hidden Promise of Globalization.* New York: Crown Publishers.

Milanesi, Enza. 1993. *The Bulfinch Guide to Carpets.* Boston: Little, Brown, and Company.

Montesquieu, Charles Louis de Secondat baron de La Brede. 1965 [1748]. *Considerations on the Causes of the Greatness of the Romans and Their Decline.* Ithaca: Cornell University Press.［モンテスキュー『ローマ盛衰原因論』井上幸治訳、中央公論新社、2008年］

Levenstein, Harvey. 1993. *Paradox of Plenty: A Social History of Eating in Modern America.* Oxford: Oxford University Press.

———. 1998. *Seductive Journey: American Tourists in France from Jefferson to the Jazz Age.* Chicago: University of Chicago Press.

Lévi-Strauss, Claude. 1976. *Structural Anthropology.* Vol. 2. New York: Basic Books.［クロード・レヴィ＝ストロース　『構造人類学』、荒川幾男［ほか］訳、みすず書房、1972年］

Linder, Staffan Burenstam. 1970. *The Harried Leisure Class.* New York: Columbia University Press.［スタファン・B. リンダー『時間革命』江夏健一、関西生産性本部訳、好学社、1971年］

Lindig, Wolfgang. 1993. *Navajo: Tradition and Change in the Southwest.* New York: Facts on File.

Lipsitz, George. 1994. *Dangerous Crossroads: Popular Music, Postmodernism, and the Poetics of Place.* New York: Verso Books.

Lockhart, Laurence. 1958. *The Fall of the Safavi Dynasty and the Afghan Occupation of Persia.* Cambridge: At the University Press.

Lovejoy, Arthur O., and Arthur Boas. 1965. *Primitivism and Related Ideas in Antiquity.* New York: Octagon Books.

Lynton, Linda. 1995. *The Sari: Styles-Patterns-History-Techniques.* New York: Harry N. Abrams.

Macgowan, Kenneth. 1965. *Behind the Screen: The History and Techniques of the Motion Pichtre.* New York: Delacorte Press.

Magder, Ted. 1993. *Canada's Hollywood: The Canadian State and Feature Films.* Toronto: University of Toronto Press.

Maizels, John. 1996. *Raw Creation: Outsider Art and Beyond.* London: Phaidon Press.

Mannheim, Karl. 1952. "On the Interpretation of 'Weltanschauung.' " In *Essays on the Sociology of Knowledge,* 33-83. New York: Oxford University Press.［カール・マンハイム『マンハイム全集』樺俊雄監修、潮出版社、1975年］

Manuel, Peter. 1988. *Popular Musics of the Non-Western World.* New York: Oxford University Press.［ピーター・マニュエル　『非西欧世界のポピュラー音楽』中村とうよう訳、改訂第2版、ミュージック・マガジン、1995年］

———. 1993. *Cassette Culture: Popular Music and Technology in North India.* Chicago: University of Chicago Press.

Mapp, Alf J., Jr. 1998. *Three Golden Ages: Discovering the Creative Secrets of Renaissance*

York: Picador USA.

Kolmel, Michael. 1985. "'Economic Efficiency vs. Artistic Standard: The Case of Public Support for the Film Industry in West Germany." In *Govemments and Culture,* edited by C. Richard Waits, William S. Hendon, and Harold Horowitz, 106-21. Akron: Association for Cultural Economists.

Komatsu, Hiroshi. 1997. "Japan: Before the Great Kanto Earthquake." In *The Oxford History of World Cinema,* edited by Geoffrey Nowell-Smith, 177- 82. Oxford: Oxford University Press.

Krause, Richard Kraus. 1989. *Pianos and Politics in China: Middle-Class Ambitions and the Struggle over Western Music.* New York: Oxford University Press.

Kroeber, Alfred. 1969. *Configurations of Culture Growth.* Berkeley: University of California Press.

Krotz, Larry. 1996. *Tourists: How Our Fastest Growing Industy Is Changing the World.* Boston: Faber and Faber.

Krugman, Paul R. 1979. "Increasing Returns, Monopolistic Competition, and International Trade." *Journal of International Economics* 9: 469-79.

————. 1980. "Scale Economies, Product Differentiation, and the Pattern of Trade." *American Economic Review* 70: 950-59.

————. 1996. *Pop Internationalism.* Cambridge: MIT Press. ［ポール・クルーグマン『良い経済学　悪い経済学』山岡洋一訳、日本経済新聞社、2000年］

Kuisel, Richard. 1993. *Seducing the French: The Dilemma of Americanization.* Berkeley: University of California Press.

Kumar, Satish. 1996. "Gandhi's *Swadeshi:* The Economics of Permanence." In *The Case against the Global Economy, and for a Turn towards the Local,* edited by Jerry Mander and Edward Goldsmith, 418-24. San Francisco: Sierra Club Books.

Kymlicka, Will. 1995. *Multicultural Citizenship: A Liberal Theory of Minority Rights.* Oxford: Clarendon Press. ［ウィル・キムリッカ『多文化時代の市民権：マイノリティの権利と自由主義』、角田猛之、石山文彦、山崎康仕監訳、晃洋書房、1998年］

Lealand, Geoff. 1988. *A Foreign Egg in Our Nest? American Popular Culture in New Zealand.* Wellington: Victoria University Press.

Lencek, Lena, and Gideon Bosker. 1998. *The Beach: The History of Paradise on Earth.* New York: Viking.

Lent, John A. 1990. *The Asian Film Industry,* Austin: University of Texas Press.

ma, edited by Geoffrey Nowell-Smith, 614-27. Oxford: Oxford University Press.

Kahlenberg, Mary Hunt. 1998. *The Extraordinary in the Ordinary.* New York: Harry N. Abrams.

Kahlenberg, Mary Hunt, and Anthony Berlant. 1972. *The Navajo Blanket.* Los Angeles: Praeger Publishers and Los Angeles County Museum of Art.

Kapp, Kit S. 1972. *Mola Art from the San Blas Islands.* K. S. Kapp Publications.

Kaufman, Alice, and Christopher Selser. 1985. *The Navajo Weaving Tradition: 1650 to the Present.* New York: E. P. Dutton.

Kazadi, Pierre. 1971. "Congo Music: Africa's Favorite Beat." *Africa Report,* April, 24-27.

————. 1973. "Trends of Nineteenth and Twentieth Century Music in the Congo-Zaire." In *Musikkulturen Asiens, Afrikas und Ozeaniens im 19. Jahrhundert,* edited by Robert Günther, 267-83. Regensburg, Germany: Gustav Bosse.

Kent, Kate Peck. 1976. "Pueblo and Navajo Weaving Traditions and the Western World." In *Ethnic and Tourist Arts: Cultural Expressions from the Fourth World,* edited by Nelson H. H. Graburn, 85-101. Berkeley: University of California.

————. 1985. *Navajo Weaving: Three Centuries of Change.* Santa Fe: School of American Research Press.

Khan, M. 1969. *An Introduction to the Egyptian Cinema.* London: Informatics.

Kim, Sukkoo. 1997. "Economic Integration and Convergence: U.S. Regions, 1840-1987." Working Paper 6335, National Bureau of Economic Research; Cambridge, Mass.

King, Donald. 1966. "Currents of Trade: Industries, Merchants and Money." In *The Flowering of the Middle Ages,* edited by Joan Evans, 199-230. New York: Bonanza Books.

King, J.C.H. 1986. "Tradition in Native American Art." In *The Arts of the North American Indian,* edited by Edwin L. Wade, 65-92. New York: Hudson Hill Press.

King, John. 1990. *Magical Reels: A History of Cinema in Latin America.* New York: Verso.

————. 1998. "Cinema." In *A Cultural History of Latin America. Literature, Music and the Visual Arts in the Nineteenth and Twentieth Centuries,* 455-518. Cambridge: Cambridge University Press.

Kinzer, Stephen. 1997. "From Splendid Isolation, Treasures for the World." *New York Times,* 16 September, A4.

Klein, Naomi. 2000. *No Space, No Jobs, No Logo: Taking Aim at the Brand Bullies.* New

Hibbert, Christopher. 1969. *The Grand Tour.* New York: G. P. Putnam's Sons.

Hollinger, David A. 1995. *Postethnic America: Beyond Multiculturalism.* New York: Basic Books.［デイヴィッド・A. ホリンガー『ポストエスニック・アメリカ：多文化主義を超えて』藤田文子訳、明石書店、2002年］

Hooker, Richard J. 1981. *Food and Drink in America: A History.* Indianapolis: Bobbs-Merrill.

Hostetler, John A. 1993. *Amish Society.* Baltimore: Johns Hopkins Press.

Howe, James. 1998. *A People Who Would Not Kneel: Panama, the United States, and the San Blas Kuna.* Washington, D.C.: Smithsonian Institution Press.

Hughes, Robert. 1991. *The Shock of the New: Art and the Century of Change.* London: BBC Books.

Hume, David. 1985 [1777]. "Of the Standard of Taste." In *Essays Moral, Political, and Literary.* Indianapolis: Liberty Classics.

Humphries, Patrick. 1989. *Paul Simon: Still Crazy after All These Years.* New York: Doubleday.［パトリック・ハンフリーズ『ポール・サイモン』野間けい子訳、音楽之友社、1988年］

Huntington, Samuel P. 1996. *The Clash of Civilizations and the Remaking of World Order.* New York: Simon and Schuster.［サミュエル・ハンチントン『文明の衝突』鈴木主税訳、集英社、1998年］

Ilott, Terry. 1996. *Budgets and Markets: A Study of the Budgeting of European Film.* New York: Routledge.

Irwin, Douglas A. 1996. *Against the Tide: An Intellectuai History of Free Trade.* Princeton: Princeton University Press.［ダグラス・A. アーウィン『自由貿易理論史：潮流に抗して』麻田四郎訳、文眞堂、1999年］

Issawi, Charles. 1980. *The Economic History of Turkey, 1800-1914.* Chicago: University of Chicago Press.

Iyer, Pico. 1989. *Video Night in Kathmandu.* New York: Vintage Books.

Jacobsen, Charles W. 1971. *Oriental Rugs: A Complete Guide.* Tokyo: Charles E. Tuttle.

James, Alison. 2001. "French Box Office Hits 20-Year Record." *Variety,* 5-11 March, 26.

James, George Wharton. 1974. *Indian Blankets and Their Makers.* Glorieta, N.M.: Rio Grande Press.

Jameson, Fredric. 2000. "Globalization and Strategy." *New Left Review,* July/August, 49-68.

Kaes, Anton. 1997. "The New German Cinema." In *The Oxford History of World Cine-*

New York: Columbia University Press.

———. 1996. *Transnational Connections: Culture, People, Places.* New York: Routledge.

Harmon, Melissa Burdick. 1998. "Food: A Love Story." *Biography Magazine,* December, 110.

Harrev, Flemming. 1989. "Jambo Records and the Promotion of Popular Music in East Africa: The Story of Otto Larsen and East Africa Records Ltd. 1952-1963." In *Perspectives on African Music,* African Studies Series 9, edited by Wolfgang Bender, 103-37. Bayreuth, Germany: Eckhard Breitinger.

Harris, Henry T. 1908. *Monograph on the Carpet Weaving Industry of Southern India.* Madras: Goverrunent Press.

Harris, Jennifer. 1993. *Textiles, 5,000 Years: An International History and Illustrated Survey.* New York: Harry N. Abrams.

Haslam, Malcolm. 1991. *Arts and Crafts Carpets.* N［マルカム・ハスラム『ウィリアムモリスとアーツ＆クラフツカーペット：英国・アイルランドにおける展開』高野瑶子訳、千毯館、1995年］ew York: Rizzoli.

Hatch, Martin. 1989. "Popular Music in Indonesia." In *World Music, Politics, and Social Change,* edited by Simon Frith, 47-67. Manchester: Manchester University Press.

Hayes, Carlton J. H. 1930. *France: A Nation of Patriots.* New York: Columbia University Press.

Hebdige, Dick. 1990. *Cut 'n' Mix: Culture, Identihj, and Caribbean Music.* London: Methuen.

Hegel, George Wilhelm Friedrich. 1975 [1837] . *Lectures on the Philosophy of World History.* Cambridge: Cambridge University Press.［ヘーゲル『歴史哲学講義』長谷川宏訳、岩波書店、1994年］

Helfgott, Leonard M. 1994. *Ties That Bind: A Social History of the Iranian Carpet.* Washington, D.C.: Smithsonian Institution Press.

Helpman, Elhanan, and Paul R. Krugman. 1985. *Market Structure and Foreign Trade: Increasing Returns, Imperfect Competition, and the International Economy.* Cambridge: MIT Press.

Herrnstein Smith, Barbara. 1988. *Contingencies of Value: Alternative Perspectives for Critical Theory.* Cambridge: Harvard University Press.

Hessel, Ingo. 1998. *Inuit Art: An Introduction.* New York: Harry N. Abrams.

many, 1925-1990." In *Hollywood in Europe: Experiences of a Cultural Hegemony,* 94-135. Amsterdam: VU University Press.
Gioia, Dana. 1992. *Can Poetry Matter? Essays on Poetry and American Culture.* St. Paul: Graywolf Press.
Gittinger, Mattiebelle. 1982. *Master Dyers to the World: Technique and Trade in Early Indian Dyed Cotton Textiles.* Washington, D.C.: The Textile Museum.
Glassie, Henry. 1989. *The Spirit of Folk Art: The Girard Collection at the Museum of International Folk Art.* New York: Harry N. Abrams.
Gokulsing, K. Moti, and Wimal Dissanayake. 1998. *Indian Popular Cinema: A Narrative of Cultural Change.* Oakhill, England: Trentham Books.
Gomery, Douglas. 1985. "Economic Struggle and Hollywood Imperialism: Europe Converts to Sound." In *Film Sound: Theory and Practice,* edited by Elizabeth Weis and John Belton, 25-36. New York: Columbia University Press.
———. 1992. *Shared Pleasures: A History of Movie Presentation in the United States.* Madison: University of Wisconsin Press.
Graham, Ronnie. 1985. "Zaire Sets the Pace." *West Africa,* November, 2268-69.
Grantham, Bill. 2000. "*Some Big Bourgeois Brothel* ": *Contexts for France's Culture Wars with Hollywood.* Luton, England: University of Luton Press.
Gray, John. 1998. *False Dawn: The Delusions of Global Capitalism.* London: Granta Books. ［ジョン・グレイ『グローバリズムという妄想』石塚雅彦訳、日本経済新聞社、1999年］
Grimes, William. 1998. "Talk about a Fork in the Road. How and Why Did the French Make an Art of Cuisine While England Descended to Bangers and 'Chip Butty' "? *New York Times,* 9 May, A15, A17.
Guillermoprieto, Ahna. 1999. "Cuban Hit Parade." *New York Review of Books* 14 January: 46, no. 1,34-35.
Guy, John. 1998. *Woven Cargoes: Indian Textiles in the East.* New York: Thames and Hudson.
Haberland, Wolfgang. 1986. "Aesthetics in Native American Art." In *The Arts of the North American Indian,* edited by Edwin L. Wade, 107-3l. New York: Hudson Hill Press.
Hall, Peter G. 1998. *Cities in Civilization: Culture, Innovation, and Urban Order.* London: Westfield and Nicholson.
Hannerz, Ulf. 1992. *Cultural Complexiy: Studies in the Social Organization of Meaning.*

Erickson, Lee. 1996. *The Economy of Literary Form: English Literature and the Industrialization of Publishing, 1800-1850.* Baltimore: Johns Hopkins University Press.

Ewens, Graeme. 1991. *Africa 0-Ye!.* New York: Da Capo Press.

Fairchild, Hoxie Neale. 1961. *The Noble Savage: A Study in Romantic Naturalism.* New York: Russell and Russell.

Farnie, D. A. 1979. *The English Cotton Industry and the World Market 1815-1896.* Oxford: Clarendon Press.

Feder, Norman. 1971. *Two Hundred Years of North American Indian Art.* New York: Praeger Publishers.

————.1986. "European Influences on Plains Indian Art." In *The Arts of the North American Indian,* edited by Edwin L. Wade, 93-104. New York: Hudson Hill Press.

Feehan, Fanny. 1981. "Suggested Links between Eastern and Celtic Music." In *The Celtic Consciousness,* edited by Robert O'Driscoll, 333-39. New York: George Braziller.

Feest, Christian F. 1992. *Native Arts of North America.* New York: Thames and Hudson.

Fore, Steve. 1997. "Jackie Chan and the Cultural Dynamics of Global Entertainment." In *Transnational Chinese Cinemas,* edited by Sheldon Hsiaopeng Lu, 239-62. Honolulu: University of Hawaii Press.

Frank, Robert H., and Philip J. Cook. 1995. *The Winner-Take-All Society: How More and More Americans Compete for Ever Fewer and Bigger Prizes, Encouraging Economic Wast, Income Inequality, and an Impoverished Cultural Life.* New York: Free Press. ［ロバート・H. フランク、フィリップ・J. クック『ウィナー・テイク・オール：「ひとり勝ち」社会の到来』香西泰監訳、日本経済新聞社、1998年］

Friedman, Thomas. 1999. *The Lexus and the Olive Tree.* London: HarperCollins. ［トーマス・フリードマン『レクサスとオリーブの木：グローバリゼーションの正体』東江一紀、服部清美訳、草思社、2000年］

French Ministry of Culture (Studies and Research Department). 1970. *Sorne Aspects of French Cultural Policy.* Paris: UNESCO.

Fuchs, Lawrence H. 1990. *The American Kaleidoscope: Race, Ethnicity, and the Civic Culture.* Hanover, Mass.: University Press of New England.

Furst, Peter T., and Jill L. Furst. 1982. *North American Indian Art.* New York: Artpress Books.

Garncarz, Joseph. 1994. "Hollywood in Germany: The Role of American Films in Ger-

nia Press.
Devine, T. M. 1999. *The Scottish Nation A History, 1700-2000.* New York: Viking.
Dibbets, Karel. 1997. "The Introduction of Sound." In *The Oxford History of World Cinema,* edited by Geoffrey Nowell-Smith, 211-19. Oxford: Oxford University Press.
Diogenes, Laertius. 1925. *Lives of the Philosophers.* Vol. 2. Cambridge: Harvard University Press.［ディオゲネス・ラエルティオス『ギリシア哲学者列伝』加来彰俊訳、岩波書店、1984年］
Dissanayake, Wimal. 1988. "Japanese Cinema." In *Cinema and Cultural Identity: Reflections on Films from Japan, India, and China,* edited by Wimal Dissanayake, 15-18. Lanham, Md.: University Press of America.
Dockstader, Frederick J. 1954. *The Kachina and the White Man.* Bloomfield Hills, Mich.: Cranbrook Institute of Science.
Doheny-Farina, Stephen. 1996. *The Wired Neighborhood.* New Haven: Yale University Press.
Drozdiak, William. 1993. "The City of Light, Sans Bright Ideas." *Washington Post,* 28 October, D1, D6.
Dubin, Lois Sher. 1987. *The History of Beads.* New York: Harry N. Abrams.
Duin, Julia. 1999. "Navajos Learn to Keep Rug Art Alive." *Washington Times,* 18 August, A2.
Dunnett, Peter. 1990. *The World Television Industy: An Economic Analysis.* London: Routledge.
Durkheim, Emile. 1964 [1893]. *The Division of Labor.* New York: Free Press.［E. デュルケム『社会分業論』井伊玄太郎訳、講談社、1989年］
Dutt, Romesh. 1969 [1904]. *The Economic History of India in the Victorian Age.* New York: Augustus M. Kelley.
Dutta, Krishna, and Andrew Robinson. 1995. *Rabindranath Tagore: The Myriad-Minded Man.* New York: St. Martin's Press.
Edwards, A. Cecil. 1960. *The Persian Carpet: A Survey of the Carpet-Weaving Industy of Persia.* London: Gerald Duckworth.
Egan, Martha J. 1993. *Relicarios: Devotional Miniatures from the Americas.* Santa Fe: Museum of New Mexico Press.
Ehrlich, Evelyn. 1985. *Cinema of Paradox: French Filmmaking under the German Occupation.* New York: Columbia University Press.

Urban Present. New York: Ecco Press. ［マーク・コステロ、デイヴィッド・フォスター・ウォーレス『ラップという現象』岩本正恵訳、白水社、1998年］

Costigliola, Frank. 1984. *Awkward Dominion: American Political, Economic, and Cultural Relations with Europe, 1919- 1933.* Ithaca: Cornell University Press.

Cowen, Tyler. 1996. "Why I Do Not Believe in the Cost-Disease: Comment on Beaumol." *Journal of Cultural Economics* 20, 207-14.

————. 1998. *In Praise of Commercial Culture.* Cambridge: Harvard University Press.

————. 2000. *What Price Fame?* Cambridge: Harvard University Press.

Cowen, Tyler and Robin Grier. 1996. "Does the Artist Suffer from a Cost Disease?" *Rationality and Society* 8, no. 1 (February): 5-24.

Cowen, Tyler, and Eric Crampton. 2001. "Uncommon Culture." *Foreign Policy* (July / August): 28-29.

Crafton, Donald. 1997. *The Talkies: American Cinema's Transition to Sound, 1926- 1931.* New York: Charles Scribner's Sons.

Crane, Diana. 1972. *Invisible Colleges: Diffusion of Knowledge in Scientific Communities.* Chicago: University of Chicago Press. ［ダイアナ・クレーン『見えざる大学：科学共同体の知識の伝播』津田良成監訳、敬文堂、1979年］

Crisp, Colin. 1993. *The Classic French Cinema, 1930-1960.* Bloomington: University of Indiana Press.

Dale, Martin. 1997. *The Movie Game: The Film Business in Britain, Europe, and America.* London: Cassell.

Damian, Carol. 1995. *The Virgin of the Andes: Art and Ritual in Colonial Cuzco.* Miami Beach: Grassfield Press.

Daniels, Bill; David Leedy; and Steven D. Sills. 1998. *Movie Money: Understanding Hollywood's (Creative) Accounting Practices.* Los Angeles: Silman-James Press.

Danticat, Edwidge, and Jonathan Demme. 1997. *Island on Fire.* Nyack, N.Y.: Kaliko Press.

Danto, Arthur C. 1981. *The Transfiguration of the Commonplace: A Philosophy of Art.* Cambridge: Harvard University Press.

Dedera, Don. 1975. *Navajo Rugs: How to Find, Evaluate, Buy, and Care for Them.* Northland Press.

Deitch, Lewis I. 1989. "The Impact of Tourism on the Arts and Crafts of the Indians of the Southwestern United States." In *Hosts and Guests: The Anthropolgy of Tourism,* edited by Valene L. Smith, 223-35. Philadelphia: University of Pennsylva-

Delhi: People's Publishing House.
———. 1968. "Reinterpretations of Nineteenth-Century Indian Economic History." *Indian Economic and Social History Review* 5:35-75.

Chandra, Pramrod. 1981. "The Sculpture and Architecture of Northern India." In *The Arts of India,* edited by Basil Gray, 30-52. Ithaca: Cornell University Press.

Chang, Kevin O'Brien, and Wayne Chen. 1998. *Reggae Routes: The Story of Jamaican Music.* Philadelphia: Temple University Press.

Chaudhuri, K. N. 1978. *The Trading World of Asia and the English East India Company 1660-1760.* Cambridge: Cambridge University Press.

Cheek, Lawrence W. 1996. *Santa Fe.* Oakland: Fodor's Travel Publications.

Christenson, Peter G., and Donald F. Roberts. *It's Not Only Rock And Roll: Popular Music in the Lives of Adolescents.* Cresskill, N.J.: Hampton Press.

Chwe, Michael Suk-Young. 1999. "Game Theory and Global Rituals: Media, McDonald's, and Madonna." Unpublished manuscript, University of Chicago.

Clausen, Christopher. 1981. *The Place of Poetry: Two Centuries of an Art in Crisis.* Lexington, Ky. University Press of Kentucky.

Clifford, James. 1988. *The Predicament of Culture: Twentieth-Century Ethnography, Literature, and Art.* Cambridge: Harvard University Press. ［ジェイムズ・クリフォード『文化の窮状：二十世紀の民族誌、文学、芸術』太田好信［ほか］訳、人文書院、2003年］

———. 1997. *Routes: Travel and Translation in the Late Twentieth Century.* Cambridge: Harvard University Press.

Coccossis, Harry. 1996. "Tourism and Sustainability: Perspectives and Implications." In *Sustainable Tourism? European Experiences,* edited by Gerda K. Priestly, J. Arwel Edwards, and Harry Coccossis, 1-21. Wallingford, England: CAB International.

Cohn, Bernard. 1989. "Cloth, Clothes, and Colonialism: India in the Nineteenth Century." In *Cloth and Human Experience,* edited by Annette B. Weiner and Jane Schneider, 303-53. Washington, D.C.: Smithsonian Institution Press.

Coles, Janet, and Robert Budwig. 1997. *Beads: An Exploration of Bead Traditions around the World.* New York: Simon and Schuster Editions.

Cooper, Ilay, and John Gillow. 1996. *Arts and Crafts of India.* London: Thames and Hudson.

Cootner, Cathryn. 1981. *Flat-Woven Textiles.* Washington, D.C.: The Textile Museum.

Costello, Mark, and David Foster Wallace. 1990. *Signifying Rappers: Rap and Race in the*

Indian and Social History Review, 37-49.

Botombele, Bokonga Ekanga. 1976. *Cultural Policy in the Republic of Zaire.* Paris: Unesco Press.

Bourdieu, Pierre. 1986. *Distinction: A Social Critique on the Judgment of Taste.* London: Routledge and Kegan Paul.［ピエール・ブルデュー『ディスタンクシオン：社会的判断力批判』石井洋二郎訳、藤原書店、1990年］

Bradley, Lloyd. 1996. *Reggae on CD: The Essential Guide.* London: Kyle Cathie Limited.

Bredemeier, Kenneth. 1999. "Serving up a Medley of Cultures." *Washington Post*, 26 May, E1, E10.

Brody, J. J. 1971. *Indian Painters and White Patrons.* Albuquerque: University of New Mexico Press.

———. 1976. *Between Traditions. Navajo Weaving towards the End of the Nineteenth Century.* Iowa City: University of Iowa Museum of Art.

Brunside, M. 1997. *Spirits of the Passage: The Transatlantic Slave Trade in the Seventeenth Century.* Edited by R. Robotham. New York: Simon and Schuster.

Buchanan, Daniel Houston. 1934. *The Development of Capitalistic Enterprise in India.* New York: Macmillan.

Buell, Frederiek. 1994. *National Culture and the New Global System.* Baltimore: Johns Hopkins Press.

Burnett, Robert. 1996. *The Global Jukebox: The International Music Industry.* London: Routledge.

Butler, Octavia. n.d. *Xenogenesis.* New York: Guild America Books.

Campbell, Tyrone; and Joel Kopp; and Kate Kopp. 1991. *Navajo Pictorial Weaving 1880-1950.* New York: Dutton Studio Books.

Canclíni, Nestor Garcia. 1993. *Transforming Modernity: Popular Culture in Mexico.* Austin: University of Texas Press.

———. 1995. *Hybrid Cultures: Strategies for Entering and Leaving Modernity.* Minneapolis: University of Minnesota Press.

Caves, Richard E. 2000. *Creative Industries.* Cambridge: Harvard University Press.

Cerny, Charlene and Suzanne Seriff, eds. 1996. *Recycled, Re-Seen: Folk Art from the Global Scrap Heap.* New York: Harry N. Abrams.

Chakravarty, Sumita S. 1993. *National Identity in Indian Popular Cinema, 1947-1987.* Austin: University of Texas Press.

Chandra, Bipan. 1966. *The Rise and Growth of Economic Nationalism in India.* New

Barnet, Richard, and John Cavanagh. 1996. "Homogenization of Global Culture." In *The Case against the Global Economy, and for a Turn towards the Local,* edited by Jerry Mander and Edward Goldsmith, 71-77. San Francisco: Sierra Club Books.

Barnouw, Erik, and S. Krishnaswamy 1963. *Indian Film.* New York: Columbia University Press.

Bascom, William. 1976. *Changing African Art.* Berkeley: University of California Press.

Baskaran, S. Theodore. 1981. *The Message Bearers: Nationalist Politics and the Entertainment Media in South India, 1880-1945. Madras, India:* Cre-A.

Bayley, C. A. 1986. "The Origins of Swadeshi (home industry): Cloth and Indian Society, 1700-1930." In *The Social Life of Things: Commodities in Cultural Perspective,* edited by Arjun Appadurai, 285-321. Cambridge: Cambridge University Press.

Bean, Susan S. 1989. "Gandhi and Khadi, the Fabric of Indian Independence." In *Cloth and Human Experience,* edited by Annette B. Weiner and Jane Schneidel, 355-76. Washington, D.C.: Smithsonian Institution Press.

Bell-Villada, Gene H. 1996. *Art for Art's Sake and Literary Life.* Lincoln: University of Nebraska Press.

Bennett, Ian. 1996. *Rugs and Carpets of the World.* Edison, N.J.: Wellfleet Press.

Bergman, Billy. 1985. *Goodtime Kings: Emerging African Pop.* New York: Quill.

Berner, Robert. 1997. "A Holiday Greeting U.S. TV Won't Air: Shoppers Are 'Pigs.'" *Wall Street Journal Europe,* 21-22 November, A1, A2.

Belwanger, Dietrich. 1995. "The Third World." In *Television: An International History,* edited by Anthony Smith, 309-30. Oxford: Oxford University Press.

Blomberg, Nancy J. 1988. *Navajo Textiles.* Tucson: University of Arizona Press.

Boas, George. 1948. *Essays on Primitivism and Related Ideas in the Middle Ages.* Baltimore: Johns Hopkins Press.

Bokelenge, Lonah Malangi. 1986. "Modern Zairean Music: Yesterday, Today, and Tomorrow." In *The Arts and Civilization of Black and African Peoples,* Vol. 1, edited by Joseph Ohiomogben Okpaku, Alfred Esimatemi Opubor, and Benjamin Olatunji Oloruntimehin, 132-51. Lagos, Nigeria: Centre for Black and African Arts and Civilization.

Bordwell, David. 2000. *Planet Hong Kong: Popular Cinema and the Art of Entertainment.* Cambridge: Harvard University Press.

Borpujari, Jitendra G. 1973. "Indian Cottons and the Cotton Famine of 1860-65."

Anstey, Vera. 1936. *The Economic Development of India.* London: Longmans, Green, and Co.

Appadurai, Arjun. 1996. *Modernity at Large: Cultural Dimensions of Globalization.* Minneapolis: University of Minnesota Press.［アルジュン・アパデュライ『さまよえる近代：グローバル化の文化研究』門田健一訳、平凡社、2004年］

Appiah, Kwame Anthony. 1992. *In My Father's House: Africa in the Philosophy of Culture.* New York: Oxford University Press.

———. 1998. "Cosmopolitan Patriots." In *Cosmopolitics: Thinking and Feeling beyond the Nation,* edited by Pheng Cheah and Bruce Robbins, 91-114. Minneapolis: University of Minnesota.

Armes, Roy. 1985. *French Cinema.* New York: Oxford University Press.

———. 1987. *Third World Film-Making and the West.* Berkeley: University of California Press.

Arom, Simha. 1991. *African Polyphony and Polyrhythm: Musical Structure and Methodology.* Cambridge: Cambridge University Press.

Audley, Paul. 1983. *Canada's Cultural Industries: Broadcasting, Publishing, Records and Film.* Toronto: James Lorimer and Company.

Bagchi, Amiya Kumar. 1972. *Private Investment in India 1900-1939.* Cambridge: At the University Press.

Baker, William E, and George Dessart. 1998. *Down the Tube: An Inside Account of the Failure of American Television.* New York: Basic Books.

Bailey, Garrick, and Roberta Glenn Bailey. 1986. *A History of the Navajos: The Reservation Years.* Santa Fe: School of American Research Press.

Baker, Christopher John. 1984. *An Indian Rural Economy 1880-1955: The Tamilnad Countryside.* Oxford: Clarendon Press.

Baker, Patricia L. 1995. *Islamic Textiles.* London: British Museum Press.

Ballantine, Christopher. 1993. *Marabi Nights: Early South African Jazz and Vaudeville.* Johannesburg: Ravan Press.

Barber, Benjamin R. 1995. *Jihad vs. McWorld.* New York: Times Books.［ベンジャミン・バーバー『ジハード対マックワールド：市民社会の夢は終わったのか』鈴木主悦訳、三田出版会、1997年］

Barlow, Sean; Banning Eyre; and Jack Vartoogian. 1995. *Afropop!: An Illustrated Guide to Contemporanj African Music.* Edison, N.J.: Chartwell Books.

Barnard, Nicholas. 1993. *Arts and Crafts of India.* London: Conran Octupus.

参考文献

Abel, Richard. 1984. *French Cinema, The First Wave, 1915-1929.* Princeton: Princeton University Press.

————. 1994. *The Ciné Goes to Town: French Cinema 1896-1914.* Berkeley: University of California Press.

————. 1999. *The Red Rooster Scare: Making Cinema American, 1900-1910.* Berkeley: University of California Press.

Allane, Lee. 1988. *Oriental Rugs: A Buyer's Guide. London: Thames and Hudson.*

Allen, Robert C. 1996. "As the World Turns: Television Soap Operas and Global Media Culture." In *Mass Media and Free Trade: NAFTA and Cultural Industries,* edited by Emile G. McAnany and Kenton T. Wilkinson, 110-30. Austin: University of Texas Press.

Almquist, Alden. 1993. "The Society and Its Environment." In *Zaire: A Country Study,* edited by Sandra W. Meditz and Tim Merrill, 61-134. Washington, D.C.: Library of Congress.

Amith, Jonathan. 1995. *The Amate Tradition: Innovation and Dissent in Mexican Art,* edited by Jonathan Amith. Chicago: Mexican Fine Arts Center Museum.

Amsden, Charles Avery. 1972. *Navaho Weaving: Its Technic and History.* Glorieta, N.M.: Rio Grande Press.

Anderson, E. N. 1988. *The Food of China.* New Haven: Yale University Press.

Anderson, Joseph L. 1992. "Spoken Silents in the Japanese Cinema; or, Talking to Pictures: Essaying the *Katsuben,* Contextualizing the Texts." In *Reframing Japanese Cinema: Authorship, Genre, and History,* edited by Arthur Nolletti Jr. and David Desser 259-311. Bloomington: Indiana University Press.

Anderson, Joseph L., and Donald Richie. 1959. *The Japanese Film: Art and Industry.* Rutland, VT.: Charles E. Tuttle Company.

Andersson, Muff. 1981. *Music in the Mix: The Story of South African Popular Music.* Johannesburg: Ravan Press.

Andrew, Dudley. "Sound in France: The Origins of a Native School." In *Rediscovering French Film,* edited by Mary Lea Bandy, 57-66. New York: Museum of Modern Art, 1983.

タイラー・コーエンの経済学……創造的破壊から物語の経済学へ

田中秀臣

1……タイラー・コーエンの業績と近年の活躍

タイラー・コーエンは米国ジョージ・メイソン大学の経済学教授である。また同大学の政策研究所マケータス・センター所長もつとめる。一九六二年一月生まれ。ハーバード大学で博士号をとり、その時の指導教官は、彼の理論にも深い影響を及ぼすトマス・シェリング（二〇〇五年のノーベル経済学賞受賞者）であった。コーエンは人気ブログ「限界革命」で有名であり、また『ニューヨーク・タイムズ』をはじめ多くのマスメディアで時事的な論説を寄稿している。また専門研究も広範囲に及ぶ。基本的には現代オーストリア学派であり、市場の自律的な機能を尊重するが、他方で政府の積極的な役割についても認めている。景気変動理論、厚生経済学、公共選択論、そして本書『創造的破壊』を中心とする文化の経済学への貢献など多彩であり、学界での評価も高い。著作の数も多い。主要なものでは、現代のオーストリアン景気循環論を体系化した『リスクと景気循環』（一九九七年）、同じくオーストリアン的な企業論『企業の中の市場』（ディビット・パーカーとの共著、一九九七年）、そしてコーエンの学問的な転換点ともなった文化産業の経済分析『商業文化を讃えて』（一九九八年）。この『商業文化を讃えて』以降、コーエンは積極的に文化の各方面を視野にいれて、彼独自の文化の経済学の業績を刊行していく。芸能人やスターたちの経済学『名声の価格はいくらか』（二〇〇〇年）、本書『創造的破壊』（二〇〇二年）、本書の姉妹編でメキシコのローカルな美術の興隆を描いた『市場と文化的な声』（二〇〇五年）、現代アメリカの美術館経営と市場との関連を描いた『滋養と豊富』（二〇〇六年）。さらに近年は、先にあげたブログ「限界革命」での活動や各種の一般紙・雑誌でのコラムを基にした『あなたの内的エコノミストを発見しよう』（二〇〇七年、邦訳題名『インセンティブ』高遠裕子訳、日経ＢＰ社）、そして『情報喰いの時代』（二〇〇九年）、最新作の『大停滞』（二〇一一年）に到る。また編著も豊富であり、ブログを共同運営している経済学者のアレックス・タバロックとともに経済学の教科書を最近では出版した。コーエンの活動は、すぐれた経済学者の多いアメリカにおいても、異彩を放つものである。

コーエンの初期の経済学の業績は、主に景気変動論、公共選択論、そして厚生経済学を中心にしていた。この時代の主著である『リスクと景気循環』は、当時の実物景気循環論（ＲＢＣ）とハイエクからの伝統的なオーストリアン的景気循環論とを総合するものだった。前者も後者も異時点間の部門間調整モデルという特徴で共通する。消費財部門と投資財部門とが、なんらかの経済的ショックが原因となり、相互の部門間の協調に不整合が生じる。この不整合には、企業の倒産や失業が伴うが、同時に新たな企業や産業の登場も促される。このような両者の見方に加えて、コーエンは異時点間の視座の中で、部門間の資源の移動と名目貨幣供給との関係を明示的に扱ったことに特徴がある。中央銀行が行う名目貨幣供給は、投資主体のリスク評価に影響を与えることで、部門間の資源の移動を妨げもし、あるいはスムーズにもする。このような貨幣的要因が、実物的要因にどのような影響を与えるのかを見ることがコーエンの課題であった。このようなコーエンの景気循環論の見方は、二〇〇八年夏のリーマンショック以降、彼の時論の中でも遺憾なく発揮されている。

コーエンによれば、リーマンショック以降の世界経済危機は次の三つの原因による。（1）アジアなど新興国における「金余り」（グローバル貯蓄過剰）が投資先を求めていた。ただし投資が慎慮を伴ったものだったかは別問題である。（2）むしろ慎慮を伴い、冷静に判断して投資先を選んだというよりも、投資主体はリスクを過度に求めた。（3）そして市場関係者のほぼすべてが金融制度に内在するシステマティック・リスクに無頓着だった。このためリスクを過剰に追求しハイリターンを求め、またシステマティック・リスクには配慮しないという投資主体の経済的期待は、一度そのリスクが顕在化してくるとあっという間に崩壊してしまう。このような危機を解消するために、コーエンは積極的なＦＲＢ――中央銀行――の金融緩和政策を支持している。また近時では、立場がまったく異なるポール・クルーグマンらとともに、米国のデフレ回避のために、期待インフレ率を操作するリフレーション政策をも唱えている。

またコーエンの経済学は最近、独自の進化をみせている。特にリーマンショック後の米国経済の落ち込みによって、人々の文化消費のあり方が変化したことを強調している。コーエンはノーベル経済学賞を受賞したトマス・シェリングの論文「消費器官としてのこころ」をベースに、リーマンショック以後の人々は、ネットのさまざまな経路（Twitter、Facebook、ブログなど）を通じて、「こころの消費」により傾斜し出したという。[1] 例えば、ブログを通じて人々は自分の日々の「物語」を生産し、またそれを自ら消費しているという。

この「物語の経済学」は、コーエンによれば、従来の希少性の学問である経済学の伝統に真っ向から挑戦するものだ。例えば、従来の経済学では、経済的な選択はすべて希少性の原理（最小のコストで最大の利益を得ること）によって支配されていた。それに対して「こころの消費」は希少性で物事を選択するのではない。例えば、フォーカル・ポイントという議論がある。[2] これは「渋谷で待ち合わせしよう」とするときに、人々は渋谷のハチ公前やモヤイ像の前を多くは選ぶだろう。これは希少性によるのではない。単にハチ公前が、周囲にくらべて目立ち異彩を放っているただひとつの物であるから択ばれるのである。

◆1　"The Mind as a Consuming Organ", in *Choice and Consequence*, pp. 328-46. (1984, Harvard UP).
◆2　フォーカル・ポイントについては、コーエンの『情報喰いの時代』、またはトマス・シェリングの『紛争の戦略』（一九六〇年、河野勝訳、勁草書房）に詳しい。

同じように人々は自らの人生を「物語る」ときも、特に希少性の原理によることなく、いくつかの物語のポイントを強調するだろう。それがその人のアイデンティティ＝自己の物語を形成する特徴でもある。例えば自分の人生のユニークな点を人は知らずに強調し、自分に言い聞かせたり他者に話したりするだろう。この強調点がいくつか重ね合わさり、相互に結び付くことで、その人の物語＝アイデンティティを形成していると考えられる。そして人は自らの物語に誘導され、意識的にあるいは無意識に物語に沿う形で行為を重ねる。

このように人間の行動をとらえなおすことは、稀少性を重んずる従来の経済学から物語の経済学への転換を、野心的なものにしているといえるだろう。この物語の経済学を支えるいくつかの基本概念は、すでに本書『創造的破壊』の中にも十分に展開されている。例えばフォーカル・ポイントを文化的な文脈で論じたのが、本書でいう「最小公分母化効果」である。『創造的破壊』はすでに伝統的な経済学の考えを一歩も二歩も逸脱している野心的な作品なのだ。

2……『創造的破壊』と文化の多様性

グローバリゼーションは文化の多様性を破壊するのか？　例えばハリウッド映画に代表されるようなアメリカの文化的価値観が、フランスや韓国やインドなどの各国独自の映画文化を根こそぎ破壊してしまうのだろうか。世界音楽の多様性もアメリカン・ポップスの影響で画一化されてしまい、それぞれの地域の固有性（民族音楽など）が失われてしまうのだろうか。

本書『創造的破壊』は、このグローバリゼーションに伴う「文化の多様性」の存否を問い質したユニークな経済書になっている。本書の着眼点のひとつは、グローバリゼーションが文化に与えるインパクトを、「社会間の多様性」と「社会内部の多様性」に区別したことにある。確かにグローバリゼーションに伴う文化的財の膨大な交換・生産・消費によって、異なる社会間の多様性はかなりの程度失われてしまうだろう。グローバリゼーションを批判する論者の多くの根拠は、この異なる社会間の多様性の喪失を問題視したものである。しかし、コーエンは他方で猛烈な勢いで、社会内部の多様性が発展している現象に注目している。

例えば、私たちは日本にいながらにして世界各国で生産された文化財（映画、音楽、ファッション、小説など）を消費可能である。インターネットの普及や様々な検索ソフト・翻訳ソフトの利用はこの現象を一気にすすめた。この「社会内部の多様性」が実現し、市場が拡大したことで、いままで注目されてこなかった文化的現象が成長する可能性が生まれる。

コーエンは音楽や繊維産業などの例に加えて、本書で一章を割いて、映画産業について触れている。その中で特に注目しているのが、現在では自国生産の映画を一定割合上映することを義務づけているフランスや韓国などの文化政策についてである。フランスは戦前の映画界で世界的な影響力を保持していた。当時の世界の映画界はハリウッドとフランスに二分されていたといってもいい。戦前のフランス映画界はハリウッド映画の手法を多く導入し、また人材交流も盛んであった。フランス政府からの援助や保護は事実上存在しなかった。だが戦時体制下における映画統制から事情は一変する。戦後も政府からの保護が継続し、フランス映画産業は次第に国際的な競争力を喪失していってしまう。

しかも注目すべきは戦後のフランス映画でただひとつ国際的な影響力を持ちえた時代の映像の旗手たち――ゴダール、トリュフォーらのヌーヴェルヴァーグ世代は、むしろヒッチコックなどのアメリカ映画の影響を色濃くうけており、その意味では「社会内部の多様性」を生かした映画の創造者であった。しかしこのような多様性はいまやフランス映画界から失われてしまった。その多くは「社会内部の多様性」を喪失したことに原因が求められる。確かに「社会間の多様性」が、その国・地域の文化のエートスを破壊してしまうケースもあるだろう。コーエンはこの点についても後述するように慎重に議論しており、単なるグローバリーゼーション礼賛ではない。

だが本書のメッセージは明確である。グローバリーゼーションによって「社会間の多様性」がある程度「破壊」されることで、「社会内部の多様性」が「創造」される。前者の損失を補って余りある文化の「創造的破壊」が出現する、というのが本書の核心的メッセージである。

ところで、本書で詳しく説明されている「ミネルヴァモデル」という見解がある。これはドイツの哲学者G・W・ヘーゲルの「ミネルヴァの梟は黄昏に飛ぶ」という言葉に由来する。簡単にいうと文化の盛衰についての見解である。例えば大きな文化と小さな文化が接触する（大小はとりあえず経済規模で測る）。するとこの「国際貿易」は当初、文化の一時的な繁栄を生むだろう。ところが繁栄の中にすでに衰退の芽が宿る。「国際貿易」以前に存在した小さな文化のもった独自性、エートスは次第に、大きな文化に気に入られるようなものに「堕落」し「金銭化」されていく。しかしコーエンはこの過程を否定的なものとしてはみない。文化間の接触と、それがもたらす一時的な反映の出現、やがて長期的には小さい文化が衰退（＝大きな文化への吸収過程）するといったダイナミズムこそ、既存の多くの文化を生み出した過程そのものであり、それを否定するのは間違いだ、というのがコーエンの見解だ。

いま書いたコーエンの「ミネルヴァモデル」を例えば日本的なロリコン文化と、海外の嗜好・文化との接触から考えると興味深い。昨今話題になっている東京都や国のロリコン規制とでも総称すべき動きは、ある種、外圧（文化との接触）ともみなせる。ただしその外圧が自由の選択拡大ではなく選択の制約になっていることに注意が必要だろう。コーエンのミネルヴァモデルを援用すれば、確かに日本のロリコン文化（あるいは〈美少女〉文化とも表現できる）は、一時的に盛り上がっている。海外から注目を浴びているという自意識の高まりもあるだろう。しかし長期的には、海外の嗜好に合わせることで次第に日本のロリコン文化も変容していくのかもしれない。

この海外の嗜好に合わせる際に経路はふたつある。ひとつは市場を経由してのもの。もうひとつは、先ほどの東京都の条例のような規制によるもの。このふたつの経路はおそらく異なる文化が接触した後の長期的な文化の姿をまったく異なるものにするだろう。コーエンは文化内部の多様性を検討するときも、単にグローバリズムの単純な礼讃だけではなく、公的な規制中心か、市場中心かで、まったく異なる文化形態が生成することにも注目している。

3……文化クラスターと「コスト病」

本書や応用編である『市場と文化的声』で援用されている概念に「文化クラスター」というものがある。「文化」＋「クラスター」＝文化クラスターであり、このクラスターという概念自体は、経営学者マイケル・E・ポーターによって一般に有名になったものだ。

ポーターはクラスターを、「相互に関連する企業や機関が、狭い地理的な範囲の中で、ある分野に集中して存在する現象。これらの企業や機関は共通性や補完性で結び付けられている。地理的な範囲は、一つの都市から州や国、場合によっては近隣諸国のネットワークもありうる」と定義している。[3]

このようなクラスターを発展させることが、地域経済政策について重要だ。特にクラスターの環境がどのように設計されているかによって、企業が競争に勝ち残り、イノベーションを活性化する上でも肝要だという。ポーターでは、政府と民間部門との協調がこのクラスターの発展に欠かせない役割をもっている。

コーエンはこのクラスターを文化産業に応用して、文化クラスターという概念に鍛えた。例えばウィリアム・ボウモルが提起した「コスト病」という概念がある。[4] これはいくつかの類型があるが、例えばオーケストラや劇団における実質賃金の上昇に代表される費用の通時的増加傾向を意味することが多い。例えばオーケストラの楽団員や演技者たちの生産性の伸びを上回りコストが増加していく傾向が、文化産業ではしばしば観察できるとボウモルは指摘した。このとき、劇場の経営者などは、(コストの増加に対処するために)入場料金などをあげることで観客の減少に甘んじるか、あるいは楽団員や演技者たちの給与を引き下げることで彼らのやる気を失わせるか(さらに生産性は低下するかもしれない)のいずれかに直面してしまう。これがボウモルのコスト病のよくある描写のひとつである。

コーエンはしかしこのコスト病については懐疑的である。コスト病は、生産過程のイノベーションや生産のイノベーションなどで回避されてきたとコーエンは指摘している。コーエンの反論をいまの日本の文脈に置き換えて説明してみよう。例えば、アイドル集団AKB48の劇場公演を観るためには、劇場に足を運ぶ以外にも、さまざま視聴可能なツールが開発されている。ニコニコ生放送でもUstreamでも実況できるに違いないし、録画でよければさまざまなメディアが開発された。これらをコーエンは「生産過程のイノヴェーション」と指摘している。他方で「生産のイノヴェーション」の方は、芸術家や演技者の「アイディア」のイノヴェーションのことである。ボウモルのコスト病のケースとしてしばしば使われる例だが、モーツアルトの時代でも現代でもモーツアルトのオペラ歌手の数は固定している。しかしコーエンは、ボウモルはオペラ歌手

◆3 西谷洋介『ポーターを読む』(二〇〇七年、日本経済新聞出版社)に基づく。
◆4 ウィリアム・J・ボウモル&ウィリアム・G・ボウエン『舞台芸術——芸術と経済のジレンマ』(一九九四年、池上惇+渡辺守章監訳、芸団協出版部)。

の「アイディア」までも固定したものととらえていると批判している。これもAKB48の例でいえば、アドリブやMCなど、あるいはフォーメーションの変更（誰を舞台のセンター＝主役に配置するかがまったく異なるアイディアとして演技者、観客によって認知されている事実がある）に、そのような生産のイノヴェーションをみることができるかもしれない。

このようなイノヴェーションを可能にする環境として、コーエンは「文化クラスター」に注目している。『創造的破壊』の中では、ハリウッドの事例を出して、この文化クラスターについて述べている。コーエンは、ハリウッドの生産する映画というものは流動性が大きい（つまり運送コストが低い）ので、クラスターを一定の地域に発生しやすくするという。逆に運送コストがかさむような財（例えばセメント生産）などは、クラスターを生みだしがたく、それぞれの地域にかならず存在する産業だという。

しかもクラスターはまた自己実現的な側面をもっている。ハリウッドでは映画を制作するスタッフ（熟練労働者）の潤沢な共有プールが存在している。また消費者の需要予測や映画のマーケティングにたけた人たちも豊富だ。ここ数十年、映画の制作費は、ボウモルのいうコスト病のように累増しているが、ハリウッドはその文化クラスターによってこの映画制作費の累増に対処するだけの、さまざまなイノヴェーションを可能にしてきた、というのがコーエンの主張である。

日本ではこのような文化クラスターとしてはどのようなものがあるだろうか？　さきほどのAKB48の劇場がある秋葉原はそのような地域として存在しているのだろうか。秋葉原があるためにいわゆるオタクの人たちが集客しやすい環境が整備されていたのかもしれない。またインターネットもそのようなクラスターとしてみなすべきだろう。コーエンの「文化クラスター」の概念は、コアなファン（オタク）たちの社会的ネットワークを、現実の場とインターネットとを同じ次元で論じることができるユニークな発想である。◆5

この「文化クラスター」を、産業構造との関係でみてみよう。例えば、製造業は主に貿易財を生産するのでその活動は「グローバル」である。他方でサービス産業は非貿易財を中心に生産するのでその活動は「ローカル」だ。先ほどのＡＫＢ48などのアイドル産業は後者に属する「ローカル」な経済現象だ。先進国では経済が成熟していくと、製造業の経済に占めるウェイトが低下し、サービス産業のウェイトが増加するという、「経済のローカル化」が観察できる。日本経済は他の先進国と同様に、高度経済成長の末期から、製造業の国内総生産に占めるウェイトが低下する一方で、サービス産業のウェイトが漸増していった。ついに二一世紀に入って、サービス産業の国内経済に占めるウェイトは、製造業のそれを上回った。ここにローカル化は極まったと比喩的にもいえる。

ところでサービス産業の特徴は、非貿易財を中心に生産しているだけではない。例えば日本の

◆5　ＡＫＢ48の文化活動とコーエンの経済学との接合は、拙著『ＡＫＢ48の経済学』（二〇一〇年、朝日新聞出版）で詳細に論じた。

デフレは一般物価水準の動向を示すが、これを個別価格の水準でみてみると、サービス産業の価格は九〇年代から今日までほぼ高止まりしたままである。それに対して製造業の価格は減少トレンドにあり、特に不況期やリーマンショックのような強い危機の後では、急減少している。サービス産業の価格の構成要素をさらにみると、その大半はいわゆる人件費であり、これはサービス財の価格同様に、下方硬直性（高止まりの原因）という性格をもっている。この人件費の下方硬直性を説明する原理として、コーエンは働く人々はそれぞれ自分なりの「物語」に固執しているからだと説く。つまりある水準以下の報酬は、彼の「物語」にそぐわないのである。◆6

またサービス産業のもうひとつの性格としては、製造業の生産性に比べて、低生産性であることが知られている。例えばＡＫＢ48に即してみると、彼女たちの興行の拠点である秋葉原のＡＫＢ48劇場は二五〇席ほどで固定である。立ち見をいれてもその倍にもいかないだろう。簡単にいうと規模の経済が働きにくい構造をしている。例えば、彼女たちの歌や踊り、そして見栄えのスキルがどんどん上がっていくとする。これはＡＫＢ48という「組織」の中の「企業内特殊熟練」として考えられる。

「コスト病」の説明のとおりに、スキルの向上にともなって、彼女たちの要求する賃金水準も上昇していくと考えられる。ところがこのような人件費の増加を、サービス産業はなかなか吸収することが難しい。それは先に指摘した規模の経済が働かないということがひとつあげられる。またサービスを提供する人間を機械などで代替することが困難であることもあるだろう。例えば

ＡＫＢ48の人件費ダウンのためにメンバーを三次元フイギュアやロボットに置き換える試みは興味深いが、現実的には無理である。

生産性の低いサービス産業の国内生産に占めるウェイトが増え、生産性の高い製造業のウェイトが低下するということは、産業構造の「転換」という観点でみると、日本経済全体の生産性が次第に低下していくことと同義である。そのために先進国では、サービス産業の生産性を向上させることが急務の課題となっている。コーエンの解法は先にみた通り、生産過程のイノヴェーションと生産のイノヴェーションに求められている。

ところで日本はさらに深刻な「コスト病」に直面している。「コスト病」の直接の病状は、人件費の高止まりにあった。これを効率化によりスリムにすることができないのが問題といえる。そして人件費とは、実質賃金のことでもある。実質賃金とは、ふだん支払われるバイト料、給料といった名目賃金を物価水準で割ったものに等しい。ところがデフレ――物価水準の持続的下落――は、この実質賃金の分母部分を継続的に減少させることで、実質賃金総額を継続的に上昇させてしまう。

ただでさえサービス産業の人件費は高止まりであり「コスト病」に直面している。この構造的

◆6　物語が賃金の下方硬直性を説明しているものに、ジョージ・アカロフとロバート・シラーの『アニマルスピリット』（二〇〇九年、山形浩生訳、東洋経済新報社）がある。

な病理をさらに悪化させるのが、デフレである。デフレによる実質賃金の継続的な上昇圧力は、さらにサービス産業の生産性の足かせになってしまうだろう。日本経済のウェイトをより多く占めて行くという構造的なトレンド（ローカル化）はただでさえ日本経済の生産性を低下させる要因である。そこにデフレがその低下の振り幅を悪化させてしまう。構造的な問題（コスト病）と循環的な問題（デフレ）とが複雑に絡んでいることがこのことからもわかるだろう。

では、この日本的なデフレ要因を加えた「コスト病」をどう回避すべきだろうか？

コーエンの解答は、まずデフレを避けるためには、期待インフレ率を高める政策を採用すべきだということになろう。目標になるインフレ率に中央銀行がコミットして積極的な金融緩和を行うことでデフレを回避するのである。実際にコーエンはFRBの政策についてこの政策をとるように勧めたことは冒頭でも紹介したとおりであり、日本でも同様だろう。そして構造的な要因に対しては、先ほどの生産過程と生産のイノヴェーションが対処法だ。

ところで、もうひとつ「コスト病」を回避する方法がある。それは「ローカル化」という構造的な枠を突破することにある。例えば、日本で成功したAKB48のマーケティング戦略を、フォーマット化して、それを国境をまたいで販売していく戦略である。実際には国内でSKE48（名古屋）やNMB48（大阪）という形でそのようなフォーマット販売は一定の成果をあげている。このフォーマットを今度は名古屋や大阪だけではなく、世界に販売していこうというわけである。実際に台湾48やモスクワ48のプロジェクトが進行中である。

グローバル経済が進むとともに、非貿易財を主に生産するサービス産業が中心になるローカル化が生じる。しかしそのサービス産業の中にも、このＡＫＢ48現象のようにローカルな文化財であったものが、今度はグローバルに商品として流通していく。しかもそれは台北やモスクワのような地理的にもローカルな場を拠点にしてである。グローバル化がローカル化を生み、ローカル化がグローバル化を生み出し、それがさらなる（グローバル化の可能性を秘めた）ローカル化を生じさせる。コーエンの本書の議論を応用していくと、「文化の周流」ともいうべき新理論の地平が拓けていくかもしれない。

4……物語の経済学に向けて

冒頭で紹介したように、近年のタイラー・コーエンの経済学は、独自の進化をみせている。リーマンショック後の米国経済の落ち込みによって、人々の文化消費のあり方が構造的な意味で変容したという。この文化消費の構造的変化を説明する経済学が、先にふれた「物語の経済学」だ。トマス・シェリングの論文「消費器官としてのこころ」をベースに、リーマンショック以後の人々は、ネットのさまざまな経路（Twitter、Facebook、ブログなど）を通じて、「こころの消費」により傾斜し出したという。

例えば、ブログを通じて人々は自分の日々の「物語」を生産し、またそれを自ら消費しているという。このような個々の「物語」は、コーエンのいうような個人レベルだけではおさまらないだろう。他者のブログなどと繋がる（リンクする）ことで、さらに大きな「物語」のネットワークを構築するだろう。個人のアイデンティティもまた他者からのリンクによって形成されていくという「社会性」を帯びていくに違いない。この物語の経済学は、コーエンによれば、従来の希少性の学問である経済学の伝統に真っ向から挑戦するものだという。例えば、従来の経済学では、経済的な選択はすべて希少性の原理（最小のコストで最大の利益を得ること）によって支配されていた。それに対して「こころの消費」は希少性で物事を選択するのではない。冒頭で簡単に解説したように、人々は自らの人生を「物語る」ときも、特に希少性の原理によることなく、いくつかの物語のポイント（フォーカル・ポイント）を強調する。

ところでコーエンとシェリングの違いを物語の経済学ベースで考えてみると、人間の多様性のどこに力点をおくかの違いになる。議論の焦点をすべて限界的な選択にかかわるものにしよう。例えばいまダイエットを決心した人間の目の前においしそうな一個のケーキがあるとする。ここである人間は自分の内面で葛藤する。いま内面の「私」は二種類いるとしよう。私Aは「今日だけはご褒美にこのケーキを食べて、明日からまた我慢しよう」、私Bは「目の前のケーキは断念してダイエットのために食べないでおく」と考えている。

前者は短視眼的な「私」であり、感情に素直だ。後者は長期的な視野をもち自己抑制が効いている「私」だ。コーエンは、前者を「情熱的な私」、後者を「ルール規律型の私」と形容している。コーエンもシェリングもこの内面の異なる「私」のあいだの葛藤を問題にしている。シェリングは「情熱的な私」を「ルール規律型の私」で抑制することに人々の望ましさを見出している。しかしコーエンは必ずしもそうではない。

コーエンの方は「自由」が「規律」に優るときの人々の厚生の増加を否定しない。例えば、ルールを厳格に守っているよりも、ときたまはめを外す方が、喜びが増す効能を認めている。

例えば、これを「物語」に移し替えてみよう。人は自分のことを評価したり、あるいは他者に話すときにまま「嘘」をつく。本来の自分の姿を直視することをさける行為も頻繁に行う。自分のテストの成績についても甘くみがちである。また自分だけは人に騙されないとも思っているし、またいつまでも長生きできると思っている（一説には人は自分が平均して一二〇歳まで生きると想定しているという！）。このような行為は、「自己欺瞞」として知られているものである。

例えば、自分の人生の「物語」を語るとしよう。自分はこれから「本当のこと」を述べるというルールを課すとする。しかしこの人は、ときたま自分の人生を実際よりも美化したり、他人が聞いて興味深いような脚色を加えるかもしれない。これはルールを逸脱した「感情的な私」の「自己欺瞞」の戦略である。コーエンは、このような行いにも寛容であり、それが「物語」を消費する側と生産する側の喜びを高めることで社会を円滑に進めるものとして肯定的である。

このような自己欺瞞を肯定するような「物語の経済学」はおそらく今後の経済学で重要な発展をとげるだろう。そして「物語の経済学」においては、現実と仮構の世界（映画、小説、演劇など）の区別もあいまいなものになる。現実とは、ある種の「物語」から語られた世界にしかすぎなくなるからだ。このようなコーエンの「物語の経済学」の守備範囲は、経済学という領域をも逸脱し、広く文化諸領域の基礎的な理論として展開する可能性を秘めているといえるだろう。そして本書『創造的破壊』は、そのような「物語の経済学」の中で今後重要な基礎文献として読まれ続けるに違いない。

[監訳・解説者紹介]

田中秀臣（たなか　ひでとみ）

1961年生まれ。早稲田大学大学院経済学研究科単位取得退学。現在、上武大学ビジネス情報学部教授。社会資本整備審議会委員、「デフレ脱却国民会議」呼びかけ人。専門は経済思想史・日本経済論。『昭和恐慌の研究』（共著、東洋経済新報社）で第47回日経·経済図書文化賞受賞。著作は、『雇用大崩壊』（NHK出版、生活人新書）、『デフレ不況』（朝日新聞出版）、『AKB48の経済学』（朝日新聞出版）、『不謹慎な経済学』（講談社）、『沈黙と抵抗』（藤原書店）など多数。

[訳者紹介]

浜野志保（はまの　しほ）

1974年愛知県生まれ。早稲田大学政治経済学部政治学科卒業。東京都立大学大学院人文科学研究科博士課程修了。現在、千葉工業大学工学部助教。博士（文学）。専門は近代視覚文化史、パラノーマル写真論。翻訳にフレデリック・ジェイムソン「レーニンと修正主義」（『別冊情況・レーニン〈再見〉』）、主な論文に「カレンベルクの写真ダウジング」（『SITE ZERO/ ZERO SITE』no.3）など。

［著者紹介］

タイラー・コーエン（Tyler Cowen）

1962年生まれ。ハーバード大学にて博士号をとる。当時の指導教官は、トマス・シェリング（2005年ノーベル経済学賞受賞者）。現在、アメリカで最も有名なブロガーであり、ジョージ・メイソン大学教授。主に文化的現象（マスカルチャー、セレブ、美術館運営など）の経済学を講義。彼の人気ブログ「限界革命」（http://marginalrevolution.com/）は全世界で有名。また『ニューヨーク・タイムズ』をはじめ多くのマスメディアに時事的な論説を寄稿している。専門研究は広範囲に及び、基本的には現代オーストリア学派であり、市場の自律的な機能を尊重するが、他方で政府の積極的な役割についても認めている。最新作の電子書籍 *The Great Stagnation* は、はやくも 2011 年、最大の話題の経済書といわれている。また編著も豊富であり、ブログを共同運営している経済学者のアレックス・タバロックとともに経済学の教科書を最近では出版した。すぐれた経済学者の多いアメリカにおいても、コーエンの活動は、異彩を放つものである。2011 年 2 月、英エコノミスト誌が、26 名の「今後世界に影響を与える最も重要な経済学者」の 1 人に選んだ。

［主要著作］

- *The Great Stagnation: How America Ate All The Low-Hanging Fruit of Modern History,Got Sick, and Will (Eventually) Feel Bette*, Dutton Adult (Kindle Edition), 2011.
- *The Age of the Infovore: Succeeding in the Information Economy* (*Create Your Own Economy: The Path to Prosperity in a Disordered World,* 2009 を改題), A Plume Book, 2010（『フレーミング　「自分の経済学」で幸福を切りとる』、日経 BP 社、2011 年）.
- *Modern Principles of Economics*, co-authored with Alex Tabarrok,Worth Publishers, 2009.
- *Discover Your Inner Economist: Use Incentives to Fall in Love, Survive Your Next Meeting, and Motivate Your Dentist*, Penguin/Dutton, 2007（邦訳『インセンティブ　自分と世界をうまく動かす』高遠裕子訳、日経 BP 社、2009 年）.
- *Good & Plenty: The Creative Successes of American Arts Funding*, Princeton University Press, 2006.
- *Markets and Culture Voices:Liberty vs. Power in the Lives of the Mexican Amate Painters*, University of Michigan Press, 2005.
- *Creative Destruction: How Globalization is Changing the World's Cultures*, Princeton University Press, 2002（本書）.
- *What Price Fame?*, Harvard University Press, 2000.
- *In Praise of Commercial Culture*, Harvard University Press, 1998.
- *Markets in the Firm*, co-authored with David Parker, Institute for Economic Affairs, 1997 .
- *Risk and Business Cycles: New and Old Austrian Perspectives*, Routledge Press, 1997.

創造的破壊
——グローバル文化経済学とコンテンツ産業

2011 年 6 月 10 日　第 1 刷発行
2015 年 1 月 15 日　第 3 刷発行

著者———タイラー・コーエン
監訳・解説者–田中秀臣
訳者———浜野志保

発行者——髙木 有
発行所———株式会社作品社
〒 102-0072 東京都千代田区飯田橋 2-7-4
tel 03-3262-9753　fax 03-3262-9757
振替口座 00160-3-27183
http://www.tssplaza.co.jp/sakuhinsha/
編集担当——福田隆雄
本文組版——有限会社閏月社
装丁———伊勢功治
印刷・製本——シナノ印刷(株)

ISBN978-4-86182-334-3　C0033

21世紀世界を読み解く

作品社のビジネス人文書

国家債務危機

ソブリン・クライシスに、いかに対処すべきか？

ジャック・アタリ　林昌宏訳

「世界金融危機」を予言し、世界がその発言に注目するジャック・アタリが、国家主権と公的債務の歴史を振り返りながら、今後10年の国家と世界の命運を決する債務問題の見通しを大胆に予測する。

21世紀の歴史

未来の人類から見た世界

ジャック・アタリ　林昌宏訳

「世界金融危機を予見した書」――ＮＨＫ放映《ジャック・アタリ 緊急インタヴュー》で話題騒然。欧州最高の知性が、21世紀政治・経済の見通しを大胆に予測した“未来の歴史書”。amazon総合１位獲得

金融危機後の世界

ジャック・アタリ　林昌宏訳

世界が注目するベストセラー！100年に一度と言われる、今回の金融危機――。どのように対処すべきなのか？　これからの世界はどうなるのか？ ヘンリー・キッシンジャー、アルビン・トフラー絶賛！